Extraordinary Popular Delusions
and the Madness of Crowds

大癫狂

非同寻常的大众幻想
与群体性疯狂

（专业解读版）

[英] 查尔斯·麦基 /著
Charles Mackay

曹留 邵旖旎 陈卓异 /译

人民邮电出版社
北京

图书在版编目（CIP）数据

大癫狂 ：非同寻常的大众幻想与群体性疯狂（专业解读版）/（英）查尔斯·麦基（Charles Mackay）著；曹留，邵旖旎，陈卓昇译. -- 北京 ：人民邮电出版社，2017.9
　　ISBN 978-7-115-46562-7

Ⅰ．①大… Ⅱ．①查… ②曹… ③邵… ④陈… Ⅲ．①群体心理学 Ⅳ．①C912.64

中国版本图书馆CIP数据核字(2017)第193667号

内 容 提 要

　　为什么股市中的泡沫与幻想总会引来众人的追逐？为什么一次次历史的教训摆在面前，而人们却依旧疯狂？是个人不够理性，还是群体过度癫狂？

　　查尔斯·麦基在这本《大癫狂》中，悉数数百年间引发群体非理性行为的种种荒唐事件，从密西西比狂热到郁金香狂潮，从炼金术士的谎言到末日预言家引起的恐慌。这些事件和身处其中的人们在事后看来都非常让人匪夷所思，但在几百年后的今天，类似的群体疯狂仍然在时时上演。阅读这一段段荒唐的历史，可以让我们在面对众人的疯狂时，多一些理性，少损失一些金钱。

　　《大癫狂》出版170多年来，受到了无数金融家的推崇，被称为金融从业人员必读的第一本书。其实，对于每一个社会中的普通人，这都是一本理解人性、冷静看待群体心理与行为的经典之作。

◆ 著　　【英】查尔斯·麦基（Charles Mackay）
　　　译　　曹　留　邵旖旎　陈卓昇
　　责任编辑　王飞龙
　　执行编辑　陆林颖
　　责任印制　焦志炜

◆ 人民邮电出版社出版发行　　北京市丰台区成寿寺路 11 号
　　邮编 100164　电子邮件 315@ptpress.com.cn
　　网址 http://www.ptpress.com.cn
　　北京虎彩文化传播有限公司印刷

◆ 开本：700×1000　1/16
　　印张：20　　　　　　　　　　2017 年 9 月第 1 版
　　字数：372 千字　　　　　　　2024 年 10 月北京第 18 次印刷

定　价：59.00 元
读者服务热线：（010）81055656　印装质量热线：（010）81055316
反盗版热线：（010）81055315
广告经营许可证：京东市监广登字 20170147 号

译者序

1841 年，查尔斯·麦基 27 岁，那时的他是一个稍有名气的记者，也是一个英俊潇洒的诗人，并且已经出版了一本《查尔斯·麦基诗歌选集》。

事实上，在麦基活着的时候，很多人知道他就是因为这本诗集，麦基确实也写了不少家喻户晓、妇孺皆知的诗歌。自然地，一直到去世，麦基都以为自己在历史上的地位无外乎是一个"流行诗歌作家"兼"二流记者"。

可是人的命运就是这么不可预料，1841 年 4 月 23 日，查尔斯·麦基写下了这样一段话：

"我写这本书的目的很简单，我想通过研究历史上的这些狂热与泡沫，向读者说明一个朴素的道理：人在群体中是十分倾向于从众和跟随潮流的，即使这种潮流引向的是罪恶的深渊。"

而这段话，就出自你手里这本书第一版的序言。自 1841 年麦基写下这段话，出版了第一版《大癫狂》之后，这本书一版再版，一直到现在都被金融圈大佬们顶礼膜拜，奉为投资必读的经典。

高盛把这本书列入了投资者必读书单；伯纳德·巴鲁克认为这本书启发了他如何投资，还为这本书的 1932 年版写了序；迈克尔·路易斯（《说谎者的扑克牌》《大空头》等书的作者）甚至将查尔斯·麦基与亚当·斯密、大卫·李嘉图、马尔萨斯、凯恩斯等相提并论。

于是，随着这本书越来越火，查尔斯·麦基也从一个 18 世纪的"流行诗歌作家"兼"二流记者"，变成了"那本泡沫书的作者""群体性心理学研究者""郁金香狂热的炒作者"以及"令学者们又爱又恨的人"。

是啊，如今你要是想在美国亚马逊网站上买一本麦基的著作，除了一本只有一两个评价的《美国游记》，你就只能买到这本有几百个评价的畅销书了。至于麦基引以为傲的那本诗集，估计你也只能在某某英国大学的图书馆古籍区的角落里才能勉强找到了。

至于为什么说麦基是"令学者们又爱又恨的人"，大概是因为麦基实在不是一个做学术的好料子。著名的泡沫学者、德银经济学家彼得·盖博（Peter Garber）就批评过麦基，说他关于郁金香狂热的描述完全是从伯克曼那抄的，而伯克曼关于郁金香狂热所有的资料都来自于荷兰政府的宣传，丝毫没什么事实依据。哈佛历史学博士、郁金香狂热研究者安·古德盖尔（Anne Goldgar）则无奈地说："由于麦基不负责任地引述伯克曼的作品，我们现在了解到的所谓郁金香狂热的事实，完全可能只是毫无意义的政治宣传。"

谷歌图书有一个挺好玩的工具，叫作 Ngram Viewer，这个工具统计了在 1800 年以来历史上的所有英文出版物中某个单词出现的次数，相当于是古代的 Google Trends。

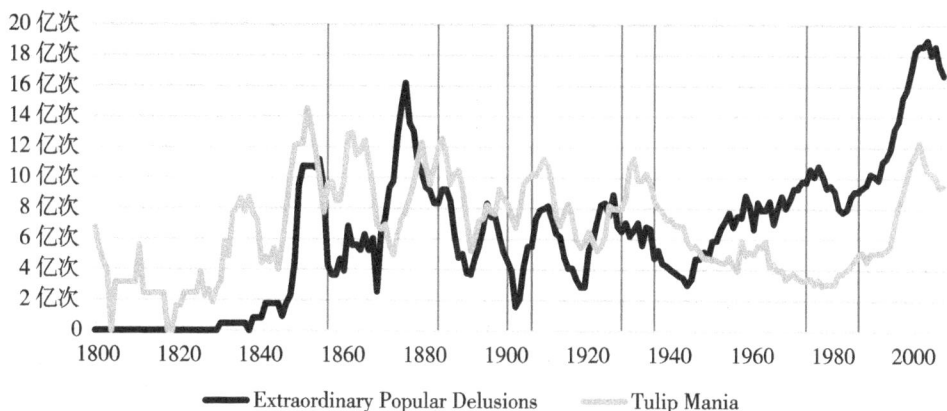

图 I　2500 万本谷歌图书中 "Extraordinary Popular Delusions" 与 "Tulip Mania" 的出现次数（1800—2000 年）

如图 I 所示，"异常流行的群体幻想"（Extraordinary Popular Delusions）一词与 "郁金香狂热"（Tulip Mania）一词的出现次数在近 200 年来几乎总是同涨同跌，从这点来看，麦基这本书对于郁金香在一众华尔街电影中频频出镜的现象肯定有巨大贡献；而 "郁金香狂热" 事件也可能是因为被麦基极力夸大才被流传至今。从这点讲，彼得·盖博、安·古德盖尔等人对麦基的批评也并不是毫无依据。

除此之外，我们还能从图 I 中发现另外一个有意思的事实：历史上在每次金融危机（竖直线所示）过去几年后这本书都会火一阵，连带着 "郁金香狂热" 一词也会火一阵，之后热度下降，直到下次金融危机的出现。

读到这，你可能有点失望，毕竟从书名来看本以为此书是本严肃的经济史、群体心理史经典。好不容易买到了书，还没开始读呢，序言里就开始说这其实是本《格林童话》？

读者大可不必伤心。虽然这本书的细节可能并不是最完美的，但史实大致没有错，而且诗人麦基所追求的也从来不是尽善尽美。

他更想向我们展现的，是人性的智慧和愚蠢、理智和疯狂。他更想让我们体验的，是这种智慧和愚蠢、理智和疯狂所带来的群体性运动的宏大、华丽和波澜壮阔。

麦基更想做到的，是让他的读者免于读史之枯燥，并且随着他的笔触：

跟着浪荡子约翰·劳游历欧洲，一手构建起宏大又野心勃勃的货币体系，然后静静地看着它崩溃；

围观英国人成立一家"承载了巨额利益却没人能搞懂它"的公司，骗到2万英镑，之后逃之夭夭；

注视着那个傻乎乎的荷兰水手坐在缆绳上淡定地吃完一株价值3000个金币的名为"永远的奥古斯丁"的郁金香；

笑看约翰·迪围着水晶球花式跳大神，骗了一波波的皇帝、女王、公爵、子爵、富商，最后死于寒风凛冽的牛轭湖畔；

可怜对末日预言深信不疑，坚信泰晤士河即将暴涨、淹没伦敦城，因而像族鼠一样仓皇逃难，最终大梦初醒的伦敦市民。

当然，对于那些想深入了解这些现象背后原因的读者，在听麦基讲完这些精彩的故事之后，我们也会在后记里讨论一点群体心理学的内容，并探讨一下这本书带给三位译者的一点点启发。

译者团队自2016年5月底开始翻译本书，其中本书前四章由译者曹留翻译、后九章由译者邵旖旎、陈卓异翻译。由于三位译者均是在工作学习之余抽时间进行翻译，时间紧迫，如有疏漏之处，还请读者谅解。

曹留 邵旖旎 陈卓异
于北京

1932 年版序

如果追根溯源的话，所有的经济波动都可以说是身处其中的人们的喜怒哀乐。当然，理性和感性同样重要，我们也同样需要统计数字和图表。这两样东西多多少少能让我们在探索这个未知的世界时有那么一点点的心理安慰。

不过，经济学的理性和数学的理性完全不是一个概念，我从来没见过有任何经济学家可以像数学家那样完美地解释经济波动。经济体作为个体的集合，往往是不能用理性解释的。正如席勒说的那样："单个看任何人，他们都多多少少有点理智，但如果你把这人放入一群人之中，他就立刻成了傻瓜。"拿破仑也说过："军队的战斗力，75% 靠士气，25% 才靠体力。"

所以，如果不仔细分析群体心理（经常表现为群体癫狂），我们的经济学理论就不可能是完整的。虽然群体的力量看不到、摸不着，也往往分析不出什么确切的结果，但如果想要理解过往的经济历史，群体心理学是我们绕不开的门槛。

有人曾经这样描述群体运动：

"如果你在清晨去树林里散步，迎着清晨的阳光，你会看到无数小虫在乱飞。但如果你仔细观察，你会发现有时候这些小虫子会突然一起往一个方向飞舞，同时彼此间会保持刚刚好的间距。你会不会想，它们是怎么做到的？是通过感知身边的微风吗？在晴朗的日子里可能是这样。但有时候你又会发现它们还会同时往相反的方向运动，那又是怎么做到的？我认为，人类的群体运动可能慢一点，但是却和这些小虫子一样，甚至比他们更高效。"

我不知道虫子是如何能整齐划一地运动的，或许昆虫学家可以回答吧。

不过，自然界中的其他群体运动（如大雁的迁徙、鳝鱼的游弋、人类部落从中亚的迁徙、中世纪的疯狂）和很多经济现象（如密西西比骗局、南海泡沫、郁金香狂热、佛罗里达泡沫、1929 年大危机）都是群体运动的结果，都是一股股个体的力量汇聚起的合力。而对于它们的形成原因，我们目前还一无所知。

所以说，群体的力量非常强大，能极大地改变现状，群体性力量也是近年来经济学家研究的重点之一。

很多年前，有个朋友送了这本书给我，我模模糊糊地觉得，书中所讲的那些事件我都似曾相识，大家可能也多多少少听过这些故事。可是，在读这本书之前，我从未有这种感觉：我从未觉得这些故事如此迷人，互相之间又有如此紧密的联系。

查尔斯·麦基一直在讲故事，却没怎么下结论。事实上，在我知道的群体心理学的研究者中，很少有下结论的。那些研究著作的价值其实在于它们对于群体力量的描述，群体性力量在很多时候甚至能够决定一个国家、一个种族的命运。

对于群体的这种合力，我们可能真的没什么办法可以避免甚至预防它们发生。不过，如果人们都能对群体的这种特质有所认识，我们或许可以在群体性事件之初就识别出这种现象，并设法避免严重的后果发生。

现在看，这个世界上没什么良药，也没什么神奇的咒语可以让我们避免群体的毁灭性力量。不过我一直在想，如果 1929 年以来的"新经济"能够遵守一是一、二是二的规矩，不去异想天开，那么我们现在可能也不会陷入如此绝望的境地。

在现在这个绝望的年头，很多人会在心中默问："坏日子什么时候能过去呢？"虽然无用却毋庸置疑的答案是："坏日子总会过去的。"

写了这么多，我想说的大概就是，这本"泡沫启示录"对现在的我们有很大意义。读完这本书之后，我们可能会发现，埋藏在人类行为深处的人性几千年来其实一点没变，而从这点讲，我确信，我们现在的糟糕日子早晚会过去的。

伯纳德·巴鲁克
写于 1932 年，纽约

目录

第一章

密西西比骗局

秘密成立公司，疯狂交易股票。

花哨伎俩骗出满城风雨，盆满钵满管你百姓死活。

一马当先募钱，峰回路转下跌。

流言蜚语满城跑，空气变珍宝。

——丹尼尔·笛福（Daniel Defoe）

第一节　青史留名的约翰·劳

作为法国国王路易十五的财政部长、法国第一任央行行长，约翰·劳（John Law）不是没想过自己会青史留名，但他真没想到，自己在历史书上的名字会和一场发生在 1719 年至 1720 年的骗局紧密地联系在一起。事实上，这个在后来把法国搞破产的男人的性格和职业生涯的戏剧性都在这场大骗局中体现得淋漓尽致。

历史学家们曾经认真讨论过，约翰·劳到底是一个骗子还是一个疯子。其实就约翰·劳的一生来讲，他也没少被人骂成骗子或者疯子。尽管他宏伟的密西西比计划带来的影响一直延续到了 19 世纪，但是随着时代的发展，事实可能会证明约翰·劳既不是骗子也不是疯子。或者说，他的骗术如此地超越他所在的时代，在当今社会已经不能被定义成骗术了。

约翰·劳对信用货币体系的理解远远超过了他那个时代的任何人，而他所构建的货币系统之所以会轰然崩溃，与其说是约翰·劳的错，倒不如说是处于这个货币系统之中的人们的错，不如说这场崩溃是他们的群体性人格导致的必然后果。约翰·劳唯一的失误，就是没有预料到整个法国都会如此疯狂，没有预料到人们对于他所构建的货币系统的信心会无限地增加，没有预料到这种信心几乎和后来该货币系统崩溃时人们的恐惧一样地深不见底。

约翰·劳是人不是神，他也想不到寓言里的故事真的会发生在他的身上，想不到疯狂的法国人会不甘心每天拿一个金蛋，而去杀掉产金蛋的鹅。约翰·劳的命运就像在激流中划船的船夫，刚开始的时候河水潺潺、天朗日清、心情愉快，河水载着他无忧无虑地向前，但当他看到前方的瀑布已经近在咫尺、倾泻而下时，一切都晚了，河水变得无比湍急，约翰·劳已经无力改变自己的航向。就这样，他全然不觉地一桨一桨地划着船，划向了自己职业生涯的终点。约翰·劳无力地大声叫喊，但一切已经无济于事。他不得不顺流而下，经过怪石嶙峋的河道，最终被咆哮的瀑布和深邃的湖水吞噬。那湖面上泛起一点浪花，但很快就归于平静，好像什么都没有发生过。

是的，在密西西比大骗局中，法国人民正是那水流，约翰·劳这个船夫被水流裹挟着往前去，最终造成了法国国家的破产。法国人民咒骂他，但又很快将他忘记，像什么都没有发生过一样，正如那平静又深邃的湖水。

第二节 数学天才堕为赌徒

1671 年，约翰·劳出生在爱丁堡，古老的劳氏家族祖祖辈辈都是金匠和银行家。约翰·劳的父亲通过做生意积累了可观的财富，他用这笔钱实现了自己的梦想——买了一块地并冠以自己的名字。约翰·劳的父亲拥有位于福斯湾洛锡安郡中西部边界的两个庄园（劳里斯顿庄园和兰德斯顿庄园），劳的父亲也因此被称为"劳里斯顿之劳"。

故事的主人公约翰·劳是家中的长子。他从小就对数学表现出极大的热情，在他当时的年纪，以他对数学的了解程度，几乎可以被称为数学天才。因为有着出色的数学天赋，约翰·劳 14 岁时就去了父亲银行的财务处帮忙。经过三年的努力，约翰·劳对苏格兰地区的银行运作方式已经了如指掌。

三年后，17 岁的约翰·劳身材魁梧强壮，尽管脸上因出过天花而有些瘢痕，但他却有着自己独特、充满智慧的魅力。也正是此时，约翰·劳失去了对家族生意的兴趣，他变得虚荣，沉迷于华服。约翰·劳非常受女人们欢迎，他被叫作"美丽的劳"，而男人们却对他纨绔的作风颇为鄙夷，把他叫作"浪荡子约翰"。

1688 年，约翰·劳的父亲去世了，约翰·劳也终于可以脱离他早已厌烦的家族银行的工作，于是他揣着劳里斯顿庄园每年的地租，去了伦敦闯荡。

当时的约翰·劳年轻气盛、英俊多金还桀骜不驯，他一到英国就成了赌场的常客，开始了奢靡的生活。在赌场上，约翰·劳充分发挥了自己在数学上的天赋，他能够精确地计算每一场赌局的概率。这种天赋让他输少胜多，很快就获得了一笔可观的收入。

赌徒们都嫉妒约翰·劳的好运气，不过嫉妒归嫉妒，谁也不会和钱过不去，他们常常压钱在约翰·劳一边，期望自己也能常胜不败。那时的约翰·劳不仅赌场顺风顺水，情场也春风得意：上流社会的夫人小姐们对这位英俊多金的苏格兰青年常常青睐有加。

然而，无论是赌场的顺风顺水还是情场的春风得意，都只为约翰·劳之后的不幸铺垫了道路。沉迷于赌博九年之后，约翰·劳成了一个无可救药的赌徒。在一场场的赌局中，约翰·劳渐渐失去了理性，变得痴狂。

失去理性的约翰·劳在赌局中屡战屡败，最终他输光了家产，还不得不把祖传的土地也抵押了出去。在情场上约翰·劳同样遇到了重大挫折。他为了维莉尔斯小姐与威尔逊先生争风吃醋，他俩最终决定用决斗来决一胜负。

约翰·劳取得了决斗的胜利，却没有赢得维莉尔斯小姐的青睐。在决斗中，约翰·劳一枪打死了自己的情敌威尔逊，随后被当局逮捕并被以谋杀罪起诉，鉴于他只是过失杀人，当局最终只判了他罚款。死者的哥哥不服判决上诉，在此过程中，约翰·劳被暂时拘留在英国高等法院，但不知为何，他居然成功地从英国高等法院逃走了。

发现约翰·劳逃跑后，英国当局在各大报刊上发出了通缉令，通缉令上是这样写的："约翰·劳上尉，苏格兰人，26岁；身材精壮、肤色黝黑；身高约有1.82米，脸上布满痘疮，有个大鼻子，说话声音洪亮。"现在看来，这个通缉令明显有丑化白脸小生约翰·劳的倾向，但这个夸张的描绘反而为他的逃亡之路减少了许多障碍。

成功逃跑的约翰·劳在欧洲大陆上流浪了三年，每到一个国家，他都会仔细观察当地的货币金融体系。在阿姆斯特丹的几个月里，他甚至做了几笔金融投机买卖。他在早上研习金融、贸易规律，晚上则流连于赌场。

大约在 1700 年，约翰·劳回到了爱丁堡，并在爱丁堡出版了他的第一本书——《为什么我们需要组建一个贸易委员会》（*The Proposals and Reasons for Constituting a Council of Trade*），这本小册子在当时并没有激起多大水花。

一段时间之后，约翰·劳又发表了他对土地银行的设想：土地银行发行的土地券价值不超过整个国家的土地价值；土地券正常付息；土地券的面值等于其所代表的土地的价值，并且可以随时兑换成其所代表的土地的所有权（这个超前的设想其实类似于以土地为本位发行的货币，可见约翰·劳对货币体系的执念——译者注）。土地银行的设想成功地引起了苏格兰议会的兴趣，并引发了激烈的讨论，甚至有一个名为 Quadrone 的中立党派正式就此提出议案，提议按约翰·劳的设想设立土地银行。不过苏格兰议会否决了这项提案，他们认为任何形式的纸币信用都不利于苏格兰的长期发展。

土地银行计划的失败，加上约翰·劳杀死威尔逊先生的罪行并没有得到赦免，约翰·劳不得不重回欧洲大陆，继续沉溺于自己的老爱好——赌博。

约翰·劳在欧洲大陆游荡了整整 14 年，荷兰、德国、匈牙利、意大利、法国都留下了他的足迹。四处游历、见多识广的约翰·劳很快就对欧洲的金融和贸易体系了如指掌。他越来越确信，在商品经济时代，任何没有信用货币系统的国家都很难发展好自己的经济。

在长达 14 年的游历中，约翰·劳一直靠赌博获得的收入维持生计，活得还挺不错。他在欧洲大陆所有知名的赌场都小有名气。约翰·劳对复杂的概率问题轻车熟路，几乎超越了那个时代的所有人。经过时光洗礼的他，也没有年轻时那么容易头脑发热了。种种因素加起来，约翰·劳几乎成了赌场上的常胜将军。

赌场上的好运气给约翰·劳带来了不少的麻烦。约翰·劳曾先后被威尼斯、热那亚等城市驱逐，不得不在欧洲大陆四处奔波。

第三节　在动荡的法国找到改革契机

约翰·劳最终来到了他人生中最重要的一站——巴黎，他在那里结束了长达 14 年的游荡。在巴黎时，约翰·劳也惹恼了警队中尉阿根森并惨遭驱逐，因为前者之前和法国的温德姆公爵、孔蒂亲王和奥尔良公爵混得挺熟才没有被迫离开法国。

遇到奥尔良公爵（后来的摄政王）是约翰·劳人生重要的转折点，奥尔良公爵很喜欢这个苏格兰冒险者的活力和聪颖。刚开始时，约翰·劳对奥尔良公爵并不是特别感兴趣，他倒是很喜欢温和、智慧的孔蒂亲王。孔蒂亲王也喜欢约翰·劳，并答应做约翰·劳的庇护人。与这些名流贵族闲聊时，约翰·劳抓住一切机会向他们灌输他的金融经济思想。在不远的将来，也正是这些离法国权力中心最近的一批人改变了约翰·劳的命运。

约翰·劳在法国自然不只是和名流贵族聊聊天，他向法国审计长戴斯·马瑞斯提出了一个完整的金融改革方案。戴斯·马瑞斯拿着方案征求了路易十四的意见，据说路易十四只问了戴斯·马瑞斯一个问题：提案者是不是天主教徒（路易十四是一个非常虔诚的天主教徒）。当他了解到约翰·劳并不是天主教徒后，也就失去了所有的兴趣。

在这个小小的挫折之后，约翰·劳造访了意大利，但他仍旧满脑子都是他的金融改革方案。约翰·劳在意大利向萨维公爵维克多·阿玛迪斯提出了他的土地银行设想。萨维公爵礼貌地拒绝了约翰·劳，他说自己的领土支离破碎，如果这个计划失败，他承担不起后果。萨维公爵建议约翰·劳再试试向法国国王提议。萨维公爵自信满满地说，法国人本性如此，他们喜欢新颖、貌似很有道理的东西，如果路易十四认真听，肯定会喜欢约翰·劳的想法。

不过路易十四可能永远也没机会认真听约翰·劳讲这些方案了，因为他在 1715 年去世了。王位继承者仅仅只有七岁。因为小国王尚年幼，奥尔良公爵作为摄政王执掌了政权。约翰·劳的机会终于来了，历史的大潮开始裹挟着他向前，带着他奔向财富之路。摄政王不仅仅是他的好友，并且对他的金融理论既熟悉又认可。更重要的是，摄政王十分愿意帮助他实现他的计划，以恢复法国国威。毕竟，在路易十四长达 72 年的骄奢淫逸的统治之后，当时的法国可以说已经跌落至谷底了。

很多人都把法国一团糟的状况归罪于路易十四，不过躺在坟墓里的路易十四是体会不到法国人民对他刻骨铭心的仇恨了。路易十四真的没想到法国人民会如此憎恨他，他被无数的马屁精环绕了 72 年，也很难对自己有清醒的认知。路易十四死后，马屁精瞬间作鸟兽散，路易十四也就从一个圣君变成了大家眼里的暴君、自大狂、抢劫犯。他的塑像被拉倒毁掉，画像被扯了下来，他本人也遭受了最恶毒的辱骂。路易十四的名字成了自私、暴躁的同义词。连法国皇家军队的荣耀都被人们遗忘了，大家只记得那个倒行逆施、骄奢淫逸、残暴无度的路易十四。

法国的财政体系自然也陷入了极度混乱之中，正所谓上梁不正下梁歪，路易十四骄奢淫逸的作风腐化了整个法国自上而下的政府体系。此时的法国财政已经处在了破产的边缘：法国国债达到了 30 亿里弗，而法国当时每年的税收总共才 1.45 亿里弗。政府支出花去 1.42 亿里弗之后，每年就只有 300 万里弗结余可以用来支付高达 30 亿里弗的国债的利息了。

摄政王掌权后的第一项工作就是寻找补救方案，以弥补路易十四留下的大窟窿。摄政王对经济金融摸不着头脑，他组织了一个委员会专门处理这个问题：委员圣西蒙公爵认为，只有大胆、冒险的方案才能拯救这个国家，圣西蒙建议摄政王召开国家会议，宣布政府破产。而委员诺阿勒公爵是个见风使舵的人，也曾是路易十四最大的马屁精，诺阿勒公爵一辈子都尽可能地远离任何麻烦，政府破产对怕麻烦的他自然没什么好处。于是诺阿勒公爵使了所有手段，反对圣西蒙公爵让国家破产的计划。很多和诺阿勒公爵一样、同是路易十四马屁精的前朝遗老也都反对圣西蒙公爵的计划。同样怕麻烦的摄政王同意了他们的观点，于是这个法国政府破产的计划也就不了了之了。

法国最终采用的这个摄政王口口声声说是保证公平公正的方法，本质上反而让路易十四留下的烂摊子变得更糟了：政府首先采取措施重新铸造金属货币，并直接贬值 20%，借此增加财政收入。这一措施后来重重受挫，事实证明这是杀鸡取卵的昏招。这个计划施行之后，财政部只多了 7200 万里弗的收入，但是全国的商业活动都乱了。法国政府见情况不妙，又出台了一项减税政策安抚民心。群体果然是愚蠢的，人们拿到这点小恩小惠之后，很快就没人关心货币贬值对经济带来的影响了。

贬值带来的 7200 万里弗显然不足以弥补法国的大窟窿，法国政府思考了几个月，又出了个昏招：政府组成了一个正义委员会，开始下大力气调查放贷者和税务员的贪污受贿行为。专为反腐成立的正义委员会位高权重，它由议会议长、法院法官组成，受财政部长领导。

正义委员会拿出被罚没财产的 20% 作为赏金来鼓励人们站出来，举报那些贪污腐败分子，并且承诺将拿出被判罪之人所藏匿财产的 10%，用于奖励提供线索追回这些财产的人。虽然贪腐的官员无论何时何地都不怎么受欢迎，但在那段时间，法国的税务员真是名副其实的恶魔，所以当广泛而深入的反腐运动席卷法国时，真的是大快人心。

特别法院和特别法令在政府官员中造成了相当的恐慌，不过这些人侵吞的财产数额巨大，特别法院毫不留情地把他们送进了监狱，巴士底监狱很快就人满为患了。全法国的其他监狱很快也都塞满了罪犯和犯罪嫌疑人。政府还禁止旅店和驿站向逃跑的人提供马匹和交通工具。任何包庇罪犯的人都会被处以重罚。重犯们带上了镣铐，轻犯们被罚以劳役，犯罪最轻的人也被处以罚款和拘禁。不过只有一个人被处以死刑——萨缪尔·伯纳德，他是一个富有的银行家，还是一个边陲省份的税收总管。萨缪尔贪污的钱太多了，他甚至愿意支付 600 万里弗来逃脱刑罚。

萨缪尔的 600 万里弗自然没花出去，他也不得不面对死刑的惩罚。萨缪尔固然罪大恶极，但有的人可能贪得更多，却幸运地逃过死刑，只是他们把赃款藏匿得更好，最终被政府没收的财产微乎其微。法国政府还以税收的名义向所有犯人征收了一笔不小的罚款，这笔罚款让政府严峻的财政状况舒缓了不少。但是当时的法国政府已经烂到骨子里了，这块蛋糕的大半都被官员们拿走了。据说有一个放贷者被罚款 1200 万里弗。一个伯爵找到他，告诉他只要愿意出 10 万克朗，就能保证他的罪名消失。这个放贷者遗憾地说："您来晚了，您的夫人只向我征收了 5 万克朗。"

经此一役，法国政府大约征收上来 1.8 亿里弗的税费和罚没款，不过只有 8000 万里弗被用来偿还国债，剩下的 1 亿里弗都被官员和贵族们贪污了。麦特丹夫人说："每天我们都能听到摄政王又给谁赏赐了多少钱，摄政王这么挥霍罚没的赃款，难免让法国人民嚼舌头。"法国人民最开始那痛快的心情很快消失了，他们发现法国政府大张旗鼓、闹得满城风雨的反腐，最终也并没有让老百姓得到什么好处；这次反腐行动，本质上只是瘦了东家肥了西家，实质上和老百姓没什么关系。

几个月后，罪大恶极的贪官们都被正法了，但显然正义委员会的罚款还没收够，于是委员会开始将矛头对准了那些没那么罪大恶极的小官们。正义委员会以重奖鼓励人们互相举报，还以欺诈勒索的罪名起诉了不少品格正直的商人。委员会要求这些商人在审判前就坦白从宽，把自己的罪名说清楚。正义委员会的倒行逆施瞬时惹得怨声四起。一年之后，法国政府也终于觉得这样迟早要惹出起义来，于是政府解散了正义委员会，大赦了所有未被起诉的人。

第四节 建立劳氏银行

在法国前所未有的动荡时期，约翰·劳终于有了登上舞台的机会。收拾烂摊子本是摄政王的工作，而摄政王却没有单枪独马拯救法国的雄心壮志。但对岌岌可危的法国政局有着切身感受的摄政王，也不愿意把自己的未来交给命运随波逐流。这个男人有着典型的鸵鸟性格：他不喜欢多事的商人、在签署法律法规时连看也不看，甚至把一些不该旁落的权力交给其他人，只为图一时清静。摄政王的责任是他沉重的负担，他知道很多事势在必行，却又兴趣索然，不愿意牺牲自己的安逸去为法国做贡献。以他这种性格，也难怪他会喜欢约翰·劳这个来自苏格兰的冒险家。他不仅欣赏约翰·劳的能力，也向往着约翰·劳口中的光明前途。

于是，当约翰·劳提出要帮忙时，摄政王毫不犹豫地答应了。约翰·劳呈上了自己的两本笔记，他在笔记中详细地论证了法国之所以陷入危机，正是因为金属本位的货币制度。在这种货币制度下，因为货币数量和经济需求不总是匹配，所以经常会出现通货膨胀或者紧缩。约翰·劳认为，如果没有信用货币做辅助，单单是金属货币本身，永远满足不了一个商业大国的需求。约翰·劳尤其详细地阐述了英国和荷兰的例子，以论证纸币的优势。他信誓旦旦地说，信用作为商业的血液，对于法国的复兴绝对是必不可少的。约翰·劳提议，由他主持设立一个银行，管理皇家的黄金储备，并且以该储备和法国的土地做本位发行信用货币。他还提议这个银行应当由国王来做名誉管理者，并且受法国中央政府指定的官员节制。

在这个提案被议会热烈讨论的同时，约翰·劳把他曾经写的关于货币和贸易的文章翻译成了法文，并且用尽办法宣扬自己的银行家身份。通过这些努力，约翰·劳很快就变得炙手可热，连摄政王的亲信们都传颂着他的光辉事迹。法国上下都期待着这位救世主能带领法国走出深渊。

接下来的事就顺理成章了，1716 年 5 月 5 日，一部皇家法案诞生了。这部法案授权约翰·劳和他的弟弟成立劳氏银行、发行货币券，并且规定劳氏银行发行的货币券可以用来交税。劳氏银行的股本为固定的 600 万里弗，共发行 1.2 万股，每股面值 5 里弗。那时摄政王觉得，马上就对约翰·劳委以重任可能有些冒失，他决定等约翰·劳真正证明了自己之后再对他授以权力。

至此，约翰·劳终于踏上了财富高速公路。他在前 30 年里积攒的金融、经济知识让他在管理劳氏银行时如鱼得水。约翰·劳首先做的，就是尽全力保障劳氏银行发行的货币券可以随时被以发行比率兑换成金银币。这是因为那时法国政府昏招频出，政府铸造的金银币其实一直都在贬值，但他要保证劳氏银行的货币券永远都保值。这在当时真是神来之笔，劳氏银行发行的货币券居然成了比金银币还要流行的支付手段。约翰·劳还公开声称，一个银行家如果不能保证自己发行的每张信用货币都可以足额兑换、有充足的储备保证其流动性，那么这个银行家就该被处死。

劳氏银行的货币券取得了重大的成功，这种货币券被接受的程度很快就超过了人们的想象。在日常买卖中，使用货币券支付甚至经常可以打 9.9 折。不久之后，法国经济就感受到了使用货币券的好处，之前逐渐衰落的商业开始回暖，政府收税阻力也小了很多。法国人民逐渐对劳氏银行的货币券建立了信心。一年之后，劳氏银行的货币券对金银币的溢价已经达到了15%，也就是说，使用货币券购买商品可以打8.5折。路易十四之前发行的法国国债却被以75%甚至50%的折价售卖。两相对比之下，劳氏银行吸引了全法国的注意，约翰·劳的信誉也日益高涨。劳氏银行同时在里昂、罗谢尔、图尔、亚眠和奥尔良开设了分行。

摄政王被约翰·劳的巨大成功震惊了。他渐渐觉得，既然纸币可以作为金属货币的辅助，那么完全替换掉金属货币也未尝不可，这为他后来的巨大失误埋下了伏笔。

第五节　密西西比计划初现端倪

在劳氏银行上证明了自己的能力之后，约翰·劳开始了他那项著名的密西西比计划。他向摄政王提议设立一家公司，并且请求政府授予这家公司在北美洲密西西比河流域以及它的西岸——路易斯安那州的贸易专属权。当时的人们认为密西西比河流域和路易斯安那州满地是金银，而这家公司将会是路易斯安那州唯一的收税者和铸钱者。1717年8月，密西西比公司正式成立了，共发行股份20万股，每股面值5里弗。

投机风潮在此时开始蔓延到了法国全国。劳氏银行太成功了，以至于无论约翰·劳承诺些什么，大家都觉得很有道理。摄政王每天都会授予约翰·劳新的特权。劳氏银行垄断了法国的烟草贸易，获得了重铸金银币的垄断权，最终成为了法国皇家银行。在成功的光环下，约翰·劳和摄政王似乎都忘记了一个中央银行的底线，那个约翰·劳曾经大声疾呼的底线——如果银行家不能足额兑付自己发行的货币，那么他就该被处死。得意忘形的摄政王和约翰·劳犯了一个巨大的错误：在劳氏银行从一个私人银行变成了法国的中央银行之后，劳氏银行不顾经济的需要，肆意印刷了大量的货币券，使得货币券的总额达到了

10亿里弗之多。这是约翰·劳第一次偏离他了如指掌的金融学定理，也正是这个错误在后来埋葬了约翰·劳。但这可能并不完全是他的错：在约翰·劳执掌劳氏银行时，劳氏银行可是只发行了约6000万里弗的货币券。虽然我们无从知晓约翰·劳对于之后劳氏银行货币券发行量的暴增是否负主要责任，但是货币券的发行量是在劳氏银行成为法国皇家银行、法国政府接管了权力之后才暴增的，从这点上讲，摄政王难辞其咎。

约翰·劳也清楚当时的法国是个专制国家，有些事情会很难收场。但是他真的没有预料到这样一个专制国家加上一个脆弱的金融体系所带来的后果会如此惨重。他违背了自己的原则，对摄政王言听计从，做了不少不该做的事，而其中最让他后悔的事就是帮助政府超发大量的信用货币。当时的法国没有强壮的实体经济支撑，精明的约翰·劳很清楚这个体系迟早都要崩溃，不过当下的巨大财富晃花了他的眼睛，他看不到这把悬在自己头上的达摩克利斯之剑。

此时，约翰·劳的危机已经若隐若现了。对于这样一个在法国拥有巨大影响力的外国人，法国议会刚开始就看他不顺眼，又对他的经济金融改革计划心存忧虑，于是难免将他看作眼中钉、肉中刺。更让议会愤怒的是，摄政王仅仅因为阿格索法官对他滥发货币的政策稍有微词，就把阿格索解职了，换上来一个对摄政王百依百顺的阿根森。摄政王还让阿根森兼任了法国财政部长。自此之后，法国政府更加疯狂了，阿根森新官上任的第一把火就是宣布法国人民去银行兑换新版金银币时，可以用路易十四那一文不值的国债抵去1/5的价款，也就是说4000旧里弗的金银币加上面值1000里弗的国债就能换走5000里弗的新金银币。这使得新金银币瞬间贬值了20%。阿根森太无知了，他完全不了解贸易原理和金融原理，也根本没意识到自己给法国经济带来的巨大伤害。

不过法国议会立即意识到了阿根森政策的巨大风险，他们反复劝说摄政王不要施行这个疯狂的政策。但是摄政王对他们的请求视而不见。法国议会不得不大胆地通过了一项法案——禁止新金银币的流通。摄政王怒不可遏，召集了皇家法庭，废除了议会的法案。议会见此情况，一不做二不休，又通过了新的法案——继续禁止新金银币的流通。摄政王就又废止了新法案。如此往复几次，议会忍无可忍，于 1718 年 8 月 12 日通过了一项法案——禁止劳氏银行管理法国的税收，并禁止任何外国人管理法国国家财政，违者处以重罚。法国议会认为约翰·劳应当为这个烂摊子负责。有些议员对约翰·劳恨之入骨，他们提议起诉约翰·劳，如果约翰·劳被判有罪，就把他吊死在巴黎大法院的大门上。

约翰·劳听到这个消息吓坏了，赶紧逃进了巴黎皇宫，寻求摄政王的庇护。他希望摄政王能采取措施降服法国议会。当时摄政王也没有太多办法制裁议会，其他事绑住了他的手脚。不过最终摄政王还是逮捕了议会议长和两个议员，迫使法国议会屈服了。

在摄政王的荫蔽下，约翰·劳的第一个劫难有惊无险地过去了。暂时没有了后顾之忧的他，全身心地投入到了密西西比计划之中。在约翰·劳和法国议会斗争的时候，密西西比公司的股票却一直在稳步上涨。1719 年初，法国政府又授予了密西西比公司在东印度、中国等地的专属贸易权，还把法属东印度公司所有的财产都划拨给了密西西比公司，法属东印度公司在此之后干脆把名字直接改成了东印度公司。密西西比公司为此增发了 5 万股股票。约翰·劳的未来看起来无可限量。为了吸引投资，约翰·劳承诺每 100 股（面值 500 里弗）每年分红 200 里弗，由于密西西比公司的股票是用路易十四的垃圾国债支付的，实际上 500 里弗的国债也就值 100 里弗，约翰·劳相当于承诺了翻倍的收益。

第六节　法国人民陷入投机狂潮

法国人民本来就高涨的热情瞬间被点燃了，这也难怪，谁能抵挡住每年资产翻倍的诱惑呢？密西西比增发的 5 万股股票获得了 6 倍的认购，热情的法国人民甚至包围了约翰·劳在甘康普瓦大街的家，他们挥舞着大把的钞票，要求认购密西西比公司的股票。连皇亲国戚、高官贵族都每天徘徊在约翰·劳的家门口，只为了第一时间知道自己有没有买到密西西比公司的股票，而民众们只能堵在门口的马路上、在周边租下公寓住下，希望自己能够离约翰·劳这个财神爷近一点。密西西比公司的老股价钱更是涨到天上去了，人们沉醉于密西西比公司的宏伟蓝图，甚至认为约翰·劳应该发行 30 万股股票，一股卖 5000 里弗。如果真的这么办，摄政王可以还掉法国的大半债务，其实以法国人民在当时的狂热程度，就算发行 100 万股也卖得出去。

约翰·劳没有意识到，如果说他的人生是一首协奏曲，当时的他已经处于鼓乐震天的高潮了。贫贱贵富的法国人都沉浸在了无尽的财富幻想之中，他们当然意识不到，自己和身边的人有多么愚蠢。贵族中有且只有两个人：圣西蒙公爵和维乐斯将军没有参与到密西西比公司的股票买卖之中。其他法国人民，无论年龄、性别、境况，都在下注赌密西西比公司的未来。

约翰·劳的家所在的甘康普瓦大街成了股票经纪人的聚集地。由于这条街又窄又小，加上有无数求财的法国人挤在这里，每天都有无数的冲突发生。由于人实在太多了，甘康普瓦大街的房租大涨，之前每年只能租 5000 里弗的房子，现在能租到 12000 里弗到 16000 里弗。连路口的鞋匠也把自己的摊子租给股票经纪人进行交易，每天居然能赚 200 里弗。更夸张的传言说一个驼背的老人把自己的背出租给股票经纪人用来进行交易，也发了大财。甘康普瓦大街引来了大量的投机者，连巴黎的小偷、混子们也闻风而至，那里每天都充斥着骚乱。到了晚上，巴黎政府甚至需要出动军队才能让这条小街恢复平静。

约翰·劳自己也觉得继续住在甘康普瓦大街实在太不方便了，于是就搬到了旺当姆广场。不用说，各色人等自然也就跟着他去了旺当姆广场。空旷的广场很快就和甘康普瓦大街一样热闹了。广场上立起了无数的摊子和帐篷，从早上到深夜都如同庙会一般。庄家们也在广场中央设起赌局，收割着广场上乌乌泱泱的、被金钱冲昏了头脑的法国人的财富。那时候法国大法官的法庭设立在旺当姆广场，他不停地向摄政王和市政府抱怨，广场上实在是太吵了，他都没法工作了。

约翰·劳没有办法，只能再搬家。他向加里格南亲王买下了苏瓦松官邸作为自己的新办公室。不过加里格南亲王自留了苏瓦松官邸后面的数公顷花园，因为他预料到无数的股票经纪人会跟着约翰·劳来到了苏瓦松官邸，果然，他们在花草树木间搭起五六百个小帐篷，每个帐篷每个月都要向加里格南亲王缴纳500里弗的租金，加里格南亲王仅此一项每月就入账25万里弗。在约翰·劳安顿好之后，法国政府宣布了一项法案，规定除了在苏瓦松官邸的花园进行的股票交易之外，其他地方的股票交易通通无效。这样，法国的第一个证券交易所就在约翰·劳不经意的引导下，在苏瓦松官邸的郁郁葱葱的花园里，伴着鸟叫虫鸣，正式展现了它的雏形：这个自然形成的交易所到处都是明亮的彩带和股票经纪人的牌子；繁忙的人群进进出出，吵闹声、讨价还价声、音乐声混杂在了一起；此情此景加上人们脸上的喜悦，让这个地方充满了生机和活力——巴黎人喜欢的那种生机和活力。

但也有人对此保持冷静，维乐斯将军就是其中之一。看到自己的同胞们也都投入到了约翰·劳一手引起的股票狂热中整天萎靡不堪，他非常窝火。他曾在坐车经过旺当姆广场时，看着广场上的人们傻乎乎地买卖着事实上一文不值的股票，怒从心来。他勒令车夫停车，然后探出车窗破口大骂，说人们的贪心令他感到恶心。他骂了整整半个小时，但自然没有讨到多少好处。四面八方都传来了嘘声、怒骂声和大笑声，人们甚至开始拿东西砸向他。维乐斯将军见情况不对，赶紧命令车夫驾车逃跑，之后就再也不敢去旺当姆广场逞英雄了。

在这场大狂热下，没有人能保持理性。曾经有两位学者保持着理智——拉·莫特先生和提·哈松神父，他们前不久才聚在一起吃饭，高兴地发现彼此都保持着理性，感叹着众人皆醉我独醒；不久之后，当提·哈松神父从苏瓦松官邸买完密西西比股票出来时，居然碰到了也正准备去买股票的拉·莫特先生，场面一下子变得无比尴尬。提·哈松神父强笑着说："拉·莫特，怎么是你。"拉·莫特先生快步走进了苏瓦松官邸，小声说："是我，可你怎么也……"之后这两位大学者又见面时，他们畅谈哲学、科学、宗教，但都不敢提哪怕关于密西西比股票的一个字。睿智如这两人也不得不承认，什么话都不能说太早了。有时候诱惑在前，再明智的人也挡不住。

法国的新财神爷约翰·劳已经成为全法国最有权势的人之一，连摄政王府都门前冷落车马稀，官员、法官、主教们纷纷涌向苏瓦松官邸。军队的军官、有名爵的贵族，每个对法国政坛有点影响力的人都争先恐后地跑向约翰·劳家的前厅，祈求能够申购到密西西比公司的股票。约翰·劳整天为此烦心不已，因为他连十分之一的申购请求都满足不了，于是他干脆闭门谢客。这丝毫没有影响到人们的热情，法国人使尽了一切招数，只为能够见到约翰·劳一面。之前的那些曾因为摄政王让他们等了半小时就怒不可遏的高傲的贵族们，现在却甘愿苦苦等待六个小时，只为见到财神爷一面。他们甚至给约翰·劳的仆人塞了大把的钞票，为了让他们在约翰·劳面前提及自己的名字。法国的名媛小姐们更是殷勤，她们在见到约翰·劳时总是一拥而上，争先恐后地报上自己的名字，请求约翰·劳把自己的名字加到申购名单上。约翰·劳本是个风流成性的人，但这时却不得不粗鲁地扒开姑娘们的环绕才能突围。有人甚至使出了荒谬的伎俩只为了见约翰·劳一面。

有一个姑娘，连续很多天都没能等到约翰·劳的接见，于是想出了一个荒谬的主意。她命令自己的车夫驾车时盯紧点，如果看到约翰·劳就撞向路灯，最好能翻车。车夫不情愿地答应了，他拉着这姑娘在城里晃荡了三天，祈祷着能遇到约翰·劳。有一天终于看到了约翰·劳，姑娘大声吆喝车夫："快！快把车撞翻！老天爷啊，快把车撞翻！"说时迟那时快，车夫立即撞向了一个路灯。这姑娘大叫一声，果然人仰马翻，一地狼藉。约翰·劳"恰巧"看到了这个"意外"，急忙刹车去帮忙。于是这个狡猾的姑娘成功地被带到了苏瓦松官邸。她向约翰·劳坦白了一切，约翰·劳忍不住笑了，便真的把这姑娘的名字加到了申购名单上。

还有一个叫作波查的女子，她偶然得知约翰·劳正在一个餐馆吃饭，于是急忙搭上马车去了那个餐馆，并拉响了火灾报警器。餐馆里的人都开始急急忙忙地往外跑，约翰·劳也在其中。不过约翰·劳看到波查正在逆着人流向他跑过来，瞬间识破了波查的伎俩，便朝着另一个方向跑开了。

还有很多奇奇怪怪的夸张传说，虽然不值得一一道来，但我们多多少少也能通过这些传说，对于那个疯狂的时代有一点模糊的认识。

据传有一次摄政王想找个公爵夫人陪他的女儿去摩德纳玩，他问大臣们："我该去哪找到合适的人呢？"大臣们都笑了，他们说："全法国的贵妇们都在约翰·劳家的门庭等着买股票呢，您去那儿找准没错。"

还有个传说，说是有一个挺有名的医生叫作希拉克，他不幸在高点买了股票，一直在犹豫要不要卖掉。更不幸的是，这只股票之后又继续跌了两三天。希拉克满脑子都是股票，却被叫去给一个不舒服的贵妇看病。希拉克魂不守舍地到了贵妇家里给她把脉。因为一直想着自己的股票，希拉克不禁一直小声碎碎念着："又跌了……又跌了……"贵妇紧张地看着希拉克，看到他一脸焦虑的样子，贵妇以为自己的身体完全垮掉了，她从床上跳起来，一边使劲地拉着床边的铃一边喊着："啊！我要死了！我要死了！又跌了！又跌了！"希拉克回过神来，一脸震惊地看着贵妇说："什么又跌了？"贵妇惊魂未定地说："我的脉搏啊！我是不是要死了！"希拉克笑了："抱歉，我亲爱的夫人，请您安心，我在说我的股票呢。这两天我的股票一直在下跌，我都快神经了。"

股票的价格波动很大，有时候几个小时就能涨 10% 甚至 20%，很多人早上还是家徒四壁，到了晚上就荷包鼓鼓了。一次一个股票大亨生病了，他让自己的仆人代自己去以每股 8000 里弗的价格卖股票，当仆人赶到苏瓦松官邸的花园时股票已经涨到 10000 里弗一股了，股票大亨的 250 股股票多卖了 50 万里弗，于是仆人私藏了这 50 万里弗，连夜逃出了法国。类似的事情甚至发生在了约翰·劳自己身上：约翰·劳的车夫在很短的时间就赚到了足够的钱，买了一辆马车，想离开约翰·劳单干。约翰·劳很喜欢这个车夫，于是请求这个车夫推荐一个和他一样能干的人来替代他。车夫同意了，并带来了两个好伙伴让约翰·劳挑选，之后自己才离开。

很多底层人民也幸运地一夜暴富了，但他们的礼节素质显然还没跟上财富增长的步伐，因此闹了不少笑话，遭到了不少有同情心的人的同情和没同情心的人的嘲笑。不过相较而言，还是贵族们的小肚鸡肠更让人恶心。圣西蒙公爵写下的一个故事就淋漓尽致地展现了当时社会的浮躁和贪婪。

有一个叫作安德鲁的男人，他没有受过什么教育，只是因为炒股票成功而一夜暴富，用圣西蒙公爵的话说就是"这个男人简直挖到了金山。"安德鲁暴富之后，越发觉得自己的家世丢人，也就异常希望能和贵族扯上关系。安德鲁有个三岁的女儿，他和一个落魄的贵族家族——杜瓦斯家族商量，想把女儿嫁进杜瓦斯家族。当时已经33岁的杜瓦斯侯爵同意了安德鲁的请求，答应当安德鲁的女儿长到12岁时就娶她为妻，但条件是安德鲁在婚礼之前每年付给他10万克朗、20万里弗。这个罪恶的交易被签成了协议并妥善保存，除此之外，安德鲁还答应在结婚时送上数百万里弗作为陪嫁。杜瓦斯家族的族长布朗卡公爵也全程参与了谈判，还拿了不少钱。圣西蒙公爵打趣地写道："这桩滑稽的婚姻还没有活到被法国人批判的那一天，就被约翰·劳不经意间摧毁了，一起被摧毁的，还有雄心勃勃的安德鲁先生的财富。不过，尊贵的杜瓦斯家族可没想过把10万克朗还给安德鲁。"

第七节　一桩贵族凶杀血案

类似的荒谬事件数不胜数，而当时还有些事不仅仅是荒谬，更是血淋淋的邪恶。因为法国人在密西西比狂热期间经常携带大量的纸币，抢劫案时有发生，谋杀案也不在少数。有一个案子更是引起了全法国的瞩目，不仅因为罪犯罪大恶极，还因为罪犯和法国最高层有着千丝万缕的联系。

道赫纳伯爵是道赫纳亲王的弟弟，并且和很多贵族家庭都有亲戚关系。他是个挥霍无度的年轻人，傲慢无礼到了一定的程度。道赫纳伯爵和其他同样无法无天的贵族子弟们一起设计了一个抢劫计划，他们打算抢劫一个非常富有的股票经纪人。道赫纳伯爵假装想买密西西比公司的股票，约了这个股票经纪人在餐馆里见面。毫无防备的股票经纪人准时到达了约会地点，在那里，道赫纳伯爵把另外两个年轻人介绍给了他认识。道赫纳伯爵在有一搭没一搭的闲聊之后，突然抽出匕首，照着股票经纪人的胸口连捅三刀，股票经纪人捂着胸口跌倒在地。道赫纳伯爵趁机拿走了他的密西西比公司的股票和路易斯安那计划的股票，总价值10万克朗。另一个年轻人则对着这个可怜的经纪人连捅数刀，直到将他捅死才停止。经纪人的喊声引起了整个餐馆的注意，放风的年轻人见情况不对立即逃跑了，其他两人则被现场抓获。

这场光天化日在公共场合发生的惨案震惊了整个巴黎。第二天，这两个年轻人被以故意杀人罪起诉，因为罪证确凿，当场就被判了车裂而死的刑罚。道赫纳伯爵的皇族亲戚们当然都哭天抢地地向摄政王求情，说道赫纳得了精神病，希望摄政王能同情这个迷途少年。摄政王躲躲闪闪，不肯见他们，打定主意要惩罚这恶劣的罪行。皇亲国戚们自然不肯轻易放弃，最终他们还是见到了摄政王，请求最少保留一下皇家颜面，不要公开行刑，他们说如果皇族被一个平民刽子手杀掉，摄政王脸上也不光彩。摄政王拒绝了他们所有的请求，他引用了法国著名戏剧家高乃伊的名言："行刑不可耻，犯罪才可耻。"于是道赫纳伯爵的皇亲们又去争取圣西蒙公爵的同情，毕竟摄政王最尊敬的就是他。圣西蒙公爵也觉得皇族和普通人一样被平民刽子手处死有点不光彩，并劝摄政王不要在皇族内树敌太多，建议把车裂改成砍头。就在摄政王快被打动时，约翰·劳又帮他重拾了决心，他提醒摄政王不要为了道赫纳伯爵的利益影响了司法公正，于是摄政王保持了最初的想法：还是依照法国法律公平判决。

道赫纳伯爵的亲戚走投无路，只剩最后一招了。道赫纳伯爵的父亲，蒙莫杭西亲王千方百计地潜入了地牢，给了道赫纳伯爵一杯毒药，请求他给家族留最后的一点颜面，但道赫纳伯爵却拒绝了。蒙莫杭西亲王又祈求了他一次，还是被拒绝了。蒙莫杭西亲王最终没了耐心，站起来冷冷地说："那你就去死吧，卑鄙自私的家伙，你只配被刽子手杀死。"然后头也不回地离开了。在道赫纳伯爵犯下罪行的六天后，他和自己的同伙在格莱弗广场被处以了车裂之刑，而另外那个放风的同伙最终也没被抓到。

重罪得以重惩，巴黎群众对这个结果相当满意。约翰·劳专程去祝贺了摄政王，恭喜他没有动摇，对一个皇室成员坚决地施以了重刑。但此时法国社会还是一样浮躁和贪婪，街头的抢劫和凶杀没有因此消失，大家对那些被抢劫的富有的股票经纪人也没有任何同情。虽然法国社会公德的败坏早已尽人皆知，但是中产阶级堕落的速度还是超乎大家的想象。随着赌博之风吹遍了整个法国、淹没了所有公德私德，相对正直纯洁的中产阶级和虱子多了不怕痒的底层之间的界限也日益模糊了起来。

第八节　风雨来临前的盛世繁华

在大家对货币券的信心最终崩溃之前，法国的经济可以称得上是蒸蒸日上，在巴黎尤其明显。全国各地的人都纷纷涌向巴黎，虽然他们是为了淘金，但也不可避免地在巴黎花了不少钱。摄政王的母亲曾统计过，在这段时间内，有30.5万人从世界各地涌向巴黎。巴黎人不得不在阁楼、厨房甚至马厩里搭起床铺，为房客们提供住宿。大街上挤满了马车，大家不得不以步行的速度驾车，以防发生危险。而法国的纺织业则昼夜开工，为巴黎提供蕾丝、绸缎、天鹅绒，以满足暴富的人们的需求。那时候，每个人都有着大把的纸币，以至于这些绫罗绸缎上涨了四倍的价钱。面包、肉、蔬菜也都疯狂地涨价，工人工资也随之上涨。巴黎各处都盖起了新房子。大家都被眼前的繁荣晃花了双眼，可谁也没有意识到黑压压的乌云背后的风暴即将来临。

约翰·劳，这一切繁荣的缔造者，更是从中获益不少。他的妻子和女儿被授予了最尊贵的称号，法国的名流贵族争先恐后地与之结交。约翰·劳在法国的不同地方买了两处豪华的地产，并已经开始和萨利公爵谈判，想要买下其在罗诗尼的庄园。约翰·劳在官场上也是顺风顺水，摄政王承诺只要他公开皈依天主教，就让他做法国的财政部长。作为一个专业投机者，约翰·劳从心底里根本不信仰任何宗教。换句话说，他也愿意随时皈依任何宗教。于是他立即同意了皈依天主教。名流贵族、平民百姓们挤满了默伦教堂，在他们的见证下，约翰·劳正式皈依了天主教。在皈依后的第二天，约翰·劳就被选为圣洛奇教区的荣誉教会长，他也向教会捐赠了50万里弗。约翰·劳的慈善事业做得一向慷慨，平时别人向他求助，他都会施以援手。

此时的约翰·劳已经成了全法国最有影响力的人了，摄政王对他信心满满，几乎大事小事都要问他的意见。不过，约翰·劳其实并没有因此而心高气傲，他还是之前那个通情达理、简单平和的约翰·劳。虽然他的风流韵事依然很多，但是他的绅士风度使得他的每个情人都如沐春风，没有任何怨言。约翰·劳有时也会表现出自己傲慢的一面，不过那也仅仅是在贵族们拍他的马屁把他拍烦了的时候。他常常冷眼看着身边的人对他的吹捧，好奇他们为了一点利益究竟愿意做到什么地步。但当他的老乡们来巴黎求他帮忙时，他却非常地谦逊有礼，有求必应。比如一次伊斯莱的阿奇博尔德·康贝尔伯爵，也就是后来的阿盖勒公爵来探望约翰·劳，他在劳的会客厅见到了一群想求着约翰·劳要股票申购名额的名门贵族们，而当他来到书房时，却看到约翰·劳静静地坐在图书馆里给老家的园丁写信，讨论要不要在院子里种点白菜。康贝尔伯爵自在地和劳玩了会纸牌，劳的教养和耐心令他心生敬佩。

很多王公贵族都在那个泡沫年代赚了不少钱，包括波旁公爵、古奇公爵、拉佛斯公爵、绍讷公爵、安汀公爵、埃斯特雷元帅、罗昂亲王、普瓦亲王、里昂亲王等。路易十四的儿子波旁公爵尤其在密西西比泡沫中赚了大钱，他重建了皇室在香地利的居所，建得富丽堂皇。波旁公爵也很喜欢赛马，他盖了一列全欧知名的马厩，并从英国引进了150匹最好的赛马。波旁公爵还在皮卡第、瓦兹省和索姆省购入了大量的土地。

在王公贵族们都赚得盆满钵满时，也就不难想象约翰·劳在这群贵族们中的地位了。这些贵族们对约翰·劳的崇拜程度甚至超过了对法国历史上的任何一位国王。所有的文人骚客也大肆地对约翰·劳歌功颂德，称其为法国的救世主、保护神，称其字字珠玑、慈眉善目、足智多谋。约翰·劳每次出行都有大量的民众围着他大呼救世主，以至于摄政王不得不派遣一队骑兵专门跟着他为他清场。

泡沫时代的巴黎到处都是古玩珍奇。全欧洲的雕像、油画、毛毯都大量进口到了巴黎。珍奇古玩不再仅是王公贵族们的专属玩物，很多股票交易员、中产阶级也都能轻松买下名贵的油画和雕像作为家里的装饰。最名贵的金银珠宝从全欧洲被带到了巴黎这个最活跃的珠宝市场，摄政王甚至花了200万里弗（相当于2016年的1.58亿元人民币）买下了当时最有名的钻石（140克拉），将其命名为"摄政王之钻",并镶嵌在国王的王冠上。其实刚开始的时候,摄政王并不想买这块钻石,他觉得自己作为法国的大管家,花一大笔公款去买一块石头太说不过去了。可是几天之后他就后悔了,他不忍心看着这样一块珍宝离开法国,不过任何人都没有足够的钱买下这块 140 克拉的钻石。摄政王对这事一直日夜惦念,后来还是圣西蒙公爵说服了他买下这块钻石,并让约翰·劳想办法筹钱。约翰·劳与钻石的卖家进行了谈判,决定由约翰·劳分期支付这 200 万里弗,卖家收取 5% 的利息,并且拿走切割钻石时产生的边角碎料。圣西蒙公爵对自己劝说摄政王买钻石一事颇为得意,他在回忆录里写道:"这块钻石像一个梅子那么大,呈椭圆形,纯白无暇,超过 140 克拉重。"他甚至在结尾处骄傲地写道:"我是让摄政王买下这块宝贝的主要功臣。"

一直到 1720 年初,法国的金融系统看起来都还挺正常的。所以,尽管法国议会反复警告摄政王这样的印钱方法迟早会将法国搞破产,摄政王也不为所动。他其实对金融一窍不通,他只是觉得,约翰·劳的办法给法国带来了这么多好处,听他的准没错。既然多印了 5 亿里弗之后经济看起来也还好,那么再印 5 亿里弗经济也不会怎样。以现在的观点看,摄政王的确错得很彻底,关于这一点约翰·劳心里很清楚,但他并没有去阻止摄政王。法国人贪婪地把泡沫越吹越大,随着路易斯安那和密西西比公司的股票涨了又涨,法国中央银行发行了更多的货币来让股市保持上涨。

第九节 逐渐融化的水晶冰宫

波将金元帅曾经为取悦俄罗斯女皇建造过一个富丽堂皇的宫殿,这个宫殿完全是用冰块建成的,有着爱奥尼亚式的肃穆冰柱、高雅的门廊和冰清玉洁的穹顶,在太阳下闪闪发光。它的光芒如此耀眼,像是用钻石做成的冰雪王国。但是有一天从南方吹来了一阵暖流,整个宫殿几乎在一瞬间崩塌了,像是从人间蒸发了一样,没留下一点踪迹。约翰·劳的纸币系统正如这个宫殿,但它现在仍然在阳光照耀下闪闪发光,与法国人民脸上的笑容交相呼应,静静地等待着那股暖流的出现。

第一股暖风出现在 1720 年初，孔蒂亲王去找约翰·劳购买东印度公司的新股，但却被约翰·劳拒绝了。孔蒂亲王怒不可遏，跑到劳氏银行用货币券换了三大车金银。约翰·劳听闻后向摄政王抱怨了此事，并说如果大家都有样学样，以现在劳氏银行的那点金银储备，后果可能很严重。摄政王也清楚地知道这个事情可能带来的后果。他找到孔蒂亲王，要求他归还两车金银，不然就要予以重罚。孔蒂亲王迫于摄政王的威胁，不得不照做了。幸运的是，孔蒂亲王的名声并不太好，大家都觉得约翰·劳这么做也是可以理解的。奇怪的是，约翰·劳和摄政王都没有因为这事而停下来反思一下，或者采取什么措施来稳定一下民心。很快，更多的人开始效仿孔蒂亲王，精明的股票投机者们也开始意识到股票的价格不可能一直涨下去。波旁和拉·里奇阿迪尔是有名的投机者，他俩悄悄地把自己的货币券兑换成了金银币，送到了国外。不但如此，他们还开始大量地购买珍贵的珠宝，然后秘密地将之送到英国和荷兰。沃玛特是个交易员，他也感受到了风雨欲来的气息。于是他兑换了数百万里弗的金银币，盖上了厚厚的稻草，装在了一个大拖车里，自己则穿上了布袍，推着他的财宝去了比利时。到了比利时之后，沃玛特又轻松地把他的财宝转移到了阿姆斯特丹。

至此为止，正如约翰·劳之前承诺的那样，法国人民在任何地方任何时间，还都可以轻松地把手中的货币券换成金银币。不过鉴于法国超发的大量货币，这个情况显然已经不能维持很久了。渐渐地，所有人都开始抱怨，换金银币越来越难了。原因其实很明显，就是货币券发行过量。法国议会讨论了很久应该如何修补现在的场面，约翰·劳认为应该发布一个法令，宣布货币券升值 5%，寄希望于法国人民有了升值预期，会更愿意持有货币券。法令很快颁布了，不过没有起到理想的效果。约翰·劳觉得可能是 5% 幅度太小了，法国议会很快颁布了另一个法令，宣布货币券升值 10%，同时限制法国中央银行给每人每天只能兑换 100 里弗的金币和 1000 里弗的银币。不过这些措施都没能重建法国人民对货币券的信心，只是多多少少维持了一点点法国中央银行的信用。

约翰·劳几乎用尽了一切办法，但也没能阻止金银币的持续外流。剩下的金属货币都被小心地保管起来了。市面上几乎没有了金银币，贸易活动甚至接近于冻结。在这个关键时刻，约翰·劳破釜沉舟，干脆大胆地发布了一项法令，禁止了所有金属货币的流通。1720 年 2 月，法令正式颁布了，但是它非但没有重建纸币的信用，反而不可挽回地永远地摧毁了货币券，并几乎把法国人民逼向了造反的边缘。这个著名的法令规定，凡是拥有价值超过 500 里弗以上的金银币的人都要被处以重罚，并被没收其持有的所有金属货币。法令还禁止了珠宝的买卖，凡是揭发珠宝买卖的告密者都给予交易珠宝的一半作为奖励。这个令人闻所未闻的政令一经颁布，全法国哗然。法案颁布之后，肮脏的迫害每天都在发生。告密者们侵犯了无数家庭的隐私，许多一生正直的人因为被发现有一点金银珠宝就遭到逮捕，仆人们也纷纷背叛了自己的主人。甚至还有一些巴黎市民成了专职密探，专门监控自己的邻居们。审判和逮捕每天都在倍增，法庭都快忙不过来了。到后来，只要有人怀疑其他人私藏了金银珠宝，法庭想都不想，立即就会签发搜查令。斯泰尔爵士是当时的英国驻法大使，他打趣地说，现在谁也没法质疑约翰·劳皈依天主教的真心了，他竟然相信自己能够像"圣餐变体"一样将金银变成废纸。

此时的摄政王和约翰·劳遭到了全法国人民的憎恨。再没有人敢于持有价值超过 500 里弗的金银币，但所有人都在尽可能地少用货币券。大家都不知道自己手里的货币券明天还能值多少钱。杜可劳斯在他的《摄政时期秘闻》中愤慨地写道："我从未见过如此反复无常的政府，也从未见过如此疯狂的独裁者。这场狂热的亲历者至今都觉得不可思议。当我们回望那个时代时，我们甚至很惊讶愤怒的法国人民为什么没有造反，把约翰·劳和摄政王吊死。约翰·劳和摄政王当时都很害怕会发生革命，但是最终法国人民控制住了怒火，他们只是不断地抱怨、惊慌失措地活在灰色的绝望之中。大概是那时法国人的思想已经被花天酒地的生活侵蚀到没有勇气发起一场革命了。"

其实法国人也不是什么都没做，似乎有人试图组织了一场起义。他们在大街小巷贴满了慷慨激昂的海报，并把游行通知送到了那些最有影响力的人们的家里。《摄政王日记》里记载了其中的一则通知：

> 我谨此通知您，圣巴托罗缪之夜（圣巴托罗缪是 1572 年发生在法国的大屠杀）将会在周末再次降临，请您和您的家人不要外出。上帝保佑您！请通知您的亲朋好友。
>
> 时间：1720 年 5 月 25 日，星期六。

不过当时的法国人已经不再信任彼此了，从遍地都是的间谍就能看出来。最终圣巴托罗缪之夜没有发生，那天晚上只有一些微不足道的骚乱，巴黎仍一如既往地平静。

密西西比公司的股票自然一泻千里，人们再也不相信路易斯安那州的财富了。不过约翰·劳没有放弃努力，他使用了最后一招来提振密西西比公司的股价——望梅止渴。他召集了几乎所有的无所事事又穷困潦倒的人，给这 6000 个社会弃儿衣服和工具，并告诉他们新奥尔良有大金矿。约翰·劳让这些人举着铲子和长矛在法国街头日复一日地游行，然后一波波地把他们送到港口、送上帆船开往美洲大陆。2/3 的人在到达港口之前就逃走了，他们卖掉了自己的铲子和长矛，回到自己的家乡，继续自己的旧生活。三个星期之后，一半的人又都回到了巴黎。约翰·劳的这点把戏倒真的起到了一点效果，密西西比公司的股票涨了一点，有些天真的人开始相信美洲的大金矿即将开采了，大量的黄金白银将涌入法国。

君主立宪制的国家可能会采取更有效的办法来恢复纸币的信用，比如英国之后也发生过类似的南海泡沫，带来过相似的后果，不过君主立宪制的英国采取了完全不同的措施来弥补这个错误。不幸的是，在专制的法国，拯救这个摇摇欲坠的国家的重任交给了始作俑者约翰·劳和摄政王。尽管他们也曾尽全力拯救这个国家，但他们的做法只是让法国离崩溃的边缘更近了一步。他们下令市面上只允许货币券的流通，在 1720 年 2 月到 5 月的短短三个月内，法国政府又增发了很多货币券，使得货币券的总量达到了 15 亿里弗以上。看着货币券摇摇欲坠的法国人民，再也不可能信任这几片纸了。议会长朗贝尔特曾当着摄政王的面说，他宁愿要 10 万里弗的金银，也不愿意要 500 万里弗的货币券。当法国人民都像朗贝尔特这么想时，再增发货币券就只能加速货币券驱逐金银币的过程，从而导致法国的崩溃。与此同时，摄政王希望其贬值的金银币却在不断地升值。2 月的时候，议会还通过了一项决议，把法国中央银行并入了法属东印度公司。法国国家政府继续为中央银行的货币券提供担保，但除非议会允许，法国中央银行将不能再发行货币。摄政王放弃了法国中央银行的所有盈利，并把这些盈利转移给了法属东印度公司。这些措施曾短暂地提升了密西西比公司和法属东印度公司的股价，但效果十分短暂。

法国政府在 1720 年 5 月初召开了紧急会议，包括约翰·劳在内的所有部长都出席了。委员会估计流通的货币券总共可能有 26 亿里弗之多，但法国的金银币一共也不到 13 亿里弗。很明显，委员会必须采取措施平衡这两者。有人建议货币券贬值，也有人建议金银币贬值。据说当时约翰·劳觉得这两者都不靠谱，但他也没有更好的办法。最终委员会决定让货币券贬值一半。5 月 21 日，委员会颁布了一项法令，将货币券和法属东印度公司的股票贬值 50%。可是法国议会拒绝执行这项法令，并且表达了强烈的抗议。整个法国都陷入了惶恐之中，委员会不得不自己打脸，在 6 天后又颁布了一项法令，恢复了货币券的面值。

在同一天（5 月 27 日），法国中央银行不再兑换金银币，约翰·劳也自此从财政部消失了，而优柔寡断、懦弱的摄政王把所有的错都归在了约翰·劳身上。约翰·劳跑去法国皇宫找摄政王理论，但被拒绝入内。不过当天晚上，摄政王秘密召见了约翰·劳，极力安慰了他，并正式为让约翰·劳背黑锅向他道歉。摄政王如此反复无常，两天后居然公开带着约翰·劳去看歌剧了。不过法国人民太恨约翰·劳了，这场歌剧差点让约翰·劳送命——正当约翰·劳看完歌剧、准备登上马车离开时，一群暴徒用碎石袭击了他。要不是车夫足够机智，立即驾车冲进了旁边的院子里，并让里面的人赶紧关门，约翰·劳肯定被拽出来撕成碎片了。第二天，约翰·劳的妻子和孩子看赛马回来时也遭受了暴徒的袭击。摄政王知道这事之后，派了一队瑞士卫兵日夜保护约翰·劳。但义愤填膺的人们越来越多，约翰·劳最终不得不跑到法国皇宫避难。

1718 年时因为反对约翰·劳而被解职的阿格索法官又被召回，以处理当下的信用危机。但摄政王明白得太晚了，他对这个法国最有能力、最廉洁正直的人太苛刻、太不公平了。阿格索法官退休已久，在自己位于弗来尼斯的乡间别墅居住，终日研究哲学，他已经忘记了毫无廉耻的法国议会是如何运转的。摄政王派了约翰·劳和自己的亲信去请回阿格索法官，阿格索法官的朋友强烈反对他回到巴黎和约翰·劳共事，但是阿格索法官还是同意了跟约翰·劳走，去巴黎贡献自己的智慧。阿格索法官到了巴黎之后，授予了 5 名议会议员金融委员的职务，还于 1720 年 6 月 1 日发布政令废除了持有 500 里弗以上金银币即违法的法令。任何人在此之后都可以合法地持有任何数量的金银币。阿格索法官还以巴黎城税收做担保发行了新币，面值为 10 里弗，每年支付 2.5% 的利息。他在维拉酒店门口公开烧掉了回收的旧货币券。6 月 10 日，法国中央银行重新开张了，也开始重新为新币和货币券兑换金银币。

这些措施都非常有效，法国人民开始急急忙忙地跑到银行把手中的货币券换成金银币。银行支付银币变得力不从心后，并没有停止兑换，只是换了铜币继续兑换。法国人民也没有抱怨铜币太重了，尽管穷人在兜里装 50 里弗的铜币都显得力不从心。挤在银行的人实在太多了，以至于几乎每天都有人被挤压致死。7 月 9 日，挤在法国央行马萨林花园门口的人实在是太多太吵了，门卫不得不关闭了大门，禁止任何人进入。人群的怒火瞬间被点燃，他们愤怒地朝着士兵们扔着石头，士兵们不得不以开枪作为威胁。但真的还是有士兵被砸到了，这名士兵愤怒地朝人群开了枪，打死一人、重伤一人。正当大家以为暴动真的要开始时，马萨林花园的大门打开了，走出了一列士兵，他们枪上的刺刀在太阳的照耀下闪闪发光，人们不得不把怨气又都咽到了肚子里。

在马萨林花园门口，仅仅八天就有 15 个人活生生被挤死。人们愤怒地扛起了三具死尸，集结了七八千人，朝着法国皇宫走了过去。约翰·劳的车夫是个坏脾气的人，他此时正坐在约翰·劳的马车上，在皇宫门口等约翰·劳。他看到此景后骂骂咧咧地说这群流氓就该被吊死。暴徒们立马就找上了他，他们把约翰·劳的马车砸成了碎片，车夫也险些丢掉性命。不过这事也就到此为止了，皇宫里涌出一队士兵，在摄政王承诺自己会出钱好好安葬这三人之后，愤慨的人们就散了。法国议会在骚乱时正在召开会议，议长听闻此事亲自跑去皇宫围观，想一探究竟。他回来之后，告诉议员们他亲眼看到约翰·劳的马车被砸成了碎片，议员们纷纷站了起来喜极而泣。不过还是有一个议员终止了他们的喜悦，他好奇地问道："约翰·劳被撕成碎片了吗？"

法国中央银行的情况至此也稍微好转了一点，但是法属东印度公司却还是法国政府当前的心腹大患。特别委员会建议法国政府给法属东印度公司所有它想要的特权，以阻止形势的进一步恶化。法国政府也因此颁布了一个特别法令，规定法属东印度公司享有所有航海贸易的特别优先权。不过法国政府没有意识到，他们这么做其实是直接摧毁了这个国家的贸易系统。整个国家都在反对法属东印度公司被授予这么不合理的特权，议员们提出了一个又一个的议案，建议议会不要承认这个法案。议会当然没有承认，不过这也惹怒了摄政王，他觉得议会除了煽风点火什么事也没做，就决定把议员们全部流放到布鲁瓦兹。在阿格索法官的极力调停下，最终议员们被送到了旁杜瓦兹而不是布鲁瓦兹。后来议员们决定用行动蔑视摄政王的惩罚，他们把旁杜瓦兹变成了流放者的天堂。议长每天都会送来精美的食物，邀请最有智慧、最风趣的人来演讲；那里每天晚上还会举办盛大的音乐会和舞会。平时都板着脸的法官们和议员们纷纷放下架子，尽情地享受生活。他们只是想用行动告诉摄政王，他们不在乎摄政王的惩罚，在旁杜瓦兹的他们比在巴黎还要快乐。

在世界各国之中，法国人最擅长将悲伤写进歌里，然后凄凄惨惨地唱出来。有人甚至说法国的整个历史都能从歌里体现出来。约翰·劳的金融改革计划的惨败让他成了整个法国最讨厌的人，他也自然而然地出现在了法国人民的歌词里。讽刺他的漫画开始出现在大街小巷的店铺里，他和摄政王也不幸地出现在大街小巷的歌声里。很多歌其实很恶毒，其中有一首还特别提到了被印成约翰·劳发行的货币券大概是那些纸这辈子最大的耻辱了。下面这首保存在摄政王夫人的书信里的歌是当时写得最绝妙、最流行的一首。这首歌被巴黎人民传唱了好几个月。

　　劳！劳！约翰·劳来到了这个崩溃的城市！

　　劳！劳！摄政王他信任劳恢复国治！

　　啊！摄政王他信任劳恢复国治！

　　聪明的劳！智慧的劳！我们的财神爷约翰·劳！

　　财神爷约翰·劳引来了全欧洲的财富，

　　是他让我们信心永驻！

　　可后来，可后来事情败露！

　　约翰·劳是魔鬼，他带走了我们所有的财富！

　　劳！劳！聪明的劳！智慧的劳！

　　我们的财神爷约翰·劳！他带走了我们所有的财富！

还有一首同时期的讽刺诗也流传甚广。

　　星期一，我买了密西西比的股票；

　　星期二，我赚了百万里弗；

　　星期三，我把家里装饰得富丽堂皇；

　　星期四，我雇了一队佣人；

　　星期五，我参加了华丽的舞会；

　　可是，到了星期六，我的财富全没了！我住进了医院，悲痛欲绝！

　　在那个时期发行的漫画里，有一幅因为被收录在了《摄政王日记》里而被保存至今。这个漫画的作者画了一个"股份女神"，她坐在自己豪华的车里，驾车的是"愚蠢女神"；而拉车的人包括密西西比公司、南海公司、英国银行、西塞内加尔公司的代表；这些公司的油嘴滑舌的代表们拉动着车子，而车轮上写着这些公司的名字和起起落落的股价；地上则躺着老老实实做生意的商人，大车碾过他们，几乎把他们碾碎；车后面有一大群人，有男人、女人、富人、穷人、老人、小孩，他们追逐着财富之车，并吵吵打打地争夺着财富之车洒下的大量股票；天上的云彩里坐着一个恶魔，他吹着一个肥皂泡沫，地上的人纷纷踩在他人的背上，试图在泡沫破灭前摸到这个巨大的泡泡，泡沫的反光与地上的人们那一张张散发出贪欲的脸在耀眼的阳光下交相辉映；而在这辆财富车的必经之路上伫立着一个巨大的建筑物，它有三个必经之门：第一个门上写着"傻子的医院"，第二个门上写着"疯子的医院"，第三个门上写着"乞丐的医院"。另外的一副漫画则画着约翰·劳坐在一个巨大的锅里，锅底下熊熊燃烧着人民群众的疯狂之火，这些人则正在把大量的金银倾倒在锅里，换回约翰·劳给他们的一张张纸。

第十节　风起云涌的法兰西之怒

约翰·劳心里明白巴黎市民有多恨他，他都不敢上街了。平日里他住在摄政王的公寓里，必须出门的时候，他要么乔装打扮，要么就藏在皇家马车里，并带上一队卫兵。当时巴黎市民的怒火真的是一点就着，有一个趣闻可以说明如果约翰·劳落到他们手里，会有多么悲惨的下场。当时有一个绅士叫作布尔塞，他正驾着马车在圣安杜瓦纳大街上疾驰，突然发现有一辆出租马车挡了他们的道。布尔塞的仆人吆喝着让出租马车让开，但是那个车夫并没有理他。布尔塞的仆人恼羞成怒，一拳打在了可怜的车夫的脸上。这点骚乱很快就吸引了不少人围观。布尔塞不得不走出马车看看出了什么事。车夫一看情况觉得自己今天肯定要挨揍了，他急中生智，拼命地大叫"救命！救命！约翰·劳杀人啦！约翰·劳杀人啦！"听到约翰·劳就在自己身边，巴黎群众纷纷从街边的商店里冲了出来，手持武器纷纷棒打"约翰·劳"。围观群众也纷纷捡起石块砸向所谓的"约翰·劳"。幸运的是，旁边教堂的门没有关，布尔塞当机立断，率领自己的仆人就往教堂冲，并把自己反锁在了储藏室里。暴徒们最终还是被又惊又怒的神父们劝走了。他们回到大街上，看到了"约翰·劳"的马车在街上停着，于是又是一阵打砸。

无论多么心惊肉跳，日子还是要过的。约翰·劳发现之前以巴黎财政做担保发行的新币不怎么受欢迎，因为 2.5% 的利率有点太低了。好多密西西比股票的持有者根本不想把手头的股票换成新币。有些人仍然抱着最后的一丝希望，希望约翰·劳能扭转大局，希望自己手头的股票能再涨上来。在 1720 年 8 月 15 日，法国政府颁布了一项法令，禁止了面值 1000 里弗和 10000 里弗的货币券的流通，这些货币券之后将只能用来购买保险、存在银行里或者支付当初分期购买密西西比股票所欠下的贷款。

接下来的事态已经脱离了约翰·劳的掌控了，1720 年 10 月法国政府颁布了另一项法令，宣布 11 月之后所有的货币券自动作废。密西西比公司、法属东印度公司的所有特权也一并作废，并成为纯粹的私人公司。这两项政策成为了压垮约翰·劳金融改革计划的最后一根稻草。此时的约翰·劳也完全丧失了自己的影响力。他的两家公司在失去了所有特权之后，变得几乎一文不值。

法国政府重罚了那些据说靠炒股票暴富的人，并没收了他们的财产。密西西比公司的股东被迫继续持有已经不值钱的股票，政府还找出了曾经申购股票但是没付款的人，强迫他们以 13500 里弗每股的价格买下面值 500 里弗的股票。很多人根本付不起也不愿意付这笔钱，于是他们纷纷带上家当，跑去国外当难民。政府为此封锁了港口和边境线，抓捕了一批想逃出国的人，搜走了这些人身上所有的金银珠宝。法国政府甚至处死了一批试图逃跑的人，不过说实话，留下的人也不好过。

这一切的始作俑者约翰·劳已经绝望了，既然自己的身家性命都不再安全，约翰·劳也下定了决心离开法国。刚开始约翰·劳其实也只是请求摄政王准许他告老还乡（还留在法国），摄政王也大方地批准了。尽管最后搞得一塌糊涂，摄政王从心底里其实还是相信约翰·劳的金融改革方案的。摄政王也明白自己犯了不少错，在他的晚年，摄政王一直都想在更扎实的基础上重建约翰·劳的货币金融体系。和摄政王一样，约翰·劳也曾真心实意地相信自己的金融改革计划能带领法国走出深渊。约翰·劳在他最后一次和摄政王的会面中曾说过："我承认我犯过不少错，只要是人都会犯错，我也不例外。但是我可以庄严发誓，我从未故意为了一己私利而危害法国国家的发展。"

约翰·劳告老还乡三天之后，摄政王给他写了一封信。摄政王告诉约翰·劳如果他想离开法国，随时都可以离开，他已经下令边防不得阻止约翰·劳。摄政王还告诉他，如果需要钱，尽管开口。约翰·劳很感激，不过他拒绝了摄政王的钱，只是在六个骑兵的包围下，搭乘波旁公爵的情人的邮船去了布鲁塞尔。然后约翰·劳又从布鲁塞尔去了威尼斯，待了好几个月。威尼斯的人都以为约翰·劳应该是巨富，不过他们都错了。约翰·劳是一个职业赌徒，但他并没有故意导演密西西比狂热并伺机赚钱。他真真正正地相信自己的金融改革计划能让法国成为欧洲最富有、最有力量的国家。在密西西比狂热的最高潮，约翰·劳义无反顾地把自己赚取的所有利润都投资在了法国的地产上，因为他相信随着法国的强大，地产一定会升值。约翰·劳没有任何金银珠宝，也没有像那些无耻的投机者一样，把自己的资产转移到国外。他把自己所有的财产都投资在了法国的土地上，除此之外，约翰·劳的全部身家只有一颗钻石。当约翰·劳离开法国时，几乎是一贫如洗。历史对这个伟大的金融改革家是如此不公平，将他称为骗子、疯子，钉在了耻辱柱上。

当法国人民知道约翰·劳居然逃走了之后，约翰·劳所有的地产、珍贵的藏书都被没收了。当年约翰·劳花 500 万里弗为妻儿购买的养老保险也被没收了。尽管在约翰·劳风光时，他曾立下一项法令，特别规定在任何情况下都禁止政府没收养老保险。人们都觉得让约翰·劳跑了真是便宜他了，议会和法国人民都想把约翰·劳吊死。少数没怎么受影响的人们很高兴看到约翰·劳这个大骗子终于滚蛋了，但是绝大多数人都或多或少地受了牵连。这些人希望约翰·劳能留下来拯救这个国家，毕竟没有谁比约翰·劳更了解这个被他一手毁掉的国家了。

之后摄政王召开了会议，和金融委员会、摄政委员会一起讨论怎么收拾这个烂摊子。在仔细的审查之后，他们发现目前流通的货币券已经达到了 27 亿里弗。他们还发现有些货币发行和授权发行的时间并不一致。摄政王本可以把这个责任担下来的，毕竟他是摄政王，谁也不能追究他的责任。但是摄政王想把责任推脱到约翰·劳身上，他说约翰·劳擅自增发了 12 亿里弗的货币券，后来他发现问题时为时已晚，所以不得不先上船再补票了。其实如果摄政王能把真相说出来的话，历史可能还多多少少对他有点尊重，事实是当时的摄政王好大喜功又没有多少耐心，约翰·劳只得越界行事了。

委员会还发现截至 1721 年 1 月 1 日，法国国债已经达到了 31 亿里弗。委员会下发命令仔细检查债务人持有的债务凭证，并把这些债务人分成了五个等级，前四个等级的人都是多多少少能拿出证据证明他们是拿了真金白银认购国债的。第五个等级的人持有的债务凭证被下令销毁了，前四个等级的债务凭证也被仔细认真地检验了多次。最后委员会终于把国债利息降到了 5600 万里弗。

法国政府还对政府的金融部门做了一次深入的调查，寻找那些在泡沫晚期贪赃枉法的人。很多人都被判有罪，判处了罚款和监禁。其中一个名为法霍特的部门主管和名为克莱蒙的神父，他们和自己的职员利用工作之便居然贪污了100 万里弗。法霍特和克莱蒙神父被判处了斩头刑，他们的两个职员被判处吊死。不过后来他们都被改判成了在巴士底监狱终身监禁。

泡沫时期的法官阿根森自然也没有什么好下场，他被迫把法官之位还给了阿格索法官，只保留了监察员的名头，可以随意参加任何内阁会议。不过阿根森觉得自己最好还是离开巴黎，去自己的乡间别墅归隐。但他一直没有适应自己的归隐生活，变得情绪化且易怒。他之前的慢性病开始恶化，不到一年就死了。巴黎人民太恨阿根森了，甚至在他死后都没有放过他。当阿根森的丧葬队走到圣尼古拉斯大教堂的时候，骚乱的人群居然包围了丧葬队，他的两个孩子不得不一遍一遍地鞭打马匹，才勉强逃出包围圈。

至于约翰·劳，他一直怀抱希望，希望摄政王把自己召回巴黎，在一个更坚实的基础上重建信用货币系统。但 1723 年摄政王突然去世了，当时约翰·劳正与自己的情妇帕拉莉丝夫人在一起，听到这个消息之后约翰·劳像被霜打了一样，久久不能平静。之后约翰·劳放弃了希望，又回到了终日赌博的生活。他的赌运也是有好有差，很多次他都不得不当掉自己唯一的财产——那颗钻石，之后赢了钱再把钻石赎回来。在流浪了许久之后，约翰·劳去了哥本哈根，在哥本哈根，他得知英国政府赦免了他之前的杀人罪行并允许他回到家乡。约翰·劳便搭乘一艘战舰回到了英国——这件事在上议院还引起了一阵讨论，柯宁斯比伯爵认为约翰·劳背叛了自己的国家和信仰，不该受此礼遇。他认为英国人民经历过南海骗局之后，对这类骗子恨之入骨，约翰·劳回到英国也很有危险。不过议会的其他议员都没有这种担心，约翰·劳也顺利回到了英国。他在英国没有长住，四年之后就去了威尼斯，最终也是在威尼斯穷困潦倒地离开了人世。有人给他写了墓志铭，总结了他的一生。

他是名动天下的苏格兰骗子，

也是文曲星下凡，

把数字玩弄股掌之间，

把法国变成人间地狱。

约翰·劳的弟弟叫威廉姆·劳，威廉姆·劳在劳氏银行和密西西比公司都曾经工作过，后来他以贪污嫌疑被起诉，并被关在了巴士底监狱。不过他的罪名一直没被证实，15个月之后就出狱了。威廉姆·劳一脉流传至今，被称作劳里斯顿家族。正如历史上所有的狂热一样，约翰·劳一手导演的密西西比大狂热也就这样在最高潮时戛然而止了，留下一地鸡毛。与此同时，英国也发生了一场狂热，不过因为君主立宪制的议会政府和对权力的良好约束，这场狂热在英国造成的后果远远没有密西西比大狂热的后果严重。在下一章，我们将一起看看这场英国版的密西西比大狂热。

专业解读

读完约翰·劳的故事之后，如果要用一个词来总结我的感觉，可能就是"震惊"。从其所作所为来看，约翰·劳完全不像一个在18世纪云游四方、游手好闲数十载的赌徒，真的很难想象这样一个常年在赌场上纸醉金迷的人会对完善、高效的货币体系有此执念。

即使以今天的标准来看，约翰·劳对货币本质的认识也是相当深刻的，他认识到了货币最重要的价值，就是作为一般等价物在经济生活中充当媒介和润滑剂。货币的其他所有功能，包括代表财富或作为价值尺度，都是基于其一般等价物的本质的。约翰·劳认识到一个完善、严密、健康的货币系统对一国经济发展的重要性，这是远远超过他的时代的。

我想，有着如此认识的约翰·劳，他在法国做那些事绝不只是为了升官发财。尽管当上法国央行行长、威风八面对一生浮夸的约翰·劳肯定有着独特的吸引力。

我相信，当约翰·劳在摄政王面前慷慨激昂地介绍他宏伟的金融蓝图时，他可能更多想象的是现代社会的模样：货币深深地融入了经济的血液，成为真正的一般等价物；人们认为自己手中的货币就是金银，就是财富，虽然也会通货膨胀，但不用担心一觉醒来原本能买辆车的钱就只能买个包子了（当然如果你在津巴布韦还是要担心一下的）。

人们认为自己手中的货币就是财富，翻译成金融学的话讲，叫作币值稳定。币值稳定是一切信用货币制度的基础。经过100多年的反复教育，现在的人们大多都认识到了这一点的重要性。约翰·劳死去184年后，美国总统托马斯·伍德罗·威尔逊在《联邦储蓄法》上签下了自己的大名，《联邦储蓄法》的2A章节规定了美联储成立的目标是"保持信用货币的长期增长与经济增长相匹配、以促进经济最大产出，达到最大就业、稳定物价、平滑长期利率的目标"。而近100年之后，我国于1995年出台的《中华人民共和国中国人民银行法》规定中国中央银行的货币政策目标是"保持货币币值的稳定，并以此促进经济增长"。

其实约翰·劳对币值稳定的重要性也是有充分认识的：在他的劳氏银行成立之初、发行货币券时，约翰·劳规定自己发行的货币券可以以发行时的汇率兑换成金银，相当于抛弃了法国政府的里弗，使得货币券成为了以金银为本位的信用货币。这种币值稳定也是货币券发行之初风靡法国的主要原因。

真正埋葬约翰·劳的，是他成立的密西西比公司。约翰·劳在劳氏银行上的巨大成功，让全法国所有的财富都涌向了密西西比公司的股票，把一个空壳炒上了天价。密西西比股票的上涨带来了约翰·劳远远没有意识到的深远后果。

1. 巨大的财富效应。 这种财富效应的根源是股票交易内生的杠杆机制。举一个极端的例子，A 公司共有 1 亿股，但是在某一天，市场上仅有 10 股在交易。有一个买方受到蛊惑或者出于故意，出 10000 元买了本来只值 10 元的 10 股股票。这个本来价值 1 亿元的公司瞬间就被市场认为值 1000 亿元了，这个公司的股东都觉得自己成了亿万富翁。但是如果没有稳定的现金流做支撑，当股东们想把纸面财富变现的时候，他们就会发现所谓的百万财富只是黄粱一梦。这种财富效应对群体心理有巨大影响，也是形成泡沫的主要原因。

2. 金融系统的金融资产成倍增加。 当公司增发股票时，市场拿钱买了 10 亿元的股票，相当于金融系统中的货币总量虽然没有变（只是从认购者转移给了公司）但是却凭空多了不到 10 亿元（正常市场增发时股价会下跌，但是在当时以纸质证券进行交易的法国，市场显然是相当无效的，股价不一定受多少影响）的有价证券，凭空多出了 10 亿元的财富。

如果此时股票价格继续上涨，那就是凭空多了 20 亿元、30 亿元甚至 100 亿元的财富。前面我们提到了，一个健康的货币体系最根本的就是币值稳定。增加的有价证券同样会影响金融资产与实物资产的比率，进而以一种复杂的方式影响币值。受影响的币值总会以物价及其他各种方式传导到经济上，对经济造成永久的伤害。

其实在正常的金融系统中，无论是股票价格上涨，还是公司增发股票增加的财富，都应当是健康的。因为这本应是出于对公司业务的肯定，是市场将公司预计的未来的持续现金流折现到现在而成的优质金融资产。

但是，当时的法国人远远称不上是理性人，密西西比公司也不是一个正常的公司，它几乎没有实际业务，它所有的价值，一方面在于人们对于未来不切实际的幻想，另一方面在于作为赌博的筹码所代表的价值。

当股价上涨时，当约翰·劳一次次地增发股票时，社会财富凭空增加了许多。法国政府不断增发的货币券更是火上浇油，约翰·劳是个精明人，但摄政王要增发货币时他居然也没拦着，可能因为他觉得稍微多发一点货币没什么吧。

从原文看，整个泡沫时期，法国共发行了 26 亿里弗货币券，相比 13 亿里弗的金银确实也不多（在约翰·劳能掌控的时期，货币券估计发行得更少）。

但约翰·劳没有意识到的是，他发行的密西西比股票作为有价证券，从另一种角度看也是货币。以最开始发行的 20 万股，加上后来增发的 5 万股计算，在价格高点上（富豪派仆人去买股票时的股价为 1 万里弗），约翰·劳相当于增发了至少 25 亿里弗的货币，2010 年《经济学人》杂志的一篇文章甚至说密西西比公司市值最高曾达到 48 亿里弗。这个量级的货币增发已经足以在经济体中吹起并吹破一个超大的泡沫了，事实证明结果也的确是一地狼藉。

这样来看，约翰·劳从一个众星捧月的法国央行行长沦为一个人人喊打的骗子的过程，似乎也能在当今看到剪影：创造新概念、炒作预期；利用人们的贪欲、点起跟风的狂热；超发货币、大肆赚钱；在没人接盘、经济无法支撑时挤兑破产。

是啊，其实仔细想想，如果把故事中的日期全部改成 21 世纪，似乎也没有任何违和感。历史一次次地重复自己，引出无数悲喜剧，引得无数人兴高采烈与家破人亡，历史的主角一直在变，不变的只有埋在人性深处的贪欲。

历史已经重复了很多次，人们当然也从重复的历史中学到了不少东西，近现代货币金融学说的发展对货币制度的运行就做了详细的解释。

其中对现代货币制度流传最为广泛的解释（偏凯恩斯主义）用通俗易懂的话讲就是，如果经济体是一个鱼缸的话，货币大概是水；大多数国家都是中央银行决定一个与经济相匹配的供水量，倒进鱼缸里，有了这些水，鱼缸里的生态环境才能维持正常；各种养料、氧气才能自由流通。水多了，稀释了水中溶解的养料、氧气，鱼肯定活不长；水少了，高浓度的养料、废弃物也养不好鱼。

正如前文所提到的，200年前的约翰·劳也已经深刻认识到了货币体系潜在的巨大益处和风险。但他却没有认识到，货币从不是一张张孤立的钞票，货币体系是一个从流动性最好的纸币流向流动性最不好的地产的完整体系。约翰·劳算错了货币体系，也算错了人性，最终孤苦伶仃地死去，也实在让人唏嘘不已。

在本书的原文中，作者查尔斯·麦基曾这样评价约翰·劳：more deceived than deceiving, more sinned against than sinning。这大概是我能想到的对约翰·劳最公允的评价了，从原文看，当时几乎没有任何人理解约翰·劳的金融理想。买了股票赚了钱的法国人把他捧上了天，亏钱之后就踩上一万只脚。他们用尽办法让约翰·劳增发了经济承受不了的股票和货币券，当货币体系崩溃后，他们又指着约翰·劳的鼻子说："看！都是他的错！应当把他千刀万剐！"

查尔斯·麦基在原文中说，约翰·劳的一生都身处湍流中，被水流包裹着往前。刚开始风和日丽，后来经过怪石嶙峋的险滩，最终堕入了深渊。我想，在深渊沉睡了上百年的约翰·劳，如果看到现在仍有人排队购买年息50%的"理财产品"的场景，大概也会莞尔一笑吧。

毕竟，人本如此，非臣之罪啊。

第二章

南海泡沫

我知道，自上而下的腐败，已如洪流般无可阻挡。

贪婪悄悄蔓延，幻觉静静扩散。

茫茫大雾瞬时起，太阳光芒隐隐。

无论是官员、管家、法官、主教还是公爵，

大不列颠已被金钱诅咒。

——亚历山大·蒲柏（Alexander Pope）

第一节 从南海公司开始的阴谋

1711 年，牛津伯爵罗伯特·哈里设立了南海公司。作为财政部长，哈里起初只是想利用南海公司赚点钱，偿还一点军队和政府的债务（总计 1000 万英镑）。

哈里起初成立的其实是一家外贸公司。后来英国政府搞了一次债转股，向这家公司转移了自己所有的债务，并为这些债务的本息（6% 的利息）提供了担保，原有的债权人则分到了一点南海公司的股票。

为了保证南海公司能够按时偿还本息，当时的英国政府一并转移了许多税权，包括红酒、醋、印度商品、丝绸、烟草、鱼翅等；还给予了这家公司在南美海域的专属贸易权，这家公司也因此得名南海公司，成了一个贸易金融综合体。

哈里认为自己在成立南海公司这事上居功至伟，拍他马屁的人也常说南海公司是"牛津伯爵的杰作"。

在南海公司刚成立之前，南美东海岸蕴藏巨额财富的传言在英国风靡一时。每个人都听说秘鲁和墨西哥遍地是取之不尽、用之不竭的金银矿，只要把英国制造的工业品带到那，就能以百倍的利润换回一船一船的金银。还有传言说西班牙为了增加商业往来和人们对南美的信心，愿意开放智利和秘鲁的四个港口。这么多好消息叠加起来，南海公司的股票一直都很受追捧。

西班牙国王菲利普五世当然没有任何开放南美港口的意思，之前英国与西班牙进行多次谈判，但是只谈下来一份贩奴合同，条件相当苛刻。合同规定，西班牙政府授权英国向南美供应黑奴 30 年的特权，但每年只能进行一次，并且轮船吨位和货仓容积也受到限制，目的地也只限于墨西哥、秘鲁和智利。除此之外，西班牙国王还要拿走25%的贸易利润，并向剩下75%的利润征收5%的税。英国政府的谈判代表哈里自然十分失望，他觉得这简直是费力不讨好。

不过英国人对南海公司的信心还是没有动摇，哈里宣布第一年西班牙会允许南海公司另外多派出两艘船去南美贸易，还发布了对英国开放的港口的完整清单。第一艘货船直到1717年才启航，而之后英国与西班牙关系破裂，谁都没再派出新货船。

1717年初，英国国王进行了一场演讲，明确指出财政部应当采取有效措施减少国债。

1717年5月20日，南海公司和英格兰银行联名向下议院提议，建议南海公司将股本由1000万英镑增加到1200万英镑，并将国债利息降到5%而不是之前的6%。英格兰银行也提出了相似的请求。下议院辩论了三天，最终还是通过了《南海公司法案》《英格兰银行法案》和《一般资金缺口法案》。

《南海公司法案》同意了南海公司的所有请求，拟由南海公司发行200万英镑的股票，以偿还安妮9年和安妮10年欠下的彩票基金债务。《英格兰银行法案》降低了英格兰银行的国债利息，并同意尽可能地减少国库券至200万英镑。法案同时规定英格兰银行每年需要购买10万英镑的国债，利息还是5%，一年之内可赎回；下议院随时可向英格兰银行发行不超过250万英镑的债券，利息同样是5%，同样是一年之内可以赎回。《一般资金缺口法案》重申了各项资金缺口，并承诺将使用前述的方案尽快填补这些资金缺口。

《南海公司法案》正式确认了南海公司的特殊地位，尽管南海公司在南美的贸易少到不足以影响其利润，但南美的贸易概念仍然支撑着作为金融综合体的南海公司迅猛发展。

第二节　英格兰银行也来凑热闹

随着南海公司的股票屡创新高，南海公司的董事们又开始想新招来扩大自己的影响力。约翰·劳的密西西比计划启发了南海公司的董事们，他们觉得约翰·劳既然能在法国做成此事，英国没理由不行。尽管他们也知道，以当前的情况看，约翰·劳的金融改革计划没法持久。不过南海公司的董事们十分自负，他们觉得自己能把握好度，能够将信用货币控制在刚好不垮、又能赚取最大利益的数量上。

于是，在约翰·劳最春风得意、法国人纷纷包围了他在甘康普瓦大街的住所自取灭亡时，南海公司的董事向英国下议院正式提出了著名的国债清偿计划。

截至此时，这两个欧洲最强国家的人民都开始沉浸在对无尽财富的幻想之中了。在泡沫开始的时间点上，英国人多少比法国人晚了一点，不过英国人可不甘心落后于法国佬。

1720 年 1 月 22 日，英国下议院组成了一个特别委员会，讨论怎么解决国王在演讲里提到的国债问题。委员会最后提出由南海公司接手所有的国债是最好的办法。不过考虑到在 5% 利率的条件下，南海公司不一定同意接手，委员会最后决定可以把利率降到 4%，并且政府在 1727 年之后回购这些债券。

下议院和南海公司都很愉快地接受了委员会的提议，在下议院很有影响力的英格兰银行也发现其中有利可图。英格兰银行提出，给英国立下了汗马功劳的英格兰银行应当至少享有相同的条件参与国债清偿计划。委员会又讨论了 5 天，与此同时，英格兰银行向下议院正式提交了自己的计划。

南海公司害怕英格兰银行会得到更多的利益，于是更改了自己之前的提议，把下议院的回购权行使时间由 7 年提前到 4 年。英格兰银行见此情况自然也上呈了新提议。

既然两家公司都提出了自己的计划，下议院也不得不仔细考虑到底把这项任务交给谁才好了。当时的下议院议长罗伯特·沃普乐站在了英格兰银行一方，而当时的财政部长艾斯拉比则支持南海公司。下议院最终在 1720 年 2 月 2 日做出决议，决定南海公司的计划对国家更有利，因此接受了南海公司的提议，并让他们撰写一个让南海公司的计划正式生效的法案。

艾斯拉比部长自然是兴奋不已，南海公司的股票也应声大涨，在一天之内从 130 英镑涨到了 300 英镑，并在下议院讨论这项法案的时候继续迅猛上涨。

在形势一片大好时，沃普乐议长站了出来，发出了不同的声音，他几乎是整个下议院唯一反对这项计划的人，他警告英国下议院，这项提案会给英国带来灾难。他严肃地说："这会引发严重的股票投机行为，英国人将无心正经做生意或辛苦地工作，而是沉迷于炒股票之中，幻想自己能一夜暴富。这项债转股议案将会带来最严重的后果，财迷心窍的人们将被美好虚幻的前景和不现实的分红承诺所迷惑，南海公司的股票会暴涨。"

沃普乐还预言，如果南海计划成功了，英国政府将成为南海公司的傀儡，新的贵族阶层将会形成，甚至连下议院立法都会被南海公司控制。

正如他预言的，如果南海计划失败了，整个英国都要变成南海公司的陪葬。到了那时，英国人民将从虚幻的美梦中觉醒，扪心自问南海计划是不是压根就是骗局。

沃普乐的话自然也没起到什么作用，大家都把他看作失败的预言家，更有甚者，觉得他是乌鸦嘴。沃普乐的朋友却相信他，他们把他比作卡姗德拉（荷马史诗中能预知祸事的神），因为只有当厄运降临在人们头上时，人们才愿意相信卡姗德拉。其实之前英国下议院对沃普乐还是很尊重的，总是对他的话洗耳恭听，但这次对他的反对却充耳不闻。

英国下议院在吵了两个月后最终还是通过了这项法案，在这两个月中南海公司的董事们用尽了所有办法炒高南海公司的股票。市面上也流传着各种各样夸张的流言，有人说西班牙和英国达成了协议，同意英国在其所有的殖民地自由贸易；有的说波托西-拉巴斯的海量银矿将被带到英国，到时候银价会比铁价还便宜，而墨西哥人已经准备好了大把的金银等着买英国生产过剩的棉毛制品；还有的说南海公司将成为历史上最赚钱的公司，每投资 100 英镑在南海公司上就能每年赚取数十倍的利润。在这些谣言的影响下，南海公司的股票最高达到过 400 英镑，经过剧烈波动后最终稳定在 330 英镑，一直到下议院以 172 比 55 通过《南海法案》。

那时候很多人都曾公开反对过南海计划，诺斯勋爵和格里勋爵都曾公开说过这项计划从根上讲就是不公平的，它会让富人更富、穷人更穷，有可能造成致命的后果。沃顿公爵也说了类似的话，不过他仅仅是重复了一遍沃普乐在下议院说过的观点，所以他的言论没有诺斯、格里勋爵受关注。库珀伯爵也站在了他们这一边，并把南海计划比作特洛伊木马阴谋。他认为南海计划和特洛伊木马一样，外表上富丽堂皇，其实藏匿着潘多拉魔盒，将造成灾难和毁灭。

不过，在人人都赚钱的时候，没人真的会听得进反对意见。投机的狂热已经把贵族和平民都卷了进去。

所以，《南海法案》没经过什么波折就在上议院顺利通过了：1720 年 4 月 4 日一读、4 月 5 日二读、4 月 6 日提交三读、4 月 7 日三读通过。

三读通过时，桑德兰伯爵驳斥了所有反对者的意见，表决结果为 17 个人反对，83 人赞成。在同一天，国王在法案上签了字，正式将其变成了英国的法律。

第三节 "南海泡沫"泛滥成灾

在那时候的英国，似乎每个人都变成了股票交易员。交易所每天都被各种各样的人挤满，交易所门口的康恩希尔街更是堵满了马车，每个人都想去交易所买股票。正如当时的一首民谣里唱的那样：

星星在疯狂的人群之上闪耀，

飘带在下里巴人之中环绕，

人们沉迷于交易股票，

对犹太人和其他人的争吵津津乐道。

最高贵的女士们也来到交易胡同跃跃欲试，

犹豫着要不要将首饰当掉！

此时的南海公司的股票已经满足不了英国人的投机需要，于是人们又成立了很多奇奇怪怪的公司。交易胡同的股票列表很快被填满，每天的交易量都是天文数字。当然，这些奇奇怪怪的公司都想尽一切办法把自己的股价炒到了天上。

出乎所有人预料，在国王签署了《南海法案》之后，南海公司的股票居然开始下跌了。1720 年 4 月 7 日南海公司的股价还是 310 英镑一股，到了第二天就只值 290 英镑了。

不过南海公司的董事此时已经尝到了财富的甜头，他们不可能放任公司的股价回归正常。南海公司的"秘密军队"立即开始工作，每个密探都拿出了自己的"南美见闻"去吸引那些对南海公司的股票有兴趣的人，大讲特讲南美海域的"巨大财富"。这些殷勤的密探布满了交易胡同。每一个谣言配上密探们的信誓旦旦，都对南海公司的股价产生了直接的影响。

密探们还斩钉截铁地保证，斯坦霍普伯爵已经在法国接受了西班牙政府的提议，将会用直布罗陀港和玛汉港换取秘鲁的一些港口，这个提议实施后将极大增加南美地区的贸易额。南海公司也不必遵守一年一艘船和上缴 25% 利润给西班牙国王的规定，他们可以任意地在南美海域贸易而无需上缴任何利润。

英国人听过这些真真假假的谣言后，几乎都能看到眼前金光闪闪的金银珠宝了。南海公司的股价也开始疯狂上涨，到了 1720 年 4 月 12 日，南海公司宣布以 300 英镑的价格增发 100 万股股票，英国人眼也不眨就认购了 200 万股。由于每股只需要付首付 60 英镑，几天后当股票涨到 340 英镑时，这些认购权的价值都翻倍了。花 60 英镑购买认购权的人已经可以以 120 英镑卖掉认购权了。

为了进一步炒高股价，南海公司宣布在 1720 年 4 月 21 日进行分红，每股可以分得 10% 的红利，所有股票都有权参与分红。当人们都被财富冲昏了头脑时，南海公司宣布又将以 400 英镑的价格新发行 100 万股股票。这时候人们已经疯狂到无所顾忌了，他们在几个小时内就买了超过 150 万股南海公司的股票。

与此同时，不计其数的股份制公司成立了，这些公司多数都可以归类为"泡沫公司"。它们有的只活了一周或两周就杳无音讯了，有的甚至连一两周都没活过。每天晚上都有新的计划提出，每天早上都有新的公司成立。

在这场狂热里，英国最尊贵的贵族和平民百姓一样热情地参与到了其中。威尔士亲王当了一家泡沫公司的董事，据说靠投机赚了 4 万英镑。布雷基瓦特公爵以改进伦敦城和威斯敏斯特为名发布了一项募资方案，查铎斯公爵又发起了另一个方案。

当时的英国有近 100 个类似的工程，一个比一个夸张，一个比一个虚伪。引用《政治的国家》的话来说："借着空壳成立一家公司，找上一群狡猾的骗子做宣传，然后无数贪心的傻子就开始投入其中，最终事件败露，才发现根本就是泡沫或者纯粹的骗局。"

有人曾算过，这些不靠谱的公司一共骗到了 150 万英镑，很多傻子因此致贫，不少骗子赚得盆满钵满。

有些泡沫公司其实还是挺靠谱的，如果放到平常时期好好干，说不定真能达到其所承诺的回报。但是在这个泡沫年代，人们成立公司只是为了在市场上募钱，当股价刚开始涨上去的时候，创始人就会把股票卖掉，而第二天公司可能就倒闭了，再靠谱的公司也不靠谱了。

麦特兰德在他的《伦敦史》中悲哀地说，有些公司甚至打算"用锯木屑制作松木板"，而这样一家公司居然还广受欢迎。很多证据都表明，大量的公司甚至还比不上"用木屑制作松木板"高明，但也成功地骗了不少钱，并毁了无数人的生活。

有一家公司宣称要造出永动机，居然要募资 100 万英镑；另一家公司要"鼓励养育马匹，肥沃教会土地，修缮牧师住宅"。现在的我们怎么也想不通，牧师怎么会对鼓励养育马匹感兴趣，唯一的解释就是提出成立这家公司的，是在当时很流行的以打猎狐狸为生的牧师，对他们来说养马可能很重要。更奇怪的是，这家公司的股票居然也很快被认购一空了。

如果说这些也不算什么，那么最荒诞可笑的当属这样一家公司，它的名目是"这是一家承载了巨额利益但是没人能搞懂的公司"。如果不是有几十位证人的确切陈述，现在的我们很难相信居然有人会被这种公司给骗到。

提出这个天才想法的男人充分利用了当时英国人轻信他人的心理，他声称自己仅仅需要募集 5000 股股票，每股面值 100 英镑，共计 50 万英镑，认购者只需先支付 21 英镑，每年就能拿回 100 英镑的红利。不过这位天才没有告诉英国人，他做什么才能获得这么高的回报，只是信誓旦旦地保证一个月内会公布所有的细节。

第二天早上九点，这位天才刚刚打开办公室的门，就有一大群人涌了过来。到了下午三点，他已经卖出去 1000 股股票了，也就是说，在短短的五个小时，他就赚到了 2 万英镑。聪明的他并没有贪心，当天晚上就带着他的收益逃到了欧洲大陆上，从此消失在人间。著名作家斯威夫特这样描述当时交易所内的情况。

上千的投资者在这里，

他们划着自己破破烂烂的船，互相推推搡搡、争抢着捞金摘银，却纷纷掉入水中。

现在他们都被埋在海底深处，现在他们都上升到了天堂之上，他们晃晃悠悠，像喝醉了一样。

与此同时，在格拉维悬崖下，鳄鱼张开大嘴，等待着悬崖上掉下的一具具尸体。

鳄鱼吃饱了，

鳄鱼睡着了。

另一个十分成功的骗局叫作"环球股份认购权"，这些认购权只是一些方形的卡片，上面有一个交易胡同边上的环球旅馆的蜡封，写着"航海服饰公司股份认购权"。持有这些卡片的人享有在未来的某个时点认购一家生产航海用服饰工厂的股权，这家工厂是当时一个有名的富人发起的，这个富人后来牵扯进了南海公司的贪污丑闻。这种认购权一共卖了 1260 英镑。而所谓的"服饰工厂"一直也没动工。

在那个泡沫年代，各种地位、性别的人都深陷其中。男人们纷纷去旅馆、咖啡馆和他们的股票经纪人谈交易，女人们则聚在杂货店和布匹店讨论着各种各样的股票八卦。不过并不是所有人都相信他们买股票的公司真有可行性，大部分人都只是想等着股票涨上去，然后让傻子们接盘而已。

当时的人们太疯狂了，以至于同一只股票在交易胡同的巷头和巷尾都能卖出不同的价钱。有点头脑的人看到这一幕，都会为那些沉迷其中的人感到不值。英国议会内外都有很多人清楚感觉到了将要到来的灾难，"乌鸦嘴"下议院议长沃普乐自然也没有停止他的悲观预言。

很多理智的人都感受到了沃普乐的恐惧，并开始给英国政府施加压力。1720 年 6 月 11 日，英国国王在议会大会上发表了演讲，说所有这些不合法的公司都是公害，应当逐一审判；并禁止任何股票经纪人交易这些公司的股票，违者罚款 500 英镑。

但当时的人们已经被财富冲昏了头脑，尽管有此禁令，无赖的经纪人仍然在继续交易垃圾股，鬼迷心窍的人们也深陷其中不能自拔。

第四节　政府干预无济于事

1720 年 7 月 12 日，法律委员会召开会议，发布了一项法令，取消了所有泡沫公司的专利申请，并解散了所有的泡沫公司。

下面是这份法令的原文。

尊贵的法律委员会于 1720 年 7 月 12 日发布如下法令：本委员会注意到近日有不法之徒，以成立各式各样的公司为名非法募集公众资金，国王陛下出台的鼓励创新的政策和对于专利的保护反而成为了这些不法之徒骗取钱财的工具。为了防止权力滥用，经过慎重考虑，本委员会决定废除之前颁布的以下法令，包括贸易委员会的报告、法官和检察长的命令等。

1. 大不列颠捕鱼公司经营捕鱼贸易的申请；

2. 英格兰皇家捕鱼公司为了更好地经营捕鱼业务而请求更大权限的申请；

3. 乔治·詹姆斯的捕鱼公司请求与国有渔场分立并经营同一业务的申请；

4. 一些商人递交的关于以合作方式经营和恢复格陵兰岛及其他领域的捕鲸业的申请；

5. 约翰·兰伯特爵士和其他人请求从事格陵兰岛的贸易业务，特别是戴维斯海峡的捕鲸业务的申请；

6. 另一项在格陵兰岛从事贸易的申请书；

7. 一些商人、绅士和市民提交的关于请求合作购买和建造货轮进行出租或运输业务的申请；

8. 萨缪尔·安垂姆和其他人请求种植亚麻和黄麻的专利申请；

9. 一些商人、船主、水手和布厂老板请求授予以股份公司的形式合作经营业务的申请；

10. 托马斯·博耶和数百个商人、船主、水手、编工、交易员的联合公司申请，他们成立公司是为了借钱买地，生产航海布和打浆机；

11. 几位对威廉三世和玛丽二世后期批准的一项制造亚麻布和帆布的专利感兴趣的人士的申请，他们请求独家拥有制作布匹的专利，并且请求允许他们经营棉花和制造棉线业务；

12. 一些伦敦的市民、商人和交易员成立一家火灾保险公司的申请；

13. 伦敦和英国其他城市的部分皇家成员请求成立一家财产保险公司的申请；

14. 托马斯·布格斯和其他人申请成立哈伯格公司，募集 120 万英镑，以在德意志领地内开展贸易业务；

15. 木材商爱德华·琼斯请求从德国进口木材的申请；

16. 一些伦敦商人请求授予合作经营盐业特许权的申请；

17. 伦敦商人开普敦·麦克菲朱利斯和他人请求募集资金购买土地，种植一种植物染料——茜草；

18. 伦敦鼻烟制造商约瑟夫·格兰多请求制造和保存弗吉尼亚烤烟方法的专利申请书，并请求将专利应用于所有领地。

本条例同时宣布以下公司为泡沫公司，并立即废除。

1. 一家进口瑞典钢铁的公司；

2. 一家为伦敦供应海运煤炭的公司，资本金 300 万英镑；

3. 一家英格兰房屋建筑和重建公司，资本金 300 万英镑；

4. 一家制造棉布的公司；

5. 一家英国铝业经营公司；

6. 一家建设布兰克和索塔尔哥斯岛安置点的公司；

7. 一家为城镇供应淡水的公司；

8. 一家进口弗兰德蕾丝的公司；

9. 一家改良英国土地的公司，资本金 400 万英镑；

10. 一家鼓励养育马匹、肥育土地、修整教会房屋的公司；

11. 一家大不列颠钢铁制造公司；

12. 一家福林特郡土地改造公司，资本金 100 万英镑；

13. 一家购买和开发建设用地的公司，资本金 200 万英镑；

14. 一家皮毛商业贸易公司；

15. 一家豪利岛盐业发展公司，资本金 200 万英镑；

16. 一家买卖不动产并提供住房抵押贷款的公司；

17. 一家有巨大优势，但是没人知道其具体业务的公司；

18. 一家伦敦街道铺设公司，资本金 200 万英镑；

19. 一家全英葬礼装饰公司；

20. 一家向买卖土地业务提供有息贷款的公司，资本金 500 万英镑；

21. 一家大不列颠皇家渔业公司，资本金 1000 万英镑；

22. 一家海员工资保障公司；

23. 一家工业贷款公司，资本金 200 万英镑；

24. 一家购买和改良出租地公司，资本金 400 万英镑；

25. 一家从英国北部和美洲进口沥青和海军物资的公司；

26. 一家布匹、毛毡和波形瓦商业贸易公司；

27. 一家购买、修缮埃塞克斯庄园和征收矿区使用费的公司；

28. 一家马匹保险公司，资本金200万英镑；

29. 一家从事羊毛制品、铜、黄铜和铁的进出口业务的公司，资本金400万英镑；

30. 一家药业贸易局，资本金300万英镑；

31. 一家建设磨粉厂和购买铅矿的公司，资本金200万英镑；

32. 一家改进肥皂制造工艺的公司；

33. 一家开发圣塔科鲁兹岛的公司；

34. 一家制作铅制品的公司；

35. 一家玻璃制品公司；

36. 一家永动机公司，资本金100万英镑；

37. 一家花园整理公司；

38. 一家儿童财富保险公司；

39. 一家仓库和贸易公司；

40. 一家北英格兰羊毛制作公司；

41. 一家胡桃木进口公司，资本金200万英镑；

42. 一家曼彻斯特的棉麻公司；

43. 一家加珀和卡斯陶肥皂制作公司；

44. 一家钢铁制造技术改进公司；

45. 一家蕾丝、打浆机、棉麻、细麻交易公司；

46. 一家针对特定商品的贸易和制造公司；

47. 一家为伦敦供应牛肉的公司；

48. 一家制造眼镜的公司，资本金200万英镑；

49. 一家锡铅挖掘公司；

50. 一家油菜籽油制造公司；

51. 一家海獭毛进口公司；

52. 一家纸板和包装纸制造公司；

53. 一家进口油品、出口羊毛制品的公司；

54. 一家提升丝绸制造工艺的公司；

55. 一家股票融资公司；

56. 一家以及较小的折现率支付寡妇和其他人的养老金的保险公司，资本金 200 万英镑；

57. 一家造酒公司，资本金 400 万英镑；

58. 一家美洲渔业公司；

59. 一家沼泽地改造公司；

60. 一家造纸工艺提升公司；

61. 一家船只抵押贷款公司；

62. 一家干燥麦芽公司；

63. 一家奥利奴河贸易公司；

64. 一家制作桌布的公司；

65. 一家海军供应商；

66. 一家钟表制造商；

67. 一家提高牛的耕种和养育水平的公司；

68. 一家马匹养育公司；

69. 一家马匹保险公司；

70. 一家谷物贸易公司；

71. 一家奴仆致损保险公司；

72. 一家私生子医疗、抚养公司；

73. 一家粗糖提取公司；

74. 一家高速公路、码头建造公司；

75. 一家盗窃保险公司；

76. 一家从铅中提取银的公司；

77. 一家制作瓷器的公司；

78. 一家进出口烟草的公司；

79. 一家用煤炼钢的公司；

80. 一家用稻草装饰伦敦和威斯敏斯特的公司；

81. 一家航海服装制造公司；

82. 一家压舱物清理公司；

83. 一家镇压海盗的公司；

84. 一家从威尔士进口木材的公司；

85. 一家岩盐提取公司；

86. 一家锤炼金属的公司。

尽管政府一再进行谴责，头脑清醒的人们一再进行挖苦，每天仍然会冒出很多不靠谱的公司。打印店打印了讽刺漫画，报纸上也登了不少打油诗，嘲笑那些跟风的傻子。一个天才的扑克制作家制作了一套完整的扑克，每张扑克都会包含一个泡沫公司，下面写着一首冷嘲热讽的打油诗，这套扑克现在已经非常稀有了。其中最有名的一个泡沫公司叫作"普客士机器公司"，主营业务是制作子弹和加农炮，这家公司被印到了黑桃8上，打油诗如下。

这是一家前无古人的军火公司。

一般的军火公司杀死国外的傻瓜，

这家公司则专杀英格兰傻子。

不过我亲爱的朋友，请您不要害怕，

他们的"武器"只会干掉自己的股东。

而红桃9上则印了英国黄铜贸易公司的如下打油诗。

有些人本来想拿金银币买点黄铜，

他们来到了交易胡同，证明了自己是个傻子，

因为他们拿真金白银买了堆废纸，

钻石 8 上印着北美的一家殖民公司的如下打油诗。

有个有钱人想赚点北美人的便宜，

他成了这家公司的股东，

流氓们则感恩戴德地，

拿走了他的和其他接盘者的财富。

正如上面一样，另一套扑克的每张上都印了一项骗人的把戏，下面写着一首讽刺诗。据统计，这些泡沫公司一共计划募集约 3 亿英镑的资本。

第五节　似曾相识的 18 世纪救市

让我们再回到那个吞掉无数人财富的南海公司。南海公司的股价在 1720 年 4 月 29 日涨到了 500 英镑，当时英国政府 2/3 的债权人都卖掉了政府债券，换了南海公司的股票。

整个 5 月南海公司的股价都在上涨，到了 5 月 28 日已经涨到了 550 英镑，4 天之后又迎来一次暴涨，直接涨到了 890 英镑。

到了这个时候，聪明人都觉得这股价已经到顶，许多人见机抛售，了结获利了。那天，很多贵族坐火车陪同国王去了汉诺威，这些贵族更是着急得不得了，生怕错过了抛售的机会。交易所挤满了买卖股票的人，南海公司的股价也直接跌到了 660 英镑。

南海公司的董事们闻风而动，派了不少手下去买股票救市。简单粗暴的手段往往相当有效，到了晚上，南海公司的股价已经稳定在了 750 英镑了。在接下来的一个月，直到 6 月 22 日收市，股价也一直稳定在 750 英镑。这其中也自然有南海公司的董事们花式救市的功劳。值得一提的是，在 8 月初，南海公司的股价曾经短暂地达到过 1000 英镑，这是南海泡沫的顶峰，自那以后，这个泡沫就一直在晃悠晃悠地震动，越来越脆弱。

很多当时把政府债券换成南海公司股票的人都开始指责南海公司的董事，

他们认为董事们在每次发行股票时总是偏心，自己的利益受到了很大损害。另外一个很大的负面消息就是，南海公司的董事会主席约翰·布朗特和很多董事卖掉了手头所有的股票。整个8月，南海公司的股价一直在下跌，到了9月2日，股价已跌到700英镑了。

情况变得紧张起来，为了防止事态进一步恶化，南海公司的董事在9月8日召开了一次紧急会议，召集了全公司的相关人员，商讨如何才能防止公众完全丧失对南海公司的信心。

1720年9月8日9时，切普赛街就已经被挤得水泄不通，会议室里更是挤到窒息。董事们和他们的朋友们都来了，南海公司副主管约翰·费洛斯爵士被推举出来主持会议，他向与会人员简单说明了一下会议目的；宣读了一系列的董事会决定；分发了详情的财务说明；说明了资金募集使用情况。之后财政部秘书长克莱格进行了一次简短的演讲，他建议董事会立即行动起来，并呼吁董事会联合起来共渡难关。他最后感谢了辛苦工作的董事会，并希望他们继续为公司大多数股东的利益鞠躬尽瘁。

而一直在议会为南海公司奔波、被认为最近卖空南海公司挣了大钱的汉格·福特表现得十分夸张，他声泪俱下地说，尽管已经看透了各种公司的起起落落，但他从未见过像南海公司这么伟大的公司，从未见过任何公司做出过如此巨大的贡献。

汉格·福特说南海公司甚至比皇室、教会、议会加起来都更伟大：南海公司用利益团结了各式各样的人，消弭了全国上下的动荡与仇恨。当南海公司的股价上涨时，城里富人们的财富大幅增长，乡间绅士们的土地也两倍、三倍地增值。

他还说，南海公司对教会也贡献良多，大部分牧师都在南海公司的股票上赚得盆满钵满。简言之，全国上下都在南海公司股票上赚了大钱，汉格·福特希望人们不要忘记南海公司所做的贡献。演讲结束后，四面响起了嘘声，南海公司的董事们和他们的朋友们则站了起来，掌声雷动。

波特兰公爵的演讲也差不多，他大声质问为什么人们对南海公司还不满足。波特兰公爵当然对南海公司感恩戴德，因为他在南海公司的股票上赚了大钱，不过正如人们所说，饱汉子不知饿汉子饥，多少人在南海公司的股票上倾家荡产，真是"何不食肉糜"啊！

这次会议上通过了不少决议，但英国人并不买账，会议结束后南海公司的股价下跌到了 640 英镑，第二天早上进一步跌到了 540 英镑。南海公司的股价之后持续下跌，一直跌到了 400 英镑。

1720 年 9 月 13 日，波德瑞克给当时的大法官米德顿写了封信，这封信后来被发表了出来。波德瑞克写道："很多人都在想，为什么南海公司的董事能这么容易就逃脱惩罚，我毫不怀疑如果这样持续下去的话，他们肯定会利用这一点继续作恶。南海公司已经把自己的信用扩张到它远远不足以承担的地步，它的董事自己都把股票卖了撤了，留下受欺骗的大多数普通老百姓接盘。这些老百姓已经被贪欲所吞噬，终日幻想着一夜暴富。如果这种情况继续的话，上千个家庭会因此致贫。这场灾难的后果会严重到超乎任何人的想象，我想不到任何办法可以避免这场灾难，我也不敢猜想接下来会发生什么。"

十天之后，南海公司的股票仍然在持续下跌，波德瑞克在另一封信中这么写道："南海公司已经无计可施了，他们就像一头在森林中迷失的鹿，已经无路可走了。近期全欧洲都有许多人来到了伦敦，我可以预见南海公司将在全世界都臭名昭著。很多放贷者已经因此开始逃离英国了，而且越来越多的放贷者正有此打算。我想只有 1/3 的放贷者，不，只有 1/4 的放贷者能承受这种后果。从最开始起，我就认为南海公司是一场大灾难，我们的流通中的现金才不到 1000 万英镑，而南海公司的市值最高超过了 2 亿英镑，这个数字已经不是我们的经济能撑得起来的了。从这点讲，我们所谓的造钱机器南海公司迟早有一天会垮掉。"

1720 年 9 月 12 日，在财政部秘书长克莱格先生的持续请求下，南海公司和苏格兰银行进行了多次会晤。上午消息流出，说是英格兰银行打算购买 600 万股南海公司的股票。南海公司的股价迎风而涨，达到了 670 英镑。不过当天下午英格兰银行就澄清了谣言，南海公司的股价也就又跌到了 580 英镑，第二天进一步跌到了 570 英镑，并逐渐跌至 400 英镑。

多方都持续警告英国政府，这件事的后果可能会很难看。南海公司的董事们已经不敢上街，他们一上街就挨骂。伦敦多处都发生了暴乱。军队向在汉诺威的国王增派了士兵，所有人都盼着国王早日归来。南海公司恳求沃普乐去找一下英格兰银行，说服他们同意购买南海公司的股票。

英格兰银行则非常不愿意掺和南海公司这摊子事，并明确表示了它的态度，它很害怕这场灾难会最终演变成自己都控制不了的惨剧。不过几乎整个英国都在号召英格兰银行采取行动挽救这场灾难，每个稍有商业影响力的人都被叫过来出主意。沃普乐起草了一份简单的方案，并最终被接受为与南海公司谈判的基础。至此，民意才稍稍平息。

1720 年 9 月 20 日，南海公司召开股东会议，通过了一项决议，决定授权董事和包括英格兰银行在内的所有人协商购买公司的股票，授权董事可以和英格兰银行达成任何协议。一个演讲者普路尼说他很震惊英国人已经如此惊慌失措，人们脑子里充满了恐惧和对大灾难的联想，其程度如"站在黑夜中被刺骨寒风刮着，正似地狱一般"。

两天之后，英格兰银行也召开了股东会议，行长说他已经召开了很多会议讨论南海公司的问题，但至今也无任何良方。最终股东会议全票通过了一项决议，授权英格兰银行的董事与南海公司董事协商购买任何数量、价格、金额的南海公司的股票。

至此，双方都已经获得了股东大会的授权。英格兰银行不愿意直接购买南海公司的股票，不过他们开了个业务窗口，接受人们以 15% 的预付金、3% 的溢价和 5% 的利息贷款申购 300 万股南海公司优先股，并为剩下的 85% 提供信贷支持。

这个信贷条件显然是相当优厚的，第二天一大早就有很多人急切地跑来申购南海公司的股票，大家都以为这点股票一天就卖光了。

但是，到了中午形势就变了，南海公司的股价又开始迅速下跌，伦敦市民急急忙忙跑去金店和银行取回了自己的钱，生怕南海公司垮了之后，这些深陷南海公司泥潭的银行倒掉。

很多金店、银行在南海公司的股票上损失惨重，已经无法应对挤兑，不得不关掉了店面跑路。南海公司的首席财务公司剑锋公司，也停止兑付了。灾难也就此发生了，人们纷纷跑到英格兰银行要求取回存款，英格兰银行几乎已经应对不了人们巨大的提款请求了。还好接下来的一天是休息日（9月29日），这为英格兰银行赢取了一点喘息的时间。英格兰银行想了不少办法来应对这场灾难，不过它的老对手南海公司已经快垮了。南海公司的股价先是直线下跌到150英镑，后来起起伏伏，又回到了135英镑。

英格兰银行最终发现他们不但已经无法恢复公众的信心、力挽狂澜，而且还面临着成为南海公司的陪葬的风险。英格兰银行果断退出了之前与南海公司达成的协议，这份所谓的合同本也没有什么实质内容，更无惩罚机制。用英国议会记录的话说，就是"至此，我们在8个月内见证了一个伟大的公司的崛起、进步和衰亡。这家公司的繁华鼎盛曾吸引了全欧洲的眼球，但当我们发现它的董事们的操作手法后，这家公司的奸诈、欺骗、虚无更是震惊了所有人"。

第六节　风卷残云的最后审判

在南海公司最辉煌的时候，它通过花样翻新的骗局让英国整个国家都变得腐烂不堪。议会后来展开了一项调查，专门调查那些在这场泡沫中涌现的妖魔鬼怪。

以现在的眼光看，这项研究其实很有意义。正如一个人一样，一个国家同样不能期望无限制地赌博致富，这样想的人或者国家都迟早会吃亏。著名作家斯摩莱特曾经说过："历史学家可能最不喜欢的就是这段泡沫时期，这段历史没有感情、没有想象力，也没有温度、没有颜色。这段历史只能映射出人性最深处的毫无感情的恶毒和堕落。"

不过，这位作家可能想错了。这段泡沫历史可能比任何小说都精彩。难道那些一无所有的人们的绝望没有颜色吗？难道那些穷困潦倒的家庭挣扎求生的画面没有想象力吗？难道那些朝锦衣玉食、夕家徒四壁的人的生活没有戏剧性吗？难道那些权倾一方的人物转瞬间变成流亡犯的剧情没有感情吗？在泡沫时期，全英国的人都随着股价欢呼雀跃或者悲痛欲绝，许多人在泡沫结束后的很长时间里都拒绝接受现实，像一只无头苍蝇似地乱撞，这种场面难道很无聊吗？

不过历史总是更愿意书写谄媚的朝臣为奉承软弱无能的国王而设计阴谋、引起争斗的故事，却从不关心那些影响到每一个平民老百姓的"无聊的事"，他们觉得这些故事太"干巴巴"了，"没有温度和颜色"。

在这场著名的泡沫期间，英国给全世界展现了一场壮丽的表演。英国人沉浸于不切实际的幻想不能自拔，他们不再满足于实体经济带来的缓慢却稳定的利润。人们寄希望于未来的无尽财富，没有人脚踏实地地工作了，财富的列车带来的只是道德的缺失。股票暴发户们的趾高气昂，让踏踏实实工作的人们觉得，只要有钱就能有社会地位。不过，人们记住了这些股票暴发户们的得意扬扬，在泡沫破灭后，他们的日子并不好过。在后来的议会调查中，比起贪污腐败，很多南海公司的董事们为自己的傲慢行为付出了更大的代价。其中有一个傲慢的富人，他曾经在得意时给自己的马穿金戴银，后来却只能勉强糊口。他之前的傲慢行径留给他的只是无尽的穷苦和羞辱。

英国的形势变得如此严峻，以至于英国国王乔治一世不得不匆匆结束了自己在汉诺威的假期，急忙赶回了英格兰。国王在 1720 年 11 月 11 日回到了伦敦，并下令议会在 12 月 9 日召开会议讨论解决方案。与此同时，大不列颠帝国的每个角落都召开了大大小小的集会。许多人大声疾呼，应当让南海公司的董事付出代价，毕竟是他们把这个国家带到了毁灭边缘。没有人想过，在这场泡沫里，普罗大众和南海公司一样罪孽深重。

不过，人们自然不会责怪自己的愚蠢，不会责怪自己的贪欲，不会责怪自己丢失的英格兰的优良传统，也不会责怪自己被贪心迷昏的头脑让自己自投罗网。事实上，从来没有人提起过这些事。人民群众总是简单、正直、辛勤工作的；他们总是受害者。那些该被吊死、淹死、分尸的强盗犯下了所有的罪行，是他们抢走了人民的财富。这几乎是全英国人民普遍的想法，而上下议院也没有更理智。在南海公司董事的罪行还没有被调查清楚之前，议会就决定必须惩罚他们。

英国国王更冷静一些，他对南海公司的董事说，他希望他们冷静下来，谨慎思考，想出一个计划来将功补过。不过很多议员都义愤填膺，只想痛骂南海公司的董事们，以过口舌之快。在这些议员中，莫乐斯沃斯勋爵最为突出：

"有人说英国的法律没有类似的罪名，制裁不了南海公司的董事，制裁不了这些把整个英国带入深渊的人。我认为，我们应该效仿古罗马人。古罗马人也没有法律制裁弑父之罪，因为罗马的立法者不能理解弑父的行为，实在想不到有人会这么做。但是当类似的犯罪发生之后，罗马人立即订立了相关罪名惩治弑父之人。他们判了那个不幸儿死刑，并把他缝在麻袋里，扔进了台伯河。"

莫乐斯沃斯勋爵认为南海公司的始作俑者就是英国的"弑父者"，这些人应当被缝在麻袋里，扔进泰晤士河。

当时很多议员都支持莫乐斯沃斯勋爵，不过下议院议长沃普乐却温和得多。沃普乐说当前工作的首要之急是恢复公众信心，而不是惩罚某些人："如果伦敦着火了，聪明人都会忙着去灭火，阻止火势蔓延，而不是审问纵火犯。公众信心屡受重创，急需补救，之后有的是时间惩罚凶手。"不过在1720年12月9日的一场演讲里，他也同意议会在收拾烂摊子的时候，应该同时抽出时间来惩罚始作俑者。

调查进行得很快，南海公司的董事们被要求在议会面前竹筒倒豆子，把自己的罪行一一说出来。议会很快达成一致：这场灾难的根本原因是股票投机者的花式炒作技巧太恶劣了。如果要恢复公众的信心，首要要做的就是立法禁止这种投机行为。此时，下议院议长沃普乐提出了一个关键的问题，正如他之前所说的，他已经设计了一项恢复公众信用的计划，但这个计划的执行需要依靠一个稳定的基础，现在必须确认那些与南海公司签订的公共债务认购单、货币认购单以及其他合同，在现在的情形下是否还能继续生效？这个问题引起了轩然大波，议会就这个问题进行了表决，最终以259比117决定，除法律另有规定外，承认南海公司所有合同的合法效力。

接下来，沃普乐先生向整个议会述说了他的一揽子危机拯救计划。简而言之，就是由英格兰银行购买 900 万股南海公司的股票、由英属东印度公司购买 900 万股南海公司的股票。尽管有少数人反对，议会还是同意了他的计划。议会要求英格兰银行和英属东印度公司立即执行该计划。这两家公司当然不太情愿出钱给别人擦屁股，其他方面也多多少少有点反对意见。

不过，最终他们还是同意了这个计划的条款。沃普乐立即起草了一份决议，上下议院也都通过了这份一揽子拯救计划的决议。沃普乐同时提了另外一份决议，建议一年内禁止南海公司的相关人员离开英国，并禁止他们转移财产。议会大多数重量级的议员都同意这份禁止令。

议员士普本听到并相信一些关于财政部秘书长克莱格在处理南海公司事务时手脚不干净的传言，决心将克莱格绳之以法。在之后的下议院会议上，士普本说他很高兴看到下议院恢复了元气，团结起来为公共利益服务。对南海公司的董事和相关人员的限制令非常有必要，不过，士普本直盯盯地看着克莱格说："有些政府高官，这里我就不提名字了，和那些董事一样罪孽深重。"

克莱格愤怒地站起来大声说，他行得正坐得直，敢于回答下议院内外任何人的质询。下议院立刻陷入了叽叽喳喳的争吵，莫乐斯沃斯勋爵站起来大声说，他很佩服克莱格挑战整个下议院的勇气，他愿意听听克莱格想说什么，也相信下议院外也有不少人愿意这么做。短暂的沉默后，下议院又沸腾了起来，议员们站起来手舞足蹈，好像每个人都在大声说着些什么。议长大喊安静也没什么用。

这场混乱持续了好几分钟，几乎只有莫乐斯沃斯勋爵和克莱格没有参与。事态发展到最后，克莱格觉得自己的确应该解释一下自己唐突的说辞。克莱格说他并不想打架，只想争取一个机会解释一下自己的所作所为，至此这事才算结束。下议院开始继续讨论他们应该怎么调查南海公司，要不要成立一个委员会。最后下议院还是成立了一个 13 人的委员会专门调查此事。

上议院和下议院一样，他们也急着对南海公司落井下石、墙倒众人推。罗彻斯特主教说这场泡沫就像一场瘟疫。沃顿公爵说议会应当不留任何情面，他愿意与任何参与南海计划的朋友绝交，这些流氓无耻地打劫了英国，他愿意尽一切手段惩罚这些骗子。斯坦霍普伯爵说，这些南海公司的骗子们所拥有的财产都应当充公，以弥补公众的损失。

在这一时期，沃普乐曾写道："南海公司的董事几乎成了骗子的代名词。全英国的民众，无论是城里还是乡里，都在请求政府重罚这些差点搞垮英国的骗子。任何人只要对南海公司的相关人员表现出丝毫同情，都会被当成同党，受尽辱骂甚至恶毒的诅咒。对财政部长艾斯拉比和财政部秘书长克莱格的指控也此起彼伏，上议院不得不立即开始对他俩进行调查。"

上议院在 1721 年 1 月 21 日命令所有的股票经纪人上交了自 1719 年以来的财政部相关人员的南海公司股票交易记录。上议院查看了交易记录，发现财政部长艾斯拉比曾在南海公司股票上进行了大量的买卖。5 位南海公司的董事，包括爱德华·吉本，他是著名历史学家、《罗马帝国衰亡史》的作者爱德华·吉本的爷爷，都被扔进了监狱收押。

斯坦霍普伯爵提出了一项决议，建议以下行为应当等同于腐败：（1）不经仔细思考就推荐别人买南海公司的股票；（2）在《南海法案》审议期间，赠予政府官员和议员南海公司的股票。这项决议一经提出，便被全票通过了。几天后通过的另一项议案，判定在泡沫高峰时间把自己手里的股票卖给自己公司的南海公司董事犯诈骗、失信之罪。这也是公众对南海公司义愤填膺的很大一部分原因。艾斯拉比在这之后辞去了财政部长的职位，并且他将不再出席议会，直到自己的罪行被调查清楚。

与此同时，那个掌握南海公司底细的男人，南海公司的财务长奈特，打包好了所有的书籍和文件逃出了英国。他先是乘小船过河，然后换到了一艘大船上，安全抵达了法国加来。秘密委员会知会了议会相关情况，议会一致同意应当报请国王两条意见。一条是请求国王悬赏通缉奈特，另一条是请求国王封闭所有港口、边境，拦截奈特和所有试图逃跑的南海公司人员。议会甚至没等到纸上的墨水干燥就急急忙忙将这两项意见报请了国王。

当天晚上，国王发布了一个皇家通缉令，悬赏 2000 英镑通缉奈特。众议院还下令锁住了议会大门，更换了大门钥匙。罗斯将军是秘密委员会的成员，他告知众议院委员会，他们已经掌握了大量犯罪证据，等待合适的时机向议会汇报。

与此同时，委员会认为很有必要监控南海公司的董事和主要官员，封存他们的文件。议会一致通过了委员会的意见。议会传唤了议员罗伯特·查普林爵士、塞奥多·简森爵士、索布里奇先生、埃尔斯先生和南海公司的董事，来调查腐败行为。塞奥多·简森爵士和索布里奇先生在议会面前使尽全力为自己辩白，议会忍耐着听取了他们的辩解，命令他们回去等待结果。

众议院以多数票通过了决议，断定这两人犯不诚实之罪，致使国王陛下损失了大量财富，也严重损害了公众信心。众议院决定将这二人逐出议会，并收监等待处理。罗伯特·查普林爵士和埃尔斯先生也都在接下来的听证会中被逐出议会。议会还决定请求国王下令英属领地都对逃逸的奈特发布通缉，要求将奈特引渡回英国，以防奈特申请难民身份。国王立即同意了，当天晚上就派了信使前往欧洲大陆的各个国家逐一通知。

约翰·布兰特也作为南海公司的董事被收监了，这个男人曾被认为是南海泡沫的始作俑者。我们从波普那儿得知，布兰特曾在给爱伦·巴斯特的一封书信中透露自己是个异教徒，只是伪装成了一个虔诚的信徒。布兰特一直在批判英国当时的奢华和腐败，批判不公正的议会和政党精神的悲哀。他尤其对大人物和贵人们的贪婪深恶痛绝。

布兰特刚开始时只是南海公司的一个文员，但后来他成功成为了南海公司的一名董事，成为了每天管理公司的人。尽管我们无从得知，是不是布兰特成为高官后的见闻使他如此痛恨贪婪之人，不过他肯定见多了肮脏的交易，才能在自己也犯下罪行之后还如此心安理得地诅咒其他人。

后来布兰特被转移到上议院收监，并经历了很长一段时间的审讯。但布兰特并没有十分配合，他拒绝回答一些关键的问题，还说自己已经被众议院审讯过了，因为并不记得自己之前的回答，为避免有出入，他拒绝任何审讯。

布兰特的声明无异议于变相认罪，这在议会引起了小小的骚乱。议会又问他是否曾经为政府官员或议员买过股票，以促进《南海法案》的通过。布兰特继续拒绝回答，他说他虽然很紧张，但是很难强迫自己指证自己。议会经过反复努力也未能让他回心转意，只能暂令他退庭。

紧接着，就布兰特的审判，他的支持者和反对者在议会中开展了激烈的争论。布兰特在使用保持沉默的权利试图逃避惩罚，政府对此也心知肚明。沃顿公爵的发言最为激烈，最后热血直往头上涌，一阵头晕。沃顿公爵不得不离开了议院，回到自己的办公室休息。他虽然立即接受了治疗，但也只是稍微好转。到了晚上，他的病情突然加重，离开了人世。沃顿公爵的突然离世让整个英国都陷入了悲痛之中，乔治国王很久都不能接受这个事实，他把自己关在屋里好几个小时，长吁短叹。

几天之后，驻布鲁塞尔的英国人里斯先生的秘书在蒂里蒙特抓到了奈特——南海公司的总财务长，他被关押在了安特卫普的一座城堡里。英国政府多次要求奥地利法庭引渡奈特，但奥地利置若罔闻。奈特把自己置于奥地利布拉班特的保护之下，并要求在奥地利受审，且奥地利法律规定在奥地利逮捕的囚犯就应当在奥地利受审，因此奥地利方面拒绝引渡奈特。在英国持续要求引渡的时候，奈特设法从城堡逃走了。

1721 年 2 月 16 日，秘密委员会向议会报告了行动进度，委员会声称自己的调查受到了不少阻碍，不过还是尽全力维护了司法公正。之前的很多账本都有不少虚假账目，很多股东的名字也没有登记在册，账册的很多地方都经过了删改，有些地方的页面甚至都被撕掉了，甚至有不少重要的账册要么被毁掉了，要么被藏起来或者被带走了。在开始调查时，他们就已经发现了很多严重的问题。很多表面上道貌岸然的人私底下却侵吞了上千人数百万的财产。

委员会还发现在《南海法案》通过之前，南海公司账册上有一笔总额 125 万英镑的募资计划，并且声称已经售出 57 万英镑的股票。这些账目纯粹是虚假的，只是用来辅助通过《南海法案》。账簿上显示这笔所谓的股票在许多天都有销售记录，销售价在账面价值的 125% 到 325% 不等。

委员会注意到这些交易刚好发生在南海公司没有获得募集资金许可的时

期，他们决定仔细调查这笔交易的前因后果。南海公司的多位相关董事和人员都被叫去协助调查，委员会发现在这些账目发生的时候，南海公司根本没有这么多的股票。

经过进一步的调查，委员会发现这些账目只是南海公司用来伪造交易记录的，事实上根本没有任何的股票发行，也没有任何的资金支付。这样一来，如果《南海法案》没有通过，股价下跌，他们也没有损失。而如果股价大涨，他们就能赚得丰厚的利润（之前虚假账目的股价低）。自然，当《南海法案》通过之后，奈特调整了账目，让账目看起来是这些虚假的购买者之前就已经拿现金购买了股票。实际上这些虚假的股票主要由约翰·布兰特、吉本和奈特通过各种方式行贿给了政府官员和其他相关人士，以求《南海法案》能够通过。

其中桑德兰伯爵拿了价值5万英镑的股票、肯戴尔公爵夫人拿了价值1万英镑的股票、普拉听伯爵夫人拿了价值1万英镑的股票、她的两个侄女各拿了价值1万英镑的股票、财政部秘书长克莱格拿了价值3万英镑的股票、查尔斯·斯坦霍普伯爵（财政部官员）拿了价值1万英镑的股票、剑锋公司拿了价值5万英镑的股票。此外，斯坦霍普伯爵另外似乎还多拿了25万英镑作为报酬。财政部长艾斯拉比获利甚至更多，他间接地从南海公司得到了79万英镑，并且建议南海公司在第二次股票发行中募资150万英镑，尽管政府不为其提供任何担保。第三次的股票发行一样藏污纳垢，艾斯拉比拿了价值7万英镑的股票、克莱格拿了价值16万英镑的股票、斯坦霍普伯爵拿了价值4.7万英镑的股票。最后，秘密委员会声明由于奈特缺席，他们的调查不得不终止。

这份报告被印了出来，提交议会讨论。在激烈的争论后，议会以多数票通过了一系列法令，包括判决南海公司董事和牵扯到的相关议员、政府人员有罪；并宣布他们应该拿出自己的财产弥补公众的损失。议会宣布这些人的行为是腐败的、臭名昭著的、危险的；并通过了一项旨在安抚受害者情绪的议案。

查尔斯·斯坦霍普伯爵是第一个为自己的行为付出代价的人。他为自己辩白，在很久之前奈特就已经开始帮他打理财产了，无论奈特给了他多少股票，他都是足额支付了价款的。至于那些通过特纳尔·卡斯沃尔公司代持的股票，他丝毫都不了解。无论是谁操纵的这个特纳尔·卡斯沃尔公司，他都丝毫不知情，也不该为此负责。

尽管特纳尔·卡斯沃尔公司声称斯坦霍普伯爵的确不知情，但是任何明眼人都能看出来，斯坦霍普伯爵通过特纳尔·卡斯沃尔公司代持的股份给他带来了巨大的收益。但是最终斯坦霍普伯爵却以 3 票胜出被判无罪。斯坦霍普伯爵跑遍了整个议会来影响投票结果，他用尽了所有力气，说服了议员们要么投他无罪，要么就缺席议会大会。很多意志不坚的乡绅真的就被他说服了，最终结果也显而易见。英国民众显然不满意这个判决结果，伦敦骚乱四起，许多人陷入了恐慌之中。

艾斯拉比作为当时的财政部长，本当以身作则，以更高的标准要求自己，但他却几乎成了英国历史上最臭名昭著的罪犯。艾斯拉比在斯坦霍普伯爵被宣告无罪的第二天也接受了审判，审判当天，议会的大厅和走廊人山人海，大家都想第一时间知道判决结果。

议会的辩论持续了一整天。艾斯拉比没能找到任何支持，毕竟他实在是罪恶滔天，没有什么人敢站起来为他说话。议会最终一致通过了如下判决。

1. 艾斯拉比推动了南海骗局的产生和发展，并从中获取了巨额利润。他和南海公司的董事们的行为几乎摧毁了英国的贸易和信贷体系。

2. 将艾斯拉比逐出议会，于伦敦塔关押。

3. 在下次议会召开之前或者一年内，艾斯拉比不得离开英国。

4. 艾斯拉比应当整理一份自己的财产清单，为补偿英国民众遭受的损失做准备。

尽管这项决议是半夜 12 点半公布的，但是人们听闻之后奔走相告，不一会儿就传遍了全城。很多人通宵灯火辉煌庆祝这一时刻。当艾斯拉比第二天被押送至伦敦塔的时候，一群人包围了他，破口大骂。之后人们点燃了篝火，并围绕着篝火载歌载舞，每个人的脸上都洋溢着喜悦之情。其他地方也有许多人点燃了篝火，伦敦城像在过圣诞节，到处都是欢声笑语和祝福声，好像死里逃生一样。毕竟斯坦霍普伯爵顺利逃脱制裁的例子太让人寒心了，大家都不知道艾斯拉比会不会也安然无恙。

　　为了让伦敦人更满意，议会还开除了特纳尔·卡斯沃尔公司的乔治·卡斯沃尔，将其也关押至伦敦塔，并要求其归还所有的不当得利。

　　至于秘密委员会报告中提到的桑德兰伯爵，议会尽了所有努力保住了他的爵位。因为他的犯罪证据基本上来自于约翰·布兰特，议会使尽了办法证明布兰特的话不可信，尤其是关于指证他人这一点。内阁成员更是全力支持桑德兰，因为他们相信如果桑德兰被判有罪，一个保守党的内阁就会取代他们获得权力。桑德兰最终以233比172的多数被判无罪，但全英国都相信他其实有罪。全英国上下均愤慨不已，抗议的人们再次聚集在了伦敦城，不过幸运的是，这次并没有引起骚乱。

　　也就是在这一天，克莱格的父亲去世了。本来议会打算在这天早上审理老克莱格的案子。当时普遍认为，老克莱格是服毒自杀的。不过看起来却不是这样：五周前死于天花的克莱格肯定对他也造成了不小的影响。毕竟他失去了那个在财政部当秘书长的儿子。之前老克莱格因为克莱格的缘故积攒了大量的不义之财，但是他的荣誉已经消逝，名声也已被玷污。面对即将到来的审判，老克莱格想必是夜不能寐，可能最终是死于中风。在扣除了被没收的部分后，老克莱格最后留下了150万英镑的财产。

　　南海公司的董事也一个个被带上了法庭，法庭没收了他们214万英镑的财产，用以修补他们犯下的滔天大罪。但法庭根据罪名大小不一，也给他们留下了一定的资产，供他们洗心革面，从头再来。约翰·布兰特高达18万英镑的财产最后只剩了5000英镑；约翰·费楼斯高达24万英镑的财产最终只剩下了1万英镑；西奥多·简森高达24万英镑的财产最后只剩下了5万英镑；爱德华·吉本高达10万英镑的财产只留下了1万英镑；约翰·朗贝尔特的7万英镑只剩了5000英镑，其他人因为涉案不深，并没有遭受很严厉的处罚。

　　著名的历史学家吉本曾在他的作品里详细记录了当时议会审判的流程。他承认自己不是一个公正的见证人，因为他的爷爷爱德华·吉本被没收了大部分的财产，但是当时所有的作家都多多少少站在了不同的立场上，因此吉本的叙述也是很有价值的，我们不妨来参考一下。

"在 1716 年，我的爷爷当选了南海公司的董事，在接受这个致命的职位之前，他的财产就已经达到了 6 万英镑，但是这些财富都在 1720 年的审判中毁于一旦，30 年的努力付之东流。鉴于南海骗局的罪恶和我爷爷及其同事的罪行，我其实也没有资格说三道四。

当时的英国刚从一夜暴富的美梦中醒来，自然到处寻找始作俑者，欲将其绳之以法。不过当时所有人都知道，南海公司的董事们虽然罪孽深重，但是当时的法律并没有任何法条能够制裁到他们。虽然莫乐斯沃斯勋爵要求把他们淹死的无理请求并没有被采纳，但是议会还是重重惩罚了南海公司的董事们。

但法律本不该溯及既往的啊。司法机关限制了南海公司的董事们的人身自由并在宣判前就提前宣布他们的人格有污点。南海公司的董事们不得不宣誓，然后老老实实地讲清楚自己有多少财产，也不得转移或者隐匿任何财产。

而且，嫌疑人有着不可侵犯的会见律师的权利，但南海公司的董事们连这个权利都被拒绝了。议会不需要任何证据，也不想听任何辩护。刚开始有人提议没收他们 7/8 的财产，但是后来议会中有些人觉得这处罚太轻，有些人觉得这处罚过重。委员会决定分别衡量不同人的过错和品格，但委员会并没有耐心去公正地履行自己的法律职责。

最卑微的成员的最不经心的一句话，都可能会影响这 13 位南海公司的董事们的身家性命和一生命运。委员会的侮辱加重了这些可怜人的痛苦，而比侮辱更痛的是拿他们开玩笑。有委员曾嬉皮笑脸地说要给他们每人留下 20 英镑的生活用度。

传言说一个南海公司的董事曾考虑过参与另外一个最终导致了不少人破产的项目，然后这传言居然就被当成了实实在在的罪证；另一个董事因为曾开玩笑说自己的马匹应当吃金子，仅仅凭此就被投入了地牢；还有一个董事非常清高，他曾拒绝一个财政部高官的问话，这也被当成了确凿的罪证。这些董事都被谴责、被随意地罚以重款、丢失了自己大部分的财产。

这些粗暴的审判在议会的庇护下就这么公开地进行着。我的爷爷也从没想过自己能够得到宽大处理，因为他保守党的同僚们早已争先恐后地向当权者污蔑他。许多密奏中都提到了他的名字。由于我爷爷的能力众所周知，他也没法说自己是无知者无罪。

我爷爷在第一轮审判前就被监禁起来，而最终的罚款判决坐实了他的罪名。我爷爷在法庭上公布了，扣除之前的和解金之后，自己有 10 万英镑的财产。议会最终决定留给他 1 万英镑作为生活费。议会可以剥夺我爷爷的财产，但他们永远不可能夺取他的智慧和技能。

我爷爷最终在不惑之年从头再来，建立起了新的事业。之前 16 年的艰苦努力并没有白费，我相信我爷爷后来重新建立起的事业绝不比之前的成就差。"

司法机关在惩处了南海公司的董事们之后，立即开始想办法恢复公众的信心。沃普乐之前的计划远远不足以达成目标，最终也没有获得通过。议会详细计算了南海公司在 1720 年底的资本总额，大概有 3780 万英镑，但南海公司的股东持有的股票大概只有 2450 万英镑。剩下的 1330 万英镑是南海公司的盈余公积。议会拿出了 800 万英镑当作红利分给了股东，股息率大概有 50%。

这大大减轻了南海公司的股东们的怨恨，议会进一步下令，免除了向南海公司借款买股票的有关债务人 90% 的债务，只需支付 10% 就可以还清向南海公司的股票借款。这些泡沫时期的股票借款总计有 1100 万英镑，现在已经只需还款 110 万英镑。

不过，公众信心直到很久之后才完全恢复。当时的英国企业就像希腊神话中的腊翼人伊卡鲁斯一样，她飞得太高了，自己的腊翼都融化了，不得不从天空跌落了下来。腊翼人最终才明白，大地才是自己坚实的基础。伊卡鲁斯之后再也没有飞过那么高了。

在商业大繁荣的时代，过度投机的情况经常出现。一个项目的成功必然会引来许多跟风者，成功的先驱者总会拿走蛋糕上的大部分奶油，但却会带领着那些幻想着也一夜暴富的跟风者踏入无尽的深渊。和南海公司类似的泡沫公司从来都不罕见。1825 年的拉丁美洲股票在暴跌之前，也一样吹起了巨大的财富泡泡，但在这些泡泡最终破灭时，悲剧从未缺席。1836 年的美国大危机（也是英国引起的）同样曾让一个国家处于悬崖边缘，但是那次人们吸取了教训，最终并没有造成无可挽回的损失。

专业解读

一字一句译完这章的两万字，我越发想笑：原来 18 世纪的全球霸主、号称日不落帝国的英国当时国内居然也这么鸡飞狗跳。

是啊，哈里设立南海公司的 1711 年，正是中国封建历史上鼎盛的康乾盛世，正是最辉煌的康熙五十年。

此时的康熙王朝疆域辽阔、皇权至高无上。康熙帝正在紧锣密鼓地建造后来被烧得火光冲天的圆明园，国库里金山银山数不过来。

与此同时，大不列颠的议会却在吵吵嚷嚷，英国国王愁眉苦脸地不知如何偿还天量的国债，成立个南海公司还搞得鸡飞狗跳。

如果只是看表面，祥和鼎盛当然比鸡飞狗跳好。可惜以现在的眼光看，祥和鼎盛的康熙王朝只是在一点一点用封建制度勒紧帝国的咽喉，鸡飞狗跳的大不列颠实则是在集全球之力释放工业革命的能量。

从现代金融学的角度讲，大清是从不借钱也不上市的老干妈，搞的是挣多少花多少的路子，康熙最大的理想可能就是歌舞升平，然后搂着后宫三千数着国库里的亿万纹银。毕竟普天之下莫非王土，借钱这种事上不了台面；而大不列颠却是在负债率 80% 的境况之下搞资本运作，如同在境外买买买的海南航空，乔治一世想拿全世界的钱建设英格兰，至于还钱的事，太烦人了，以后再说吧。

后来的结果我们都看到了，负债累累的英国成了世界霸主，而清朝则不断没落。

想到这，我再也笑不出来了。

是的，单纯的负债并没有什么错，英国鸡飞狗跳的原因也绝不是因为政府负债累累还不起。事实上，很多西方发达国家从成立至今的几百年中的大部分年头里，都还不清自己的借款。

那么，是因为英国政府搞了历史上第一次债转股吗？

真的不是。当时丹尼尔·笛福提出的"债转股"，可以说是拳打凯恩斯、脚踢哈耶克的伟大创新，怪不得他能写出《鲁滨逊漂流记》这种神作。

是的，债转股确实是个好点子，如果你翻开任何大学本科的《金融学》教材，上面大概都会有这么一句：

"金融学是一门研究跨空间、跨时间的资源配置的学科。"

英国政府发行国债，就是把世界各地的钱挪到英国（跨空间），把未来的钱挪用到现在（跨时间），来建设国家。

但是，这种债权融资虽然能跨空间，但在时间上还是挺受限制的，因为要还本付息。尽管通过发行货币还债、借新债还旧债，也能多延续不少时间，但如果借的是外债，这两招就都不好用了。所以，18世纪的英国政府用了第三招——为债权提供流动性。

18世纪的英国政府从自己的资产负债表上剥离出来一部分资产（部分税权、对南美洲的海域贸易权）和一部分负债（国债、彩票基金债）成立了南海公司，然后把这部分负债转换成了对南海公司的股权，并用当时尚稚嫩的股票市场为其提供了超量流动性。

这简直是一次完美的不良资产处置。说起来，南海公司最根本的问题，和所有陷入困境的公司一样，是业务不行。虽然英国政府是融钱投资而不是融钱消费，但他们对南美洲海域的贸易只是镜中月、水中花，根本不是真实的业务，只是融资噱头。

18世纪的英国政府只懂得兵来将挡水来土掩，还不起钱就债转股，股票没人要就炒作预期，发现炒作预期能炒高股价、多发行股份、赚得盆满钵满就使劲吹嘘。可是最后把泡沫吹得太大，南海公司就只能破产了

（有人换算过，以经济体容量对比，将南海公司最高市值换算成现在的美元，差不多有 85 万亿美元）。

历史从来不会停止重复自己，击鼓传花的游戏人们玩了几千年都没玩烦。2016 年 2 月，包凡在财新发文"警惕风投散户化"，说资本看似无限量的超量供给是危险的，可能迅速吹大泡沫，而最终导致泡沫破灭，一片狼藉。包凡在文中形象地说："实际的情况是，资本的供给并非无限制。在资本持续供给的过程中，随着市场预期不断提升，预期和市场表现之间的差距也会越来越大。对于反身性形象化的表述是：一块地一开始施肥当然能够提高产能，但一块地的产出是有极限的，并非肥施得越多，产出就一定更多。"

第三章

郁金香狂热

哦，公民们！这就是疯狂的效应。

——卢梭（Rousseau）

第一节　崭露头角

16 世纪中期，郁金香被引进了西欧大陆。关于郁金香名字的起源已经不太可考，最为广泛流传的解释是：因为郁金香的形状很像土耳其人的一种叫作 Turban 的帽子，所以才得名郁金香（Tulip）。

1559 年，在赫尔马的一个位于奥茨堡的花园里，科那德·吉森第一次看到了郁金香。赫尔马是当时的名人，收藏了不少类似郁金香的奇珍异玩。科那德在赫尔马的花园里看到的这株郁金香其实是赫尔马在君士坦丁堡的一个朋友送给他的，在当时的君士坦丁堡，郁金香已小有名气。

多年以后，科那德·吉森声称是他把郁金香的名气传遍了西欧大陆。但即使科那德可能也没想到，自己在赫尔马的花园里看到的那株不起眼的小花，后来会在历史上留下那么浓墨重彩的一笔。

在科那德第一次看到郁金香后的 10 年里，郁金香作为一种观赏花卉，也没有太引起那些在下午三点钟准时撑着蕾丝伞去喝下午茶的贵妇们的注意。

1569 年，这株小花才开始逐渐进入了西欧大陆上富人们的视野，尤其是在荷兰和德国。阿姆斯特丹的有钱人开始挥舞着大把的钞票跑到君士坦丁堡，买回一株一株散发着淡淡香味的郁金香。

1600 年，商人们把郁金香从维也纳带到了英格兰，也正是自此开始，郁金香真正开始了它的传奇。在 30 年的时间中，郁金香渐渐成了上流社会必备的彰显社会地位的利器。到了 1634 年，如果哪个富人没有收藏几株郁金香，大家都会觉得，这人也就是有钱，但一点品位都没有。

不仅仅是附庸风雅的土豪，很多文化人，比如蓬皮尤斯·德·安吉丽斯和利普西尤斯也都狂热地喜欢郁金香。这种狂热很快就从上而下传染给了欧洲大陆的中产阶级。小商人、小店主，甚至没什么钱的普通人，都开始互相比较哪些种类的郁金香比较稀有，炫耀自己花了多大的价钱去买了一株郁金香。哈勒姆的一个交易员甚至花了自己一半的财富去买了一株郁金香，而且他也不是为了投机，仅仅只是为了收割熟人们羡艳的目光。

正常人都会想，既然精明的荷兰人都认为郁金香这么值钱，那么这种花肯定有出众之处。但事实却是，郁金香既没有玫瑰摄人的香味，也不是娇艳欲滴的牡丹，更不能长久维持自己的美。不过诗人考雷还是盛情地夸赞了这种不香、不艳、不保鲜的花卉。

> 灰墨隐隐现现，不羁、傲骨、玩乐。
> 天宇颜色淡淡，此中乾坤。
> 仙金紫气隐隐，灰颜七色。
> 贵富衣织俱身，只求慕美。九园粉黛无颜色！

在《发明的历史》一书中，贝克汉比考雷更理性地描述了郁金香狂热的原因：

很少有植物像郁金香这样，可以通过偶然或者疾病获得很多杂色。在天然状态、没有受到培育时，郁金香几乎只有一种颜色，有着巨大的叶子，异常的长根茎，一点也不漂亮。但经过刻意的培育，郁金香会变得虚弱，这种虚弱使得它的花瓣变得更白、更小、花色更多；叶子的绿也变得更浅。经过这种精心培育后，越美丽的郁金香，就越虚弱。到最后，人们只有用最高超的技巧和最精心的培育，才能移植甚至只是养活郁金香。

当妈的一般都会更偏爱病弱的、永远需要帮助的孩子。像这些妈妈一样，很多不知不觉爱上郁金香病态之美的人根本不知道自己惹上了多大的麻烦。

这种病态也是郁金香引起狂热的重要原因。到了 1634 年，郁金香热渐入高潮。所有荷兰人，甚至是社会最底层的民众，都开始疯了似地买卖郁金香，没有人踏踏实实做生意了。

第二节　众星捧月

郁金香的价格也开始狂飙，到了1635年，很多人甚至愿意花10万个金币去买几十支郁金香。商人们也不得不开始用更小的计量单位——珀瑞茨来对郁金香进行称重（50珀瑞茨约等于1克）。

稀有品种的郁金香的价格也变得令常人难以想象：有一种叫作立夫肯将军的郁金香品种，8克的一朵花可以卖到4400个金币；还有一种叫作万德将军的郁金香，大约8.9克重，却卖到了1260个金币；而期德尔被卖到了每克761个金币，维克多瑞卖到了每克375个金币。

当时最珍贵的郁金香品种叫作"永远的奥古斯丁"，便宜的货也要卖到每克1375个金币。荷兰人疯了似地寻找"永远的奥古斯丁"，就算是一朵有缺陷的"永远的奥古斯丁"也可以卖到2000个金币。

在1636年早期，全荷兰就只有两株"永远的奥古斯丁"，而且这两株"永远的奥古斯丁"还不是品相最好的。这两株"永远的奥古斯丁"分别由两个商人拥有：一个阿姆斯特丹的郁金香商人和一个哈勒姆的郁金香商人。

投机者们疯狂地追求"永远的奥古斯丁"，有人甚至出价12亩地，买走了哈勒姆的"永远的奥古斯丁"。而在阿姆斯特丹"永远的奥古斯丁"卖到4600个金币，还要附赠一辆全新的马车、两匹灰马和一整套的马具。

穆汀是当时的一个作家，他孜孜不倦地写了1000页有关郁金香狂热的内容，也完整地记录了一株维克多瑞被卖到了什么样的天价（如表3-1所示）。

表3-1　一株郁金香可以换到的商品总和

名称	数量	单位	总价（金币）
小麦	3629	公斤	448
黑麦	7257	公斤	558
肥牛	4	只	480
肥猪	8	只	240
肥羊	12	只	120

（续表）

名称	数量	单位	总价（金币）
葡萄酒	2	桶	70
啤酒	4	桶	32
黄油	4	桶	192
奶酪	453	公斤	120
床	1	张	100
衣服	1	套	80
银水杯	1	只	60
共计			2500

那些离开很久的荷兰人回乡时，往往会因为不了解当时的郁金香狂热而闹出很多有趣又可悲的笑话。

《布莱恩威尔游记》中就写到了一个例子。一个富有的商人，他为自己拥有很多稀有的郁金香品种而自豪。

有一天，一个水手告知他，有一批珍贵的郁金香从利文特运了过来。这个商人在堆满郁金香的仓库里见到了这个水手，并奖励给了他一盘上好的红色鲱鱼做早餐。

水手刚好很喜欢吃洋葱。他看到一株"洋葱"刚好就在眼前的交易柜台上，他也没有想太多，就瞅准机会把"洋葱"拿走装到了自己的口袋里，作为自己早餐鲱鱼的配菜。

水手拿着他的"洋葱"通过了仓库门口的检查，回到码头继续吃他的早餐。他当时完全没有意识到，自己拿走的正是富商最珍贵的、价值3000个金币的"永远的奥古斯丁"。

当富商意识到"永远的奥古斯丁"丢了的时候，整个码头都沸腾了，所有人都开始寻找这株珍贵的郁金香，但没有人发现任何蛛丝马迹。

富商伤心欲绝，他迫使整个码头进行了一次翻天覆地的大搜查，但也未能找到任何线索。到了最后才有人想到了那个水手。闷闷不乐的富商没有其他办法，只能叫上自己的家丁，跑到街上到处寻找这个水手。

傻傻的水手当时也没想到藏起来，当富商找到他时，他正自在地坐在一堆缆绳上，吃着他的最后一片"洋葱"。他做梦也没想到，自己这顿早餐的花费，就算是一整只船的船员干上一年也还不起。富商愤愤地说，他就算是不计成本地宴请亲王和法官也花不了这么多钱。

历史上一顿饭吃掉很多钱的例子其实并不鲜见：安东尼曾喝下撒有珍珠粉的葡萄酒，为克里派祝寿；理查德·威廷顿爵士为了国王亨利五世也做了同样的事情；托马斯·格里姆则喝下了一杯钻石粉葡萄酒，感谢伊丽莎白女王允许皇家交易中心开张。

但是这个鲁莽的荷兰水手的早餐可比他们的都贵多了，味道也比他那些奢华无度的前辈们强多了。毕竟那些宝石并不能让葡萄酒更好喝，但是那株郁金香配着鲱鱼其实味道还不错。不幸的是，这名水手被富商告上了法庭，在监狱里待了好几个月。

另一个没那么荒谬的故事是关于一个英国旅行家的。这位旅行家同时也是一位业余的植物学家。有一天，他刚好在一个富有的荷兰人家的储藏室看到了一株郁金香。这个旅行者并不知道这是株名贵的郁金香，他拿出了小刀，剥开了这株郁金香，想着做做植物实验。

在剥开之后，这个旅行家进一步把这株郁金香切成了两半，并在这株奇怪的未知花朵上做了许多标记。

突然，荷兰富人出现了，他怒火中烧地说："你知道自己在干什么吗？"那个旅行家毫不在意地说："我在研究这株奇特的洋葱。"

荷兰人生气地说："你这个傻瓜，这可是株万德将军。"

旅行家高兴地拿出了笔记，说："这种万德将军在你们国家常见吗？"

荷兰富人一把抓住了旅行者的衣口，恨恨地说："跟我去见市长，我让你知道常见不常见。"

旅行者反复抗议也没什么用，一群人拥着他去找了市长。见到市长后，这个可怜的旅行者才知道，自己做实验的这株"洋葱"价值超过 4000 弗罗林。

旅行者后来被关进了监狱，一直等他凑出来 4000 弗罗林才被放出来。

第三节 投机狂潮与狂热的终结

1636 年，对稀有郁金香的投机需求大幅增长，荷兰各地的股票交易所都设置了专门的郁金香交易市场。郁金香也正式成为了一种投机品种。

股票投机者纷纷参与到了郁金香的投机中，用尽所有的办法来炒作郁金香，造成了巨大的价格波动。

在泡沫高峰时期，每个人都赚得盆满钵满。郁金香投机者不断低买高卖，自然也就赚得最多。很多人都一夜暴富了。本来无心参与郁金香投机的人闻到金钱的味道，也纷纷争先恐后地投入到了郁金香市场中。

当时的每个人都深信，大家对郁金香的热爱会持久地持续下去，全世界的财富都会汇入荷兰，支付高价，买走郁金香。

每个人都认为，全欧洲的富人都会集中在荷兰北部的海岸，荷兰的贫困人口会就此消失。也正因如此，无论是贵族、普通市民、农民、机械工、海员、苦力、仆人甚至是烟囱清洁工和织布女工都加入了郁金香投机中。

各个阶层的人们都把资产换成了现金，然后投入到了郁金香交易中。荷兰的房子和土地都以低得不可思议的价格开始大甩卖，或者用郁金香以物换物。

后来，许多外国人也纷纷沉浸于这场狂热之中，四面八方的热钱都涌到了荷兰。荷兰的生活必需品价格开始暴涨，各种奢侈品都纷纷涨价。

在很长的一段时间内，荷兰貌似成了离财神爷最近的地方。荷兰的郁金香交易变得从未有过的活跃和脆弱，以至于政府不得不开始制定法律来规范经纪人的行为。政府还专门设立了公证员和办事员，来保证郁金香交易的顺畅进行。

但是很多小镇的人们根本都不知道公共公证员的存在。有些小镇连交易所也没有，人们就到当地的大客栈交易郁金香，并用华丽的宴会来炫耀自己的财富。这种宴会有时候会有两三百人参加，餐桌上摆着一瓶瓶盛放的郁金香，炫耀着它们主人的财富。

不过，精明的人们最终还是意识到了这种傻事不可能永远持续下去。终于有一天，富人们不再购买郁金香了，他们反而开始一点点出手郁金香换取利润。

大家突然发现，照这个趋势下去，最后接盘的人一定会死得很惨。当这种想法成为共识之后，郁金香的价格开始迅速下跌，之后再也没有涨回来。人们对郁金香的坚定信心就这么丧失了。

郁金香经纪人开始纷纷恐慌起来。比如经纪人甲曾和经纪人乙达成协议，在 6 周后以 4000 弗罗林的价格购买 10 株"永远的奥古斯丁"。6 周后乙带着郁金香到达了约定地点，才发现"永远的奥古斯丁"的价格已经下降到三四百弗罗林，甲已经不愿意以任何价钱购买郁金香了。

全荷兰到处都有这种违约的人。很多几个月前曾深信不疑荷兰已经消除穷困的人，突然发现自己所有的财产就只剩几株没人要的郁金香了。荷兰上下都开始哀号，所有人都在指责别人，少数成功保全了自己财产的人都把财产藏到了英国或者其他国家。

很多人从一贫如洗到穿金戴银又回到了一贫如洗的境地。大量的富商变成了乞丐，甚至很多贵族都只能眼睁睁地看着自己的财富变成废纸。

当警钟第一次敲响时，很多城镇的郁金香迷召开了大会，讨论如何采取有效措施恢复公众信心。大家都同意应当派代表到阿姆斯特丹找政府，寻求补救办法。

政府刚开始并不愿意掺和这事，只是建议郁金香迷们自己协商出一个解决方案。郁金香迷们于是召开了很多会议，但是他们没能找到任何补救办法，因为每个人都在抱怨，大多数类似的会议都无疾而终。

最终，在叽叽喳喳吵了很久之后，这些代表们在阿姆斯特丹达成协议，所有在泡沫顶峰（1636 年 11 月）及以前签订的郁金香卖买合约都无效，在这之后签订的合约，购买者只需支付 10% 的价款。

不过这个决议没能让任何人满意。手上有郁金香的卖家自然不满，被强迫执行合约的买家也多有怨言，之前卖 6000 弗罗林的郁金香现在也就值 500 弗罗林，就算是支付 10% 的价钱，也亏了 100 弗罗林。合同违约的案子挤满了全国的法院，不过法院却不想牵涉其中。

这个问题最终还是被提到了海牙法庭，大家都期望着海牙法庭能够给出一个更好的方案恢复公众信心。海牙法庭努力了很久，但是毫无成果。海牙法庭的法官讨论了一周又一周，直到 3 个月后，才最终宣布在得到更多信息之前，将不做任何决定。

不过他们同时建议，郁金香的卖家应该在证人的见证下给买家送货，要求支付约定的价款。如果买家拒绝支付，就把郁金香拍卖掉，之后再向买家索要合同违约的差价。其实代表们早就提出过这个方案了，但是这个方案也没有什么用处。

荷兰的任何一家法院都不会强制执行买卖协议，代表们也在阿姆斯特丹讨论过这个问题，但是法官们一直拒绝干涉，因为从法律上讲，赌博之债并不是合法债务。因而整个办法也宣告无效了。

至此，政府证明了自己没有能力解决这个问题。那些不幸仍持有大量郁金香的人不得不含泪承受损失，那些赚了大钱的幸运儿的财富也没有被没收。但是荷兰的经济已经遭受了严重的打击，严重到很多年之后都没能恢复。

荷兰的郁金香狂热也多多少少影响了英国。1636 年，郁金香在伦敦交易所进行了公开交易，投机者们尽全力炒作郁金香，把郁金香的价格炒到了和在阿姆斯特丹一样高。巴黎也有相当一部分人炒作过郁金香。

但在这两个城市，郁金香只是引发了小小的热潮。不过这场泡沫之后的很长时间，郁金香都成了富人最喜爱的花卉之一，一些人从此一直认为郁金香比所有其他花卉都高贵。荷兰人仍然以爱好郁金香出名，并一直愿意付更高的价格购买郁金香。当英国的富人在炫耀自己的赛马或者古董油画时，荷兰的富人会拿出他的郁金香。

在 19 世纪的英国，一株郁金香仍比一棵橡树贵。如果有人能拿出一株黑色的郁金香，也能卖出天价。

在 17 世纪末的苏格兰，最贵的郁金香可以卖到 10 个金币。但郁金香的价格从那时起逐步下降，1769 年到了最低点，那时候英国最贵的两株郁金香，"昆沃多"和"万拉迪尔"，只卖 2 个金币和 2.5 个金币。后来郁金香的价格又涨了一点，到了 1800 年，一株上好的郁金香已经可以卖到 15 个金币，而 1835 年，一株叫作"范西金泊尔小姐"的郁金香在伦敦拍出了 75 英镑的价格，国王路的一个花匠甚至以 200 个金币叫卖他的郁金香。

专业解读

要给历史上最有名的泡沫排序，郁金香狂热肯定名列榜首。在无数与金融相关的电影中，郁金香都频频出镜，并被认为是历史上第一次投机泡沫。

在这些影视作品中，令我印象最深刻的是 2010 年的电影《华尔街：金钱永不眠》。电影开始时，戈登指着自己公寓墙上的一株郁金香标本，意味深长地告诉男主角，当时的荷兰人沉迷于对财富的幻想中，对郁金香如痴如醉，最终一株郁金香被炒到了一栋房子的价格，但后来郁金香价格大跌，别说房子了，连一匹马都买不到。

电影近尾声时，戈登从男主角那儿骗回了自己的一亿美元，男主角大梦初醒，跑去戈登家找他理论，却发现戈登早已人去楼空，只留下那株郁金香标本，静静地看着男主角。

当然，我并不觉得这部以次贷危机为背景的电影与郁金香狂热有多大的关系，但提到戈登，就不得不说说他鼎鼎有名的 Greed is good 的理论。

在更著名的 1987 年的电影《华尔街》中，尚且意气风发的戈登对着泰尔德纸业公司的股东说，欲望是好的，欲望是有效的，欲望能让我们更清楚地看清自己的目标，对生存、金钱、知识的欲望也是推动人类进步的重要力量，他说欲望不仅会拯救泰尔德纸业公司，还能拯救整个美国。

电影播出之后，戈登成了华尔街的形象代言人，Greed is good 也成了美国文化的一部分，无数影视、游戏、新闻报道都引用过这句名言。

但在 2010 年的这部电影中，戈登改口了，他认为美国人之前沉迷于房价永远会涨的不切实际的幻想中，被金钱的欲望所控制，拼命加杠杆，实际是在拼命给自己挖坟墓。

戈登的意思其实是，2007 年的美国房地产市场已经不是泰尔德纸业公司了，但 2007 年的美国人相信美国房价永远会涨，他们的欲望已经从我要好好工作、努力赚钱、买大房子，变成了我要把手头这几套房子抵押出去，贷款买第五套房了。

如同戈登所说，2007 年，美国人的投机需求战胜了住房的真实需求，在华尔街的帮助下，他们吹起了一个史无前例的大泡沫，最后把全世界都炸得抖了三抖。

事实上，我认为投机需求和真实需求的交错，可能就是一个金融泡沫产生、膨胀和破灭的主要原因。

经济学中最简单的原理就是供给和需求决定价格，在没有多少投机的市场上，郁金香的价格也很贵，但是这时候郁金香的价格是有真实需求作为支撑的（富人的观赏需求）。这种观赏需求一直持续了很久，麦基在原文中也提到，就算在泡沫破灭 200 年后的 19 世纪，一株品相不错的郁金香还是要比一棵橡树贵。

郁金香狂热膨胀乃至最后破灭的原因，是过量的投机需求参与了郁金香的交易。而投机需求有个重要的特征，就是它从根源上是不可持续的。纯粹的投机和庞氏骗局其实很像，都是没有财富产生的机制，先来者总是靠后来者投入的本金赚钱，一旦那些相信标的物会一直涨的人们全部投入到了交易中，就没有了新的资金投入，泡沫也就维持不下去了，只能最终破灭。

当我们观察各种泡沫的价格变动图表时，通常会发现它们都有一个共同的特点，就是上涨的时候虽然越来越快，但是有个过程，下跌的时候则一下就崩了。

关于这种泡沫发展的过程，有一种解释是，因为人们是根据自己接受到的信息来进行交易的，信息在人们之间的传播是呈指数级增长的，参与到交易中的人数也是呈指数级增长的，因此价格上涨时越来越快，但一旦价格开始下跌，所有参与到交易中的人会同时观测到这一现象，并一起停止买入，转为恐慌式地卖出，所以下跌的时候是天崩地裂。

我觉得400年前的这场郁金香狂热能带给我们的唯一启示就是：要认识到，我们自己的很多观点和想法在很大程度上是受身边人影响的。只有真正独立思考，才能正本清源，认清自己的真实需求。

有些人的真实需求就是投机：一个职业股票交易员的真实需求可能就是拉高出货、低买高卖，一个房地产开发商的真实需求可能就是炒地卖房子。但如果你只是像大多数人一样的普通人：买郁金香只是为了观赏，买蒜只是为了吃饺子，买房子只是为了住，换美元只是为了出国购物。那么你就不用太在意价格波动，也不要妄想参与到投机之中。

第四章

炼金术士

第一节　炼金术与人性深处的三种欲望

现在来看，似乎绝大多数人对自己的命运都不太满意，无论这个人贫穷还是富有，朝气蓬勃还是垂垂老矣。

有趣的是，在人类文明之初，先贤们似乎都觉得，这种人性的无尽欲望是罪恶的，可后来人们却逐渐发现，也正是这种对自己命运的不满足，促使人们奋发向上，逃离野蛮，成就了人类现在的文明。

不幸的是，这种不满足带来的可不仅仅是钻木取火、农耕文明和大航海时代，也带来了不少愚蠢和荒谬。历史上的人们试图篡天改命而带来的愚蠢和荒谬也是我们本章所要探讨的主要内容。

不过读者们大可不用担心，尽管这个话题十分深奥，十几本书可能也没法说清楚它背后的深层次原因，但我没有任何打算把这本书写成晦涩难懂的经文。在本章中，我们会用一些既有趣又发人深省的事例来聊一聊炼金术这件事。

人类的不满足从根本上讲，来自三种原因，这三种原因迫使芸芸众生为不可能的事情耗费精力、寻找救赎，鞭策人们在疯狂的迷宫中四处乱窜。

这三种原因分别是，不可避免的死亡、繁重难忍的工作和变幻莫测的未来。这些原因激发了人们内心深处对死亡的恐惧、对一夜暴富的追求和窥探未来的旺盛欲望。

对死亡的恐惧，促使第一批人臆想自己能够长生不老，或者至少能活几个世纪而不是短短的几十年。历史上成百上千的炼金术士声称自己找到了长生不老药，愚弄了数以万计的人们，而对长生不老的追求延续了上千年，直到如今。

对一夜暴富的追求，促使第二批人夜以继日地寻找魔法石——那个传说中能点石成金的魔法石。

对窥探未来的旺盛欲望，则催生了占星学、神学和它们的分支：巫术、手相术和占卜术，以及一系列的神谕、前兆、征兆。

历史上有不少误入歧途的哲学家和彻头彻尾的大骗子，他们有意无意地利用了人类的恐惧与愚昧，获得了声名远扬和家财万贯。而为了更好地描述这些人的职业生涯，我们把他们分成三类。

第一类是炼金术士，他们终其一生都在寻找魔法石和生命圣水。

第二类是占星师、巫师、法师、风水师以及其他所有声称能够预测未来的人。

第三类是买卖魔咒、护身符、春药、万能药的商人，各种替代疗法的创始人，江湖医生和骗子。

在本章中我们会发现，很多大骗子往往会身兼多职。比如有的炼金术士同时也是预言家或者巫师，这些炼金术士声称自己通过念咒就能治愈所有的疾病，创造各种各样的奇迹。

在黑暗的欧洲早期，这种情况尤为多见，即使是最近几十年，我们也仍然很难单纯地指认某人是个炼金术士。炼金术士、魔法师、巫医们也很少把自己限制在某一个单纯的角色里面。

在刚开始揭开炼金术神秘的面纱时，我们难免搞混这些人，不过随着慢慢熟悉之后，我们会渐渐对这些人形成更清晰的认识。

不过，我们首先要警醒一种读史时的有害心态：大多数人在阅读历史时都会陷入事后诸葛亮的陷阱。是啊，以我们现在的知识储备和见识，当然会觉得我们祖先的行为愚蠢至极，我们自己肯定不会犯类似的错误。

但其实如果我们仔细想想，我们在反思自己过去的失误时也常常会发现，年轻时的自己总有一些奇奇怪怪的想法，对世界的认识也毫无逻辑。在这些奇奇怪怪的想法和毫无逻辑的认识的影响下，过去的我们也做出了一些让现在的我们觉得匪夷所思的事。

但当我们回忆过去时，我们往往已经忘记了当时自己千奇百怪的想法和认识，只是觉得自己的所作所为匪夷所思。

所以，如果一个人只是因为一件事看起来很荒谬，就不再认真思索其背后的成因和历史背景，那他的思考和认识只能是浅薄的。如果一个人根本拒绝认真反思自己过去的失误，怠于复盘自己当时的想法和所作所为，他就永远不会学到智慧。大而言之，如果一个社会拒绝认真反思自己过去的愚蠢，也就永远不可能进步。

不过，对于那些只想找点乐子的读者来讲，本章也确实是妙趣横生，它展现给我们一个宏大、狂野、精彩绝伦的世界。在我们逐渐认识这个五彩斑斓的世界之后，我们会不禁惊叹："这样也可以！"最终我们会发现，这样不但是可以的，而且是真实发生、波澜壮阔的。

在超过 1 000 年的漫长时间中，无数达官显贵都曾拜服于炼金术之下，成千上万的平民百姓更是对之趋之若鹜。关于炼金术的起源众说纷纭。有些炼金术的信徒声称炼金术甚至可以追溯到上帝造人时，也有人认为炼金术只是起源于诺亚时期。

文森特·比伐斯曾指出，大洪水时期的人肯定多多少少都懂一点炼金术。尤其是诺亚，他肯定熟练掌握了长生不老术，不然不可能 500 岁之后还能生孩子。冷利特·福斯则认为，诺亚的儿子闪（Chem）和含（Shem）肯定也是炼金术士，并认为"炼金术"（Alchemy）和"化学"（Chemistry）两个词都是从他们的名字中演化出来的。

还有人认为炼金术起源于埃及，是由赫尔墨斯·特利斯墨吉斯忒斯（古埃及伶俐之神）创建的，犹太人领袖摩西曾被认为是一流的炼金术士，据传他就是从埃及学到的这项技能，但摩西却并没有向犹太人传授炼金术，指引他们穿过迷雾。

而几乎所有这么说的炼金术作家都会引用《出埃及记》第 32 章中金牛犊的故事，来证明摩西这个伟大的领袖、立法者同时也是一名出色的炼金术士，能随时点石成金、化金为土。

《出埃及记》中还记载，摩西曾因为以色列人盲目崇拜神灵而愤怒不已，他后来拿走了金牛犊，点火把它烧成了灰，拌在水里，让所有以色列儿童喝了下去。炼金术士们说，摩西肯定有魔法石，不然他就不可能点石为金，做出金牛犊，也不可能让金粉漂在水上。

中国起源说也流行过，17 世纪的意大利传教士卫匡国[1] 在他的《中国上古历史》中写道，在耶稣诞生 2500 年之前的中国尧舜时代，古中国人就已经熟练掌握了炼金术。

炼金术在 1 世纪的罗马时期似乎也曾风靡一时，不过当时的罗马人视炼金术士如流氓骗子。到了 4 世纪的君士坦丁堡，人们才开始接受炼金术，很多希腊神职人员都曾详细论述过炼金术。他们似乎认为，所有的金属都由两种物质构成，第一种是汞，另外一种是硫黄。纯汞和纯硫黄的结合就能化为黄金。但是一般的汞和硫黄都含有不少杂质。魔法石的作用就是溶解、中和这些杂质，把其中的铁、铅、铜和其他所有的金属都转化成纯金。

几个世纪过去了，无数博学多才的人在炼金术上白白浪费了自己的时间、精力甚至是健康，但这些似乎丝毫没有影响普罗大众的热情。不过对这几个世纪的炼金术历史却少有记载，到了 8 世纪之后，炼金术才又在阿拉伯人的史书上浮出水面。也正是在这个时候，出现了一个大师，很长时间以来人们都认为他是科学之父，他的名字也不可分离地和炼金术的历史联系在了一起。

第二节 贾比尔——魔法石与化学试验

很多炼金术士都曾穷尽一生，竭尽全力地探究炼金术的秘密，但只有很少的人像贾比尔这样青史留名。

贾比尔出生于公元 721 年美索不达米亚平原的浩兰，他的真名其实叫作

---

1 原名 Martino Martini，出生于 1614 年，明清之交来到中国传教，见过顺治皇帝，死于杭州，本书原作者麦基出生于 1814 年。

阿布·穆萨·贾比尔（Abou Moussah Djafar），人们在他的名字前加上"AL Sofi"，在当时是智者的意思。历史上有学者认为贾比尔是希腊人，也有人认为他是西班牙人，甚至还有人推断他是印度亲王。最荒谬的是有一个法国翻译家在他的《药史》中写道，贾比尔是德国人，因为他的名字 Geber 听起来很像 German。

贾比尔的生平在历史上鲜有记载，不过有人确信贾比尔写了 500 页以上的著作，详细论证了魔法石和生命水的前因后果。贾比尔对炼金术深信不疑，他把那些质疑炼金术的人比作坐井观天的青蛙，只能看到眼前的这一点天空，却否认整个世界的存在。

贾比尔认为金子能治愈所有的疾病，包括人、动物、植物。他还认为所有其他的金属都是有缺陷的，只有金子是完美无缺的。贾比尔认为，历史上有很多人都发现了魔法石的秘密，但是发现这些魔法石的智者们绝不会把这个秘密告诉普罗大众，他们认为普罗大众是愚蠢的、不值得信任的。

尽管贾比尔把一生都花费在了他毫无根据且虚无缥缈的魔法石理想上，但是他的努力也不完全是没有意义的。他在醉心于炼金术的同时，也顺便进行了不少化学史上的伟大实验：发现了腐蚀物、水银与氧化铁、硝酸、硝酸银。

贾比尔鼓励无数后来者把时间和精力投入到炼金术中，在贾比尔死后的 200 年间，无数阿拉伯哲学家投身于炼金术和占星术的研究中，其中最有名的就是阿尔法拉比。

第三节　阿尔法拉比——不辞辛劳的旅行者

阿尔法拉比出生于公元 870 年，他被认为是当时最有学识的人之一。阿尔法拉比一生都在旅行，他从一个国家走到另一个国家，与当地的智者交谈，希望能发现大自然的秘密，找到魔法石。

阿尔法拉比不惧怕任何风险，也不畏惧任何辛苦，甚至也不为荣华富贵所诱惑。很多君王都试图留下阿尔法拉比，许诺他无尽的财富和尊贵的地位。但是他拒绝停下、拒绝休息，他把所有的精力都投入到了伟大的人生目标上——找到魔法石，学会炼金术，获得取之不尽、用之不竭的金子。

这种四处游荡的生活带给他见识，最终也终结了他的生命。

有一次阿尔法拉比从麦加返回叙利亚的时候，顺路去了以热爱学习闻名的苏丹·色非多的王庭。阿尔法拉比风尘仆仆地觐见了苏丹·色非多，大咧咧地坐在了苏丹身边的沙发上。苏丹的大臣们都怒不可遏地盯着阿尔法拉比。苏丹·色非多也并没有认出阿尔法拉比，他召唤了卫兵，命令他们驱逐这个不速之客。

阿尔法拉比并没有动，他大喝一声，告诫卫兵们不要碰他。之后阿尔法拉比镇定地对苏丹说，他不知道苏丹曾经招待过哪些客人，但他相信，对于朋友，迎接的应当是美酒而不是猎刀。很多那时的君主一般都会被这种话激怒，但苏丹显然不是那种类型，他反而很欣赏阿尔法拉比的镇定自若。

苏丹和阿尔法拉比促膝长谈，聊了不少神学和科学的内容。所有的王公大臣都被这个陌生人的魅力所折服，他们纷纷向阿尔法拉比提出了自己的疑惑，阿尔法拉比一一给出了精彩的解答。阿尔法拉比还说服了有异议的人，优雅地阐述了炼金术的前因后果。人们纷纷认为他简直就是第二个贾比尔。

有一个医生问阿尔法拉比，像他这么博学多才的人懂不懂音乐呢？阿尔法拉比没有说话，他只是要了一把琴，弹起了忧伤的曲子，顿时，整个王庭都被他的曲子感动，潸然泪下。之后阿尔法拉比曲风一变，弹起了欢快的舞曲，于是，无论是耄耋老者还是健壮卫兵，甚至是苏丹本人，都随着他的曲子跳起舞来，踢踏踢踏地跳得脚都酸了，根本停不下来。接着他又继续弹起了悲伤惆怅的哀歌，众人立即停下了舞蹈，纷纷抽泣、伤心不已。

苏丹完全被阿尔法拉比征服了，他希望阿尔法拉比留下来，并承诺给他无尽的财富、权力和尊重。但阿尔法拉比断然拒绝了，阿尔法拉比郑重地说，在找到魔法石之前，他决不会休息，也不会停留。阿尔法拉比当晚就离开了苏丹，又踏上了征程。

但不幸的是，也正是在那一晚，阿尔法拉比被谋杀在了叙利亚的沙漠中。

阿尔法拉比的传记作者曾提到，阿尔法拉比写过一些重要的技术文献，不过这些文献都不幸遗失了。

那一年是公元 954 年，阿尔法拉比享年 84 岁。

第四节　阿布图斯·玛古斯和托马斯·阿奎那——一对神奇的师生

阿布图斯·玛古斯出生于 1193 年诺伊堡的一个贵族家庭，从小在多瑙河畔长大。阿布图斯人生中的前 30 年无聊到都没什么记载，家族里的人对他也没有什么期望。

阿布图斯很早的时候就去了多米尼加的一个修道院学习，不过一直都没什么建树，还多次处于崩溃的边缘，频频想放弃。还好上帝虽然没有给予阿布图斯聪颖的大脑，但是给了他坚忍的毅力。也许是少年时期坚持不懈的学习给阿布图斯打下了良好的基础，到了中年时，他突然就开窍了，无论学什么都如砍瓜切菜，顺风顺水，简直就像奇迹一样。

还有个更邪乎的版本，说是圣母玛利亚被阿布图斯的自强不息感动了，觉得他很可怜，就现身在了阿布图斯的修道院，问他想要精通哲学还是神学。阿布图斯就说是哲学，圣母玛利亚非常失望，细声责备了阿布图斯，觉得阿布图斯选错了。不过圣母玛利亚还是满足了他的愿望，给予了阿布图斯无穷的智慧，使其成为了那个时代最伟大的哲学家，但与此同时，圣母玛利亚也设下诅咒，当阿布图斯达到声望顶峰的时候，他的所有智慧都将消失，阿布图斯也将退回到之前那个愚蠢、无能的阿布图斯。

阿布图斯既没有承认也没有反驳这个故事，只是默默地做着他的研究，不过他的名声还是不胫而走，很快传遍了欧洲大陆。到了 1244 年，连托马斯·阿奎那（著名哲学家、天主教会认为他是历史上非常伟大的神学家）都拜师于阿布图斯。这对师生流传下来不少趣事。

据说他俩在研究科学的同时，并没有忽略对炼金术的探索。尽管他们都没能取得什么进展，但是阿布图斯发现了生命的秘密，让一座铜像变活了，还用相同的原理延长了自己的生命。阿布图斯和托马斯教会了铜像说话，并让这座铜像成为了他们的仆人。这个铜像处处都挺完美，只是有点太多嘴多舌了。

阿布图斯和托马斯尝试了各种各样的方法，试图让这座铜像安静一点，但似乎都没什么作用。终于有一天，正当托马斯聚精会神地研究一个数学问题的时候，铜像仆人又开始叽叽喳喳了。托马斯忍无可忍，他抓起一把锤子，把铜像砸得粉碎。托马斯事后觉得很后悔，阿布图斯也觉得托马斯作为一个哲学家，这么做有失风度。不过他俩都没有去复原铜像仆人。

这种故事也多多少少让我们对那个愚昧的时代有了一点了解。在那个时代，连那些试图了解自然奥秘的人都被无知的群众当成了魔术师，而当哲学家们声称自己发现了魔法石或者生命水的时候，可以想象他们在人们心中是什么形象了，那简直是呼风唤雨啊。复活铜像什么的倒是小意思了。

当时的很多人还都相信，阿布图斯能够逆转四季的变化，那时候人们都相信他能点石成金、长生不老了，关于这点能力人们自然是深信不疑。

据说有一次，阿布图斯看中了科隆周边的一块地，想建个修道院，这块地属于荷兰的威廉伯爵和罗马国王共有，但是罗马国王不怎么愿意拿出这块地盖修道院。阿布图斯于是使出了仙术，最终还是拿到了这块地。

有一次罗马国王路过科隆时，阿布图斯邀请国王和他的王庭大臣前往自己的住处赴宴。国王欣然答应了，并带了不少随从去了阿布图斯的住处。那时正是凛冽的寒冬，莱茵河被冻得结结实实的，骑兵们都不敢骑在马上了，因为他们都怕寒风把自己的脚趾头冻掉。

所以，当他们到了阿布图斯的院子里，看到阿布图斯居然在铺满皑皑白雪的花园里摆了几桌酒时，他们都震惊了。罗马国王当即就要上马走人，阿布图斯好说歹说才说服他留了下来。而罗马国王刚坐下来，天上的乌云立即就消失了，一轮温暖的太阳取而代之。凛冽的东风也不知道去哪儿了，只有阵阵微风拂面。连雪都融化了，冰块也都化作了小溪。花草树木呈现出一片千树万树梨花开的景象，鸟语花香自然也是应有之义。

罗马国王和他的随从们再一次被震惊了，当然这次更多的是对阿布图斯的敬佩而不是愤怒了。后来，作为冤枉了阿布图斯的补偿，罗马国王把那块地给了阿布图斯建修道院。

据传阿布图斯还是隐藏了实力。等到宴会结束，国王车队刚刚离开，阿布图斯轻念咒语，乌云重新笼罩了太阳；凛冽的东风凄惨地嚎叫着阵阵袭来；天上下起了鹅毛大雪；花草树木纷纷枯萎；鸟啊虫啊也都瞬间死去，从树上掉了下来。其他宾客们不得不裹起大衣，撤回阿布图斯的厨房里取暖。

托马斯·阿奎那也有着和他的师父一样惊人的能力。有一段时间，托马斯住在科隆街上，街上车水马龙，不少马夫在托马斯窗下歇脚，马蹄声不断。托马斯不堪其扰，就跑去找马夫们，问他们能不能换个地方，因为作为一个哲学家，他需要安静的环境思考。但是马夫们对他的请求置之不理。托马斯只能使一点魔法了。他造了一匹铜马驹，给予了它特殊的魔力，并连夜将其埋在了大马路中间。

第二天早上马夫照常御马奔腾，但当他们走到铜马埋藏的地方时，这些马驹纷纷停下了脚步，焦躁不安地嘶叫着，踢踏地面，停滞不前。它们的鼻孔都大张着，像是受到了惊吓，马背上也汗水溙溙。马夫们使尽了一切办法——鞭笞、哄骗、恐吓，但是这些马驹都不敢向前一步。马夫们只能掉头回去，有些不信邪的马夫第二天又去了，但是也没什么好运气。马夫们最后只能被迫去找另外一个地方歇脚，托马斯也最终得到了安宁。

1259 年，阿布图斯被选任为雷根斯堡的主教，他只做了四年就辞职了。阿布图斯认为主教的职责消耗掉了他太多的时间，对哲学爱得深沉的阿布图斯无法容忍这种浪费。阿布图斯最终于 1280 年死在科隆，享年 87 岁。多米尼加的历史学家们都不承认阿布图斯最终找到了魔法石，但从阿布图斯对于地质学的研究文献中，我们可以推断阿布图斯认为自己找到了魔法石。

第五节 罗杰·培根——最有文化的炼金术士

历史上有无数的人曾经沉迷于炼金术的魔力之中，罗杰·培根算是属于其中最有文化的一批。不过和那些没文化的人一样，他也对魔法石的存在深信不疑，并花费了大半辈子寻找那块点石成金的石头。罗杰·培根还是引起当时炼金术热的重要原因之一，作为当时知名的哲学家，既然罗杰·培根都相信了魔法石的存在，其他知识分子自然也就对炼金术深信不疑了。

1214 年，罗杰·培根出生于英国萨默赛特郡的伊尔切斯特，他在牛津大学完成了大学教育，并在巴黎大学拿到了神学博士学位。

1240 年，罗杰·培根回到了英国，成为了圣弗朗西斯的一名修道士。在那时候，他几乎算是当时最博学的人了。他的成就远远超出了同时代人的理解，以至于当时的人们都认为他把自己的灵魂卖给了魔鬼，才换取到了如此的智慧。

不过后世的人却不全这么看，18 世纪著名哲学家伏尔泰就认为罗杰·培根的脑子里"装满了 13 世纪所有能想得到的垃圾思想"。公平地说，虽然那些在现在看起来愚昧又迷信的思想的确让罗杰·培根的哲学家光芒暗淡了许多，但这些表面的东西却掩盖不住他天才的思想内核。

罗杰·培根发现了凸面镜、凹面镜的一系列重要特性。他还发明了幻灯片，这个流传甚广的小玩意给他带来了过度的名声，也让他终生痛苦不堪。

在炼金术的历史上，罗杰·培根大概是最难以被忽视的人了。尽管炼金术只是他的副业，但他在炼金术上的成就不逊于很多全职炼金术士。罗杰·培根对知识本身有着发自内心的热爱，他根本不会也无法忽视炼金术这一重要的科学分支。而当时的任何人都无法预测到，几个世纪之后，这门重要的科学分支成了彻头彻尾的笑话。

正如我们在本章开头时提到的，评价一个人时永远不应忽视他所在的时代，罗杰·培根在物理学和天文学上的造诣足以掩盖炼金术可能给他带来的污点。望远镜、眼镜等一系列的发明都要归功于他，这些发明足以让数百年之后的人们仍然铭记罗杰·培根这个名字。

第六节　教皇约翰二十二世——货真价实的教皇

据说，教皇约翰二十二世其实是著名炼金术士阿诺德的朋友兼学生。阿诺德把毕生所学都传授给了他。据传，教皇约翰二十二世靠炼金术制造了很大一笔黄金，在他死的时候，他已经比大富豪克里萨斯王都要富有了。

教皇约翰二十二世出生于 1244 年的卡奥尔，他曾经是一名非常能言善辩的传教士，并很快就凭此在教会中身居高位。教皇约翰二十二世写过很多化学方面的文章，在阿维尼翁还有一个闻名四方的化学实验室。不过他也曾两次发布教令，针对的就是世界各地的那些炼金术骗子，从这点推断，教皇本人可能并不相信炼金术。

炼金术士们声称，作为当时对炼金术掌握最为精妙的教皇，他发布的那两个教令只是为了反对那些滥竽充数的骗子，而不是真正的炼金术士。他们指出教皇的教令惩治的是"无法证明自己可以点石成金的炼金术士"，所以明显是说的那些假冒者，而不是针对真正的炼金术士。

教皇约翰二十二世死于 1344 年，留下了价值 1800 万弗罗林的财产。当时的普遍观点都认为教皇约翰二十二世是自己用石头造出的这些金币。炼金术士们也经常把这个当作魔法石存在的证据，声称魔法石的传说并不像人们想象中的那么荒谬。这些炼金术士想当然地认为教皇肯定是用魔法石制造了这些黄金，却没有想过教皇可能是通过其他手段才积攒起如此财富的。

炼金术士们自信地说："教皇约翰二十二世的书早就暗示了，他是通过从阿诺德那学到了炼金术，之后才积攒起如此财富的，不过教皇和其他真正的炼金术士一样，他非常谨慎，没有在自己的书里透露任何具体的炼金术信息，如果你想通过他的书了解教皇的秘密，你最终只会竹篮打水一场空。"

照这么说，所有的炼金术士都面临着类似的问题，如果任何人吐露了炼金术的秘密，金子将多到一文不值，因此所有的炼金术士都会严格保守秘密。所以，如果此事为真，这个社会应当感激这些炼金术士，如果不是他们嘴严，"视黄金如粪土"可能就不是一句玩笑话了。

第七节　让·德·梅恩——惹怒了所有神父和女人的诗人

之前我们说，在那时候各种各样的人都投入到了炼金术的狂热之中，上一节我们说了说教皇，这一节我们说说一个诗人吧。

这个诗人就是著名诗歌《玫瑰传奇》的作者让·德·梅恩，他出生于1279 年，也是路易十世、腓力五世、查尔斯四世、腓力六世等人的重臣。在他的《玫瑰传奇》中，他论及了当时风靡的各样事物，当然也提到了炼金术。让·德·梅恩对炼金术深信不疑，除了《玫瑰传奇》外，还专门为炼金术写了两首短诗，一首叫作《大自然于炼金术之抗议》，另一首叫作《炼金术士对大自然抗议之回复》。

诗歌和炼金术是让·德·梅恩的最爱，神父和女人则让他躲之不及。让·德·梅恩曾写过一首辱骂女性的短诗，冒犯了不少女人。有一天，十几位女士拿了不少武器，包围了让·德·梅恩，号召在场的绅士们脱光他的衣服，在他身上鞭打，并打算拖着他游街。在场的一些绅士也跃跃欲试。

不过让·德·梅恩丝毫不为之所动，他镇定地站在包围圈中间，请求人们听他讲一讲，如果他们听完之后不满意，可以听由其处置。房间里瞬间安静了下来，让·德·梅恩弹了弹衣服，站在了椅子上，开始为自己辩护。

让·德·梅恩说，他的确是那首诗的作者，但那首诗并不是在骂所有的女人，他只是对那些恶毒的女人忍无可忍，至于在场的各位夫人们，都是道德高尚、可爱谦虚的女人。如果有任何在场的夫人们被冒犯了，他甘愿自己脱光衣服，随便被抽打。

虽然这套路在现在看起来挺老套的，不过却让当时的让·德·梅恩顺利逃过一劫。在场的男人们都觉得让·德·梅恩太幸运了，如果那些被冒犯的女人们都放下面子随便去抽他，他就算有一百条命恐怕也不够。

让·德·梅恩一辈子都对基督教会心怀厌恶,他最有名的那些诗歌和文章都在谴责教会的贪婪、残忍、无耻,他死后还给教会留下了一个沉甸甸的盒子,以表达他一生谴责教会的歉意。

由于让·德·梅恩对炼金术的深奥研究众所周知,大家都推测这个盒子肯定装满了金银,教会因此也非常高兴。但当教会最终打开盒子之后,他们惊讶地发现这个盒子里居然装满了刻着神秘象形文字的石板。教会怒不可遏,他们拒绝给让·德·梅恩一个基督教的葬礼,说他其实是个巫师。不过法国议会在巴黎给让·德·梅恩举行了盛大的葬礼,所有议会成员都参加了葬礼。

第八节 乔治·瑞普利——写著《魔法石合成的十二道工序》

尽管炼金术源于欧洲大陆,不过在英国也一样流行。自罗杰·培根后,无数热血沸腾的英国人争先恐后地投入到了炼金术的事业中。

当时的炼金术有多热呢? 1404 年,英国议会甚至通过了一项法令,宣布点石成金是一项重罪。因为当时的议会很害怕如果有任何炼金术士真的成功了,他们会为某些暴君制造无数的财富,并拿这钱把全体英格兰人民变成自己的奴隶。

不过这种担心似乎很快就消失了,1455 年,国王亨利六世在议会的建议下,连续签署了四项法案,允许骑士、伦敦公民、化学家、修士、基督教神父等一系列人继续研究点石成金的魔法石和生命水。法案里说,这是为了整个王国的利益,也是为了让国王能够用真金白银还掉英格兰欠下的贷款。

普林在他的书中说,亨利六世之所以觉得应该也给基督教神父研究炼金术的特权,是因为他觉得,既然这些神父在做圣餐的时候可以轻易把低等的小麦和葡萄变成面包和葡萄酒,那么也一定可以把低等金属转换成金银。

这些人当然也没有什么实际的成果产出,1456 年,亨利六世开始怀疑这东西是否真的有可行性,他任命了 10 个当时最博学的人,组成了一个委员会,以确认炼金术是不是真的有可行性。不过从历史记载看,这个委员会似乎并没有留下什么真材实料。

之后有一个炼金术士声称自己发现了炼金术的秘密，他就是我们本章的主人公乔治·瑞普里。

瑞普里是约克郡的一个教士，他曾辗转于意大利的多所大学，学习了 20 年，也是教皇英诺森八世青睐有加的人才。教皇对瑞普里委以重任，任命他为梵蒂冈的专职教士，掌管礼仪庆典。

1477 年，瑞普里回到英格兰，成为国王爱德华四世的爱臣。他最有名气的作品是《炼金术之源》（又称《魔法石合成的十二道工序》）。瑞普里认为，经过煅烧、溶解、分离、腐化、凝结、摄食、升华、发酵、念咒、多次提纯等多道工序，点石成金的魔法石是可以炼成的。

瑞普里一度非常富有，也从不否认关于他点石成金的传说。富勒曾在他的书《英格兰名人传》中说，他从一个可靠的信源得知，瑞普里非常富有，每年都会资助马耳他岛和罗兹岛的君主一大笔钱（大概 10 万英镑），支援他们对土耳其人的战争。

瑞普里晚年一直隐居在波士顿（非今日的美国波士顿），专注地写了 25 卷与炼金术相关的著作。不过在瑞普里死之前，他似乎明白了自己其实在炼金术上浪费了一辈子的生命。

他要求所有读他书的人，要么烧掉这些书，要么不要当真。他说这些书都是自己的个人观点，而非实证研究，他说后来通过实践发现自己之前写的全都是废话，没有任何价值。

第九节　巴兹尔·瓦伦丁——著作藏于柱子中的修道院院长

和英国一样，15 世纪的德国也产生了不少出名的炼金术士。其中最有名的大概就是巴兹尔·瓦伦丁、特尔的伯纳德和修道院院长特里特米乌斯了。

巴兹尔·瓦伦丁出生于德国美因茨，他一辈子都在孜孜不倦地寻找魔法石，还写下了不少关于点石成金的著作。

在巴兹尔死后的许多年，人们普遍认为这些著作其实丢失了，不过最终人们还是在修道院的大柱子中心发现了这些著作。

巴兹尔关于炼金术的著作共有 21 卷，这件事在郎格莱的《炼金哲学史》中有详细的记载。炼金术士们声称，巴兹尔的著作之所以重见天日是上帝有意所为，那些密闭的柱子是被一道闪电劈开的，当手稿被取出后，大柱子又自动合上了。

第十节　14、15 世纪的炼金术士

其实在 14 至 15 世纪，欧洲的每个国家都出现了各种各样的骗子，声称自己发现了魔法石的奥秘。在那个时代，炼金术的风潮是如此流行，以至于每个化学家都多多少少参与到了对炼金术的探索之中。

德国、荷兰、意大利、西班牙、波兰、法国和英国出现了大批的江湖术士，他们用占星术和占卜术获得的高额利润来支持自己对炼金术的研究。欧洲的那些君主们也没少被骗，英国的亨利六世和爱德华四世都十分支持炼金术的研究。德国国王马克西·米利安二世、鲁道夫二世、弗雷德里克二世也都耗费了相当的精力来研究炼金术。那些小一些的君主国的国王更是积极地模仿他们的先驱。

在那时候的德国，王公贵族甚至会绑架炼金术士，把他们关在地牢里，如果造不出金银，就不放他们走。有的可怜虫因此被关了一辈子。甚至连国王爱德华二世都曾试图把著名的炼金术士雷蒙德·路利关在伦敦塔里，想让他为自己造出金银。不过路利发现了国王的诡计，成功地逃跑了。路利的传记作家说，路利是从伦敦塔的窗户一跃而下，跳到了泰晤士河中，与接应的船只汇合，然后才成功逃跑的。

当然 14 世纪和 15 世纪还有不少炼金术士，不过这些人要么只有名字，要么就是事迹已不可考。下面罗列了其中的一些人。

约翰·汤森，英国人，1315 年左右活跃，写了两部关于魔法石的著名作品。

理查德（有人称其为罗伯特），也是英国人，1330 年左右活跃，曾写过《炼金术考证》，在当时是广受尊敬的人物。

皮特，意大利伦巴蒂人，曾经写过《炼金术科学细考》，意大利的一个僧侣曾经出版过这本书的删节本。

奥多马，1330 年巴黎最有名的炼金术士，曾写过《炼金术操作手册》，这本书在很长的一段时间里都可以被称为炼金领域内的圣经。

约翰，法国人，圣法兰西修道院的修士，1357 年左右活跃，声称自己是预言家、炼金术士，不过教皇很不喜欢他的一些预言，把他抓了起来，关在了梵蒂冈的地牢里（很多人都认为约翰死在了地牢里，不过也没人能证实）。他主要的著作有《光之书》《五大精要》《预言家的天堂》，最出名的著作是《制作魔法石》，不过人们普遍认为他不算是炼金术士中最顶尖的那一批。

奥索兰尼也是一个炼金术士，他的生活细节都已不可考。不过他一直在巴黎实践炼金术和占星术，大约也是在 1350 年。据传奥索兰尼的儿子也积极参与到了炼金术的实践中，不过他们没有得出什么值得一提的结果。

这些人中自然也有不少王公贵族。

查尔斯六世，法国国王，他的王庭中挤满了炼金术士、魔术师、占星术士等各种各样的奇人异士。

查尔斯六世孜孜不倦地寻找魔法石，他觉得自己在炼金术方面简直是专家，他决定写一本书，启蒙整个世界。这本书就是《查尔斯六世关于炼金术和哲学的成果》，据说著名炼金术士尼古拉斯·弗拉梅尔就受过这本书的启发。不过也有人说这本书全都是臆想，非常难以理解。

第十一节　16、17 世纪的炼金术士

在 16 世纪和 17 世纪，仍然有成千上万的骗子和疯子在坚持寻找魔法石，不过这一阶段的炼金术呈现出一些新的特点。

研究炼金术的杰出人物的关注点完全改变了，他们不仅专注于点石成金的方法，也开始研究其他很多科学问题。他们认为，通过炼金术，他们能够拉近人与神的距离。之后疾病和痛苦都将消失，上百万在地表游荡的灵魂都会现形，成为人类的好朋友、好伙伴。

尤其是在 17 世纪，这种诱人的想法先是从德国的罗斯科拉斯传播，传到了法国和英格兰，最终吸引了全欧洲的注意力，很多聪明人都沉迷于这种精妙的想法，狂热地参与到了其中。

16 世纪的大多数炼金术士虽然对玄学不太了解，但是多多少少都被玄学花哨的伎俩晃花了眼。不过我们现在还是继续讲述精彩的炼金术历史吧，至于玄学的过去，就等待以后再说了。

从历史的进程讲，很奇怪的是，随着历史往前进步，炼金术风潮非但没有消退，反而变得愈加狂热起来。

第十二节　约翰·安格罗——穷困潦倒的文学教授

在 15 世纪出生、16 世纪出名的大多数炼金术士之中，最先进入历史学家眼帘的就是约翰·安格罗。

安格罗出生于 1441 年的里米尼，他本是威尼斯的文学教授，他很早就对炼金术深信不疑，并经常向上帝祈祷，希翼有一天自己也能发现魔法石。

安格罗几乎一辈子都泡在化学实验室里，他花光了自己的财富去购买药剂和金属材料，孜孜不倦地做研究。他同时也是一个诗人，不过他在诗歌上的成果远远没有他在炼金术上的研究出名。

安格罗还曾写诗歌颂教皇里奥十世，并把自己的炼金术思想当作宝物献给教皇，不过教皇的诗歌和哲学功底深厚，远没有因为安格罗的诗歌就高看他一眼，更没有被安格罗的炼金术理念说服。

据说安格罗还曾找到教皇讨要奖赏，教皇为他举办了一个盛大的典礼，隆重地授予了这位炼金术士一个空钱包，并说，既然安格罗能够自己造金子，那他就只能送他一个空钱包了。而这个空钱包大概是这个可怜的炼金术士一辈子研究诗歌和炼金术所能得到的所有回报了。

安格罗死时贫困交加，享年 83 岁。

第十三节　帕拉切尔苏斯——"妙手回春"的"魔法师"医生

1493 年，帕拉切尔苏斯出生于苏黎世，纳德曾经称其为炼金术士中的巅峰。帕拉切尔苏斯的原名其实叫作霍亨姆，不过他更喜欢帕拉切尔苏斯这个名字，并把这个名字发扬光大，成为了那个时代最有名气的名字之一。帕拉切尔苏斯的父亲是一名医生，他很希望帕拉切尔苏斯能够子承父业。帕拉切尔苏斯也没有辜负父亲的期望，在医学学业上取得了很大的成绩。

不过，有一次帕拉切尔苏斯偶然读到了艾萨克·霍兰杜斯关于炼金术的书稿，自此之后，他就无可救药地沉迷于对魔法石的追求之中。自那之后，帕拉切尔苏斯放弃了医生的事业，开始全心全意地学习炼金术。为此他甚至搬到了瑞典，只是因为瑞典有全欧洲最独特的矿藏。

帕拉切尔苏斯求知欲相当旺盛，他四处旅行，访问名师大家，一路去了西班牙、普鲁士、奥地利、土耳其、埃及，最后去了君士坦丁堡，并声称自己掌握了炼金术和生命水。最后他回到了苏黎世，继续当他的医生，同时也开始写一些炼金术和医药学的著作，这些著作吸引了全欧洲的目光。

帕拉切尔苏斯的著作里模糊不清的用语似乎丝毫没有影响到他的鼎鼎大名，人们越是读不懂，反而越是觉得高深，那些神学家、狂热粉们反而越是瞻仰他。帕拉切尔苏斯还用鸦片和水银治好了不少人的病，也因此获得了神医的名声。虽然这鸦片和水银的功效都曾被当时的医疗界强烈地怀疑过。

1526 年，帕拉切尔苏斯当选为巴塞尔大学的医学、自然科学教授，他的课程吸引了很多学生。帕拉切尔苏斯在课上宣称所有医学家的作品都是垃圾，都是迷惑人的产物。他甚至还召开集会公开焚烧古希腊名医加林的作品，称他为骗子、冒充者，他当着参加集会的围观群众说，这些人懂的还没有他的鞋带多。

帕拉切尔苏斯还说，全世界所有的大学教授都是无知的傻瓜，只有他帕拉切尔苏斯是才高八斗的智者。他慷慨激昂地说："全世界所有的名医、世界各地的大学教授、各种信仰的人们，都会被我的医学新发现震惊，并不由自主地跟随我的步伐！因为我是医学之王！"

不过帕拉切尔苏斯在巴塞尔的声望并没有维持多久。因为帕拉切尔苏斯终日沉浸于酒精之中，很少有清醒的时候，这对于一个需要四处接诊的医生来讲几乎是致命的。

很快，各种流言蜚语就出来了。有传言说帕拉切尔苏斯其实是一个巫师，他奴役了大批鬼魂为自己工作，甚至还有一个鬼魂被囚禁在了帕拉切尔苏斯的宝剑里。帕拉切尔苏斯的一个仆人补充说，帕拉切尔苏斯时常会威胁人们，他会释放一大群鬼魂出来。这个仆人还信誓旦旦地说帕拉切尔苏斯能够指使和操纵这些灵魂。

帕拉切尔苏斯放出消息说，他剑中的魔鬼守卫着生命之水，通过生命之水，他能够让任何人都长命百岁。他还声称自己有一个叫作阿索斯的灵魂，封印在自己的珠宝里。事实上，这块珠宝在他的不少画像里也频频出镜。

如果说一个预言家通常不受人们待见的话，一个醉醺醺的预言家就更不可能受人待见了。帕拉切尔苏斯最后还是不得不从巴塞尔匆忙离开，跑到了斯特拉斯堡。

他从巴塞尔愤然离开的导火索是因为一次行医：巴塞尔有一个市民病入膏肓，城里所有的名医都说他没救了，在最后关头，帕拉切尔苏斯被叫来死马当活马医。帕拉切尔苏斯信誓旦旦地保证自己一定能妙手回春，他给了病人两片小药片，病人吃完之后果然很快就康复了。

之后帕拉切尔苏斯来找他要药钱，但是这位病人觉得这两片药根本不值几两金子，尽管帕拉切尔苏斯救了他的命，他也没觉得有多感激，只愿意付平常的钱。病人的态度激怒了帕拉切尔苏斯，他愤然离开了巴塞尔，又开始了自己动荡的生活。帕拉切尔苏斯在德国和匈牙利晃荡了很久，用各式各样的办法赚钱支撑自己的生活：他帮人算命、给牲畜治病、为人找回失去的东西。

1541 年，帕拉切尔苏斯回到了索尔特兹堡养老，并最终死于贫困之中。

作为一个江湖术士，帕拉切尔苏斯死后远比生前更受欢迎。在他死后，法国、德国都出现大批他的粉丝，追寻帕拉切尔苏斯在科学和炼金术上的脚步。

帕拉切尔苏斯有不少奇怪的想法，这些想法哪怕以炼金术历史的标准来衡量，都是相当荒谬的。

首先，帕拉切尔苏斯认为神灵掌握了所有的智慧和知识，《圣经》是治愈所有疾病的关键，为了找到万能药，人们应当到天启中寻找答案。只有无条件信仰上帝的人才有资格拥有魔法石，才能治愈所有的疾病，并长生不老。

帕拉切尔苏斯还认为生命之源来源于星辰，心之力来源于太阳，脑之力来源于月亮，肾脏之力来源于木星，胆之力来源于土星，肺脏之力来源于金星，胆汁来源于火星，趾骨来源于金星。他认为每个人的胃里都住着一个恶魔，这个恶魔也是一个炼金术士，它会把所有的食物按比例混合、加工，然后再送到肚子里。

帕拉切尔苏斯一辈子都为自己魔法师的称号所骄傲，并经常吹嘘他和地狱的人经常保持联系，还总是召唤之前的炼金术士一起讨论魔法石和生命水的问题。

不仅如此，帕拉切尔苏斯相信金子能够阻止心脏的僵化，能够治愈所有的疾病，他的这些疯狂的想法其实好几本书都写不完。

第十四节　约翰·迪与爱德华·凯里——神奇的炼金双人组

至于约翰·迪和爱德华·凯里最好还是放一块说说吧，他俩很早就有共同的理想，也都经历了不少大起大落。

总的来说，约翰·迪是一个挺不错的人，以他的天赋，如果他出生在现代社会而不是那个愚昧迷信的年代，他在历史上留下的名声应该会好得多。

1527 年，约翰·迪出生于伦敦，他从小就非常热爱学习，15 岁的时候就去了剑桥大学读书。在剑桥大学的时候，他沉迷于读书不能自拔，每天差不多要读 18 个小时的书，只花 4 个小时睡觉，2 个小时处理生活杂事。高强度的学习并没有影响到约翰·迪的健康，并几乎使他成为了当时第一流的学者。

但不幸的是，在接触到玄学之后，约翰·迪就再也无心研究数学和哲学了，他终日沉浸于炼金术、星相学、魔术之中，剑桥大学校方也渐渐开始厌烦他。约翰·迪很担心校方会迫害他，不得不去了鲁汶大学继续他的研究。约翰·迪在鲁汶大学找到了不少同好，在这些同好的鼓励下，约翰·迪全力以赴地投入到了对魔法石的研究之中，炼金术也成了他唯一的热爱。

不过约翰·迪并没有在欧洲大陆上待太久，他 1551 年就又回到了英国，时年 24 岁。在他的朋友约翰·奇科的推荐下，他觐见了国王爱德华六世，国王赏了他 100 克朗。约翰·迪之后在伦敦待了好几年，以给人算命维持生计。

在玛丽女王当政期间，约翰·迪陷入了一场官司，他被指控试图用巫术谋害玛丽女王。约翰·迪竭尽力为自己辩护，并且成功地拿到了无罪判决，但是英国政府还是随便找了个罪名把他关了起来，交由博纳神父处置，约翰·迪差点就被博纳神父以巫师之名给火葬了，不过他还是找到了办法，说服了那个暴力自大狂，他的理论与《圣经》没有任何冲突，最终也在 1555 年重获自由。

伊丽莎白女王继位后，约翰·迪迎来了自己的春天。之前在玛丽女王去世之前，伊丽莎白的仆人曾经找到约翰·迪问凶吉，这场风波也是约翰·迪之前被指控谋害玛丽女王的原因。在伊丽莎白即位之前，她又派莱斯特伯爵找到约翰·迪，咨询加冕的良辰吉日。伊丽莎白女王很感激约翰·迪的帮忙，在很多年之后，她还去了约翰·迪在莫特莱克区的家造访他。约翰·迪生病的时候，女王也会派皇家医生去为约翰·迪诊治。

虽然约翰·迪一生都以占星术维持生计，也从未停止对占星术的勤奋练习，但是他真正的热情一直都放在炼金术上。约翰·迪对魔法石和生命水日思夜想，怎么也放不下。

约翰·迪还曾认真地研究过犹太教的一些传闻，犹太教让约翰·迪觉得自己可以与灵魂和天使交谈，了解宇宙间的所有奥秘。而在德国和一群炼金术士交流之后，约翰·迪觉得，如果自己能够找到魔法石，就能随意召唤这些灵魂了。

终日沉浸于这些想法中的约翰·迪最后几乎变得有点神经质了，他说服自己，他自己身边其实一直住着一位天使，并将一直陪伴在他身边。约翰·迪曾写道，在 1582 年 11 月的一天，在他虔诚祈祷的时候，教堂的窗户突然艳光四射，圣光中站着的正是天使乌列。他自然被惊得话都说不出来了，但是天使微笑着看着他，给了他一个水晶球，告诉他无论何时，如果他愿意与另一个世界交谈，只需要凝视水晶球，另一个世界的人们就会出现，不仅如此，天使还告诉了约翰·迪未来的奥秘。说完之后，天使就消失了。

约翰·迪后来发现，他必须全神贯注地看着水晶球，灵魂才会出现，否则是什么都没有。他还发现自己之后再也回想不起来和水晶球里的灵魂交谈的具体内容了。约翰·迪之后找了其他人去全神贯注地注视着水晶球预测未来，他则负责把他们的预测记录下来。

约翰·迪当时的助手叫作爱德华·凯里，也是一个狂热的炼金术信徒。不过这两个人是有本质区别的，凯里更多的是一个投机分子，之前他当公证员的时候还曾因为作伪证丢掉了一只耳朵。这种伪证的案底足以毁掉任何人的名声，更不要说是一位哲学家了。

凯里为了隐藏自己的真实身份，避免自己的思想受到偏见的影响，整天戴着一个黑色的骷髅帽子，这个帽子不但遮住了他的头，还遮住了他的整张脸。凯里用这种方法隐藏他的过去，还展现出了一种庄严肃穆的感觉。凯里把自己的秘密掩藏得很好，约翰·迪很多年来都没有发现他的秘密。

以凯里的性格，他愿意撒任何的谎来得到自己想要的结果，所以当约翰·迪告诉他乌列天使刚刚来过的时候，凯里当即表示深信不疑，约翰·迪心里也乐开了花。他开始不间断地咨询自己的水晶球，1581 年 12 月 2 日，灵魂再次出现了，凯里与之进行了一次有趣的交谈，约翰·迪也忠实地记录了下来。这次谈话的记录后来被约翰·迪写在书里发表了出来。

约翰·迪能与灵魂对话的传说很快就传遍了英格兰，甚至还传到了欧洲大陆上。那时候约翰·迪声称自己还在萨默赛特郡的格拉斯顿修道院里找到了生命水。那时候，全国各地的人们都跑到了莫特莱克区来找约翰·迪算命，也顺便围观这个声称自己可以长命百岁的人。约翰·迪从中赚了不少钱，但又把这些钱投入到了炼金术中，所以他一直都还过得挺清贫的。

也差不多是在这个时候，一个富有的波兰贵族阿尔伯特·兰斯基来到了英国。兰斯基说自己的主要目的是来瞻仰一下伟大的伊丽莎白女王，他说女王的英明早已远播波兰。女王听到奉承自然很高兴，她命令自己的爱臣莱斯特带着兰斯基好好逛逛英格兰。莱斯特带着兰斯基逛了伦敦的名胜古迹，之后去了牛津和剑桥，追寻一些先贤们的足迹。

当兰斯基发现约翰·迪不在牛津和剑桥的时候，他失望地说早知道就不来了。在莱斯特反复保证回伦敦能见到约翰·迪之后，兰斯基才满意。几天之后，在等待觐见女王的时候，莱斯特将一同等待的约翰·迪介绍给了兰斯基。

约翰·迪和兰斯基交谈甚欢，并约定之后在约翰·迪的家中共进晚餐。约翰·迪忧心忡忡地回到了家里，因为他发现自己如果不砸锅卖铁，就没有足够的钱来好好招待兰斯基。在这个危急关头，他赶紧派人去找莱斯特公爵，直白地说他并没有足够的钱来招待兰斯基，希望莱斯特能去找女王说说情。伊丽莎白听闻之后立即送去了 20 英镑用作开支。

兰斯基自然在约定的日子欣然来到了约翰·迪的家，带了一大堆随从。在吃饭的时候，兰斯基表达了自己对约翰·迪的仰慕之情，约翰·迪自然也冥思苦想，怎样才能从崇拜他的兰斯基身上得到些好处。

约翰·迪之前就刺探到兰斯基其实在波兰很有势力，也有很多地产，只是最近稍微有点窘迫。约翰·迪还发现，兰斯基也是魔法石和生命水忠实的信徒，这一点对约翰·迪极为有利。他开始和凯里织网抛饵，等着兰斯基上钩。

约翰·迪和凯里还是很小心的，他们先是暗示兰斯基自己可能知道魔法石和生命水的秘密，之后又多多少少地透露出他们能和灵魂对话，获取未来的奥秘。兰斯基立即表现出极大的兴趣，表示自己非常想围观一下约翰·迪与天使的对话。

约翰·迪对人性太了解了，他并没有立即答应兰斯基的请求，只是暗示他，召唤天使不是一个容易活，也不是想什么时候召唤就什么时候召唤的，天使见到陌生人也不会太开心，尽管这个人可能也只是出于好奇，没有任何其他企图。不过约翰·迪说的这些都是为了吊起兰斯基的胃口。

约翰·迪在 1583 年 5 月 25 日的日记忠实地记录了他们是如何用奇奇怪怪的故事傍上兰斯基这个大财主的。

约翰·迪的日记里这样写道："当神明降临的时候，我和凯里正坐在一起交谈，向神明表达了我们能请到兰斯基来做客的荣幸，兰斯基的确是位值得尊敬的人。"

当然，他俩当时聊的估计远远不是兰斯基是多么"值得尊敬"这么简单，恐怕更多的是他俩如何才能编出一个好故事，勾起兰斯基的好奇心，好引他上钩。

约翰·迪继续写道："突然，水晶球中隐隐现现地出现了一个漂亮的小女孩，大概七岁或者八岁的样子，穿着银袍，长发遮脸，她忽地从水晶球中跑了出来，在书架中穿梭，书籍纷纷四处飞舞，给她让路。"

约翰·迪和凯里就这样夜以继日地向兰斯基灌输自己的幻想，最后终于"勉为其难"地答应了兰斯基，让他一睹水晶球预测的奇观。我们无从得知约翰·迪是用了什么法子把兰斯基迷得神魂颠倒的，或许是通过光学的幻象，或许是通过花言巧语让兰斯基脑补出了一切场景。不过可以确信的是，经过这一次水晶球预测，兰斯基彻底地臣服于约翰·迪脚下，对约翰·迪言听计从。

据说，在进行水晶球预测时，凯里会离水晶球远远地坐着，全神贯注地盯着水晶球，而约翰·迪则会坐在角落里，忠实地记录下与神明对话的一切内容。他俩通过这种方式预测出兰斯基将会最终找到魔法石，并长命百岁。不仅如此，他还将成为波兰国王，率领波兰人打败阿拉伯人的入侵，扬名立万。

约翰·迪还告诉兰斯基，为了达成这些目标，他必须带着约翰·迪和凯里，以及他们的家人，回到波兰，奉为贵宾，予取予求。满脑子做着春秋大梦的兰斯基自然立即就答应了。没过多久就带着这两位炼金术士回到了波兰。

兰斯基一行数人花了四个月才终于回到了波兰，当然这四个月他们也是过得花天酒地，兰斯基对于约翰·迪的需求都是大手一挥直接批准。而一在兰斯基的波兰庄园安定下来，他们就马不停蹄地开始了热火朝天的炼金术研究。

兰斯基自然提供了约翰·迪需要的所有原材料，不过约翰·迪的炼金术实验总是很碰巧地在快要成功的时候出现意想不到的问题，不得不花费更多的原材料重新来过。不过兰斯基熊熊燃烧的希望之火可没有那么容易就被浇灭。以当时兰斯基的财富来言，这些花费其实也都是毛毛雨。

日子一天天地过去，金山银山也有花完的那一天。终于有一天，兰斯基发现他已经难以支撑约翰·迪的巨大花费了，除非把庄园卖掉。一次次撞到南墙的兰斯基终于开始回头了。

恢复理智的兰斯基考虑的第一件事就是如何摆脱这两个挥霍无度的炼金术士。兰斯基显然不想与约翰·迪撕破脸皮：他告诉约翰·迪，他们应当前往布拉格，并给了他们一封给鲁道夫国王的推荐信。约翰·迪也觉得兰斯基已经被他们榨干了，所以也没有犹豫，收拾了一下行李就去了布拉格。

约翰·迪在布拉格顺利地见到了国王。国王倒也是炼金术的信徒，约翰·迪自称给国王留下了深刻的印象，但可能是因为凯里长得太贼眉鼠眼了，似乎布拉格国王并不觉得他们有真材实料。一开始国王还是把他们留在了布拉格，说他准备再考虑考虑。可每一次召见约翰·迪，他对约翰·迪就又怀疑一分。

后来教皇的使者告诉布拉格国王，别和这种炼金术士走太近，这也让国王下定决心驱逐了约翰·迪。也幸亏约翰·迪走得早，他刚走不久，教皇使者就接到了命令，要布拉格国王将约翰·迪关入地牢。

约翰·迪被驱逐之后一时之间也不知道要去哪，于是他们决定先回波兰，在那他们多少还有点故交。那时兰斯基给他们的盘缠几乎都被花光了，他们也只得忍饥挨饿。当时的约翰·迪还不得不忍受精神和身体的双重折磨，因为他们还要尽力隐藏自己的窘境：一旦世人得知他们连饭都吃不起，肯定也就没人相信他们真的持有魔法石了。

此时的约翰·迪不得不重拾老本行，依靠给人算命来维持生计了，虽然这么做也仅仅能勉强维持生活。不过幸运的是，很快一位皇室成员进入了约翰·迪的视野。在约翰·迪觐见波兰国王史蒂芬的时候预言到，德国的鲁道夫国王很快会被暗杀，而德国人会去波兰寻找自己的王位继承者。史蒂芬国王对这个预言似乎也不是很满意，于是约翰·迪又一次进行了水晶球预测，并告诉史蒂芬国王根据新的预言，他将成为德国的新统治者。史蒂芬曾经围观过凯里用水晶球预测的过程，并且对凯里深信不疑。

接下来的剧情就又很套路了，史蒂芬国王出钱，约翰·迪继续大开实验室做炼金术实验。过了几年，史蒂芬国王也对约翰·迪持续不断违背诺言的行为感到厌烦，不再愿意出钱资助他们挥霍。

约翰·迪的运气一直很好，在这个关键的时间点，他们又碰到了卢森堡伯爵，他是波西米亚的贵族，名下有广袤的土地和数不清的财富，约翰·迪当即转投了卢森堡伯爵名下。在卢森堡的约翰·迪过了整整四年挥霍无度的生活。

卢森堡伯爵和之前那些炼金术追求者还不太一样，他对财富已经没有追求了，只是想倚靠魔法石来多活几年。约翰·迪看透了这一点，他所有的预言也都是围绕着这一点展开的。约翰·迪预测到，卢森堡伯爵不但将成为波兰国王，而且会健康长寿 500 年来享受他的荣华富贵，只要卢森堡伯爵愿意资助他们的研究。

不过俗话说得好，善恶终有报，天道好轮回。一时顺风顺水的约翰·迪最终还是迎来了被幸运女神抛弃的一天，不过他没想到报应是以这种奇怪的方式来临的。

随着日子一天一天过去，约翰·迪和凯里之间日渐龃龉，两人最终陷入了无休止的争吵之中，约翰·迪也开始害怕凯里会揭穿自己。凯里总觉得他其实比约翰·迪干的活多得多，但是在所有的场合，总是约翰·迪拿走所有的功勋章，而他却总被当成约翰·迪的随从。因而凯里经常威胁要离开约翰·迪，开展自己的事业。

当时约翰·迪只是凯里的门面，他在心底里非常害怕凯里真的离开自己。

已经有点精神错乱的约翰·迪深深相信，凯里之所以这么有底气威胁要离开他，肯定是已经通过水晶球找到了比他厉害的炼金术士。

时间流逝，约翰·迪和凯里之间的分歧越来越深，以至于约翰·迪都给自己准备好了退路，他给伊丽莎白女王写了封信，准备一旦凯里抛弃他，他就回英国去。他还给伊丽莎白女王送去了一小块银碎片，形状恰巧像是从一个盘子上抠下来的，之后又寄过去了一个缺了角的铜盘子，刚好能和之前的银碎片对上，希望以此让女王相信自己在炼金术上取得了重大突破。

虽然约翰·迪已经做了最坏的打算，不过他内心深处还是挺想留在卢森堡伯爵这里的，毕竟伯爵待他不薄，对他也很有信心。但随后的一段时间里，约翰迪与凯里因为利益冲突而争吵不断。最终，凯里拿走了他在格拉斯顿大教堂发现的生命水，去了布拉格，却忘了自己曾被布拉格驱逐过。

凯里刚到布拉格，就被鲁道夫国王扔进了监狱，关了好几个月。出狱之后，凯里一直在德国游荡，有时候给人算命，有时候施炼金术唬唬人。后来他又被关进了德国的大牢，罪名是妖言惑众。在监狱里，凯里决定重获自由之后就去英国养老算了，不过他很快发现自己很可能就要被关一辈子了，他很不甘心。

1595年2月的一个风雨交加的晚上，凯里用床单和衣服扭成了一股绳索，然后从牢房的窗户一跃而下，挂在了塔尖上。不过凯里是一个大胖子，绳子摇摇坠坠，最后还是崩断了，凯里四仰八叉地摔在了地上。他摔坏了自己的两根肋骨和双腿，身受重伤，几天后就死了。

约翰·迪倒是享受了一阵子的好运气，他之前给伊丽莎白女王寄的铜盘子多少起到了一点作用，在凯里离开后不久，他就收到了伊丽莎白女王的邀请，邀请他回英格兰。

按说历尽沧桑的约翰·迪也该收敛一些了，不过不知为何，约翰·迪的虚荣心又上来了，非要风风光光地回英格兰。我们无从得知约翰·迪是如何凑够的那么多钱，可能是卢森堡伯爵给的吧，不过约翰·迪回英格兰的队伍（至少他自己是这么说的）还是很气派的：车队里有三辆马车供约翰·迪和他的家人使用，有三辆货车专门为他搬行李。每辆马车都是四架的大车，整个车队还有24 名士兵保卫安全。

在约翰·迪回到英格兰之后，女王亲自接见了他，并命令任何人都不得打扰约翰·迪的炼金术研究。女王当时想，既然约翰·迪能够点石成金，那赏他多少钱都不够体面，只能赐予他荣耀和保护了。

自此之后，约翰·迪最终还是独自踏上了寻找魔法石之旅。他终日与他的炉子、坩埚为伴，好几次都差点被毒气熏死。他常常拿出自己的神奇水晶球占卜，但总是一无所获。后来他找了一个叫作巴塞洛谬的男子来代替凯里做自己的助手，不过巴塞洛谬是个老实人，又没有什么想象力，自然一直也没什么进展。约翰·迪后来又换了一个叫作西克门的助手，但还是一无所获。似乎自从凯里离开之后，水晶球就永远失去了它的魔力。约翰·迪尝试了各种各样的办法，试图找回水晶球的魔力，但这些办法不但没什么用，还耗尽了约翰·迪所有的钱财。

约翰·迪很快就又陷入了一无所有的困境，他不得不一封封地给女王写信，希望女王能继续资助他。约翰·迪在信里深情地说，自从他跟着兰斯基离开英国，他在莫特莱克区的家就无人看管，因此暴徒早已以查抄巫师之名洗劫了他在莫特莱克区的家，砸坏了他所有的家具，烧掉了他 4000 本珍贵的藏书，毁掉了他所有的炼金术所需要的用具。他希望女王能赔偿这些损失，并且支付他回英国所有的花费。

伊丽莎白女王之后给约翰·迪寄了很多次钱，但也都不多。约翰·迪便一直写信抱怨自己的境遇，最后女王派了一个使者前去仔细调查约翰·迪的境遇。像这样通过不断向女王提出要求，约翰·迪最终在英国混到了圣保罗大教堂主事的位置，在 1595 年又到曼彻斯特大学当了校长，并一直在校长的位置上做到了 1602 年，之后他的脑子就没那么清醒了，也不得不辞职。辞职之后的约翰·迪又回到了自己在莫特莱克区的住所，过着不如意的生活，靠着算命的微薄收入养活自己，并不得不时常卖掉自己的书籍来果腹。

后来继位的詹姆斯一世国王更是不愿意理会约翰·迪，据说他还曾说过，他能赐予这个老骗子的唯一奖赏，就是允许他进行哀求，但自己会对之置之不理。

约翰·迪死于 1608 年，享年 81 岁，被埋在了他在莫特莱克区的家旁。

第十五节　加可布·波曼——《圣经》与炼金术

说完了约翰·迪，是时候讲一下加可布·波曼了，波曼认为自己能从《圣经》中发现炼金术的奥秘，并发明了一套奇奇怪怪的理论体系，试图把炼金术和宗教结合在一起。

这个神奇的男人出生于 1575 年的葛丽兹，并在葛丽兹当了 30 年的鞋匠。在这段时间里，波曼一直都默默无闻。直到 1607 年，炼金术开始在德国流行开来。从那时候起，他放弃了自己的皮革生意，一头扎进了玄学的无底深渊之中。他开始全神贯注地研究帕拉切尔苏斯的著作，与此同时，他也从小康陷入了贫困。但是肉身的困顿丝毫没有吓到波曼，他的精力全被另一个世界的精彩所吸引，他认为自己已经是人类的新希望了。

1612 年，在冥想了四年之后，他出版了自己的第一部著作，叫作《日升》，里面全是对帕拉切尔苏斯所发明的乱七八糟的概念的汇总，甚至还远远不如帕拉切尔苏斯的作品。波曼认为自己能从《旧约》和《新约》中发现魔法石强大的能量。他认为，世间万物的道理都是相通的，宗教拥有能把一个邪恶的人净化成圣人的能量，而这种能量肯定也可以把铁净化成金子。

波曼还认为，除了空气之神、土地之神、水之神、火之神之外，世间还存在各种各样的灵魂。他声称自己能够隐身，并可以连续数年不用吃饭、喝水。波曼的写作生涯并不是一帆风顺，葛丽兹的市长就曾劝他不要继续执迷不悟了，还是老老实实做鞋吧，不然波曼全家都要靠教会救济了。波曼并没有搭理这些逆耳忠言，继续着时而炼金、时而装神弄鬼的生活。他之后又写了三本书，每本都一样地胡说八道。一本叫作《冶金的学问》，算是稍微靠谱的一本；还有一本叫作《永生的传说》；最后一本书则是《通神论揭秘》，其中满是预言和隐喻。

波曼死于 1624 年，留下了不少奉其为神明的门徒，很多门徒之后也成为了和他一样的著名神棍，其中包括吉夫海尔、文德哈根、约翰·兹莫曼、亚伯拉罕·弗兰克博格。罗马教廷对他们的异端奇说厌恶至极，他们中的很多人也因为自己的信仰遭受了长时间的羁押和虐待。其中在 1684 年，一个叫库尔曼的门徒甚至在莫斯科被活活烧死，只是因为人们认为他会巫术。

很多年之后，波曼的几本书还被他的一个狂热信徒威廉姆·劳翻译成了英文出版发行，这也给他在英语世界带来了不少名气。

第十六节　波利——差点成功的米兰教主

炼金术历史上最天才、最成功的骗子大概就是波利了，波利出生于 1616 年的一个米兰医生家庭。16 岁时，他在罗马的一个天主教大学完成了自己的入学教育，那时候波利就因为出众的记忆力闻名校内外。波利轻轻松松就能学会一切他想学习的东西，他能记住浩如烟海的典籍中最细微的细节，也能掌握最高深的知识。

不过他的这种天才多多少少因为自己喧嚣放荡的性格而被浪费了，他也总是因为自己的性格陷入五花八门的麻烦之中，学校的主事和罗马警察在很多年后都记得波利干的各种各样的糟心事。

在朋友的帮助下，波利毕业之后在罗马行医，也在教皇的皇廷混到了一官半职。不过他最终还是迷恋上了炼金术这一古老的技艺，不幸的是，波利烧钱的爱好远不只炼金术，因此他也很快地就陷入了贫穷之中。他的一些爱好甚至比炼金术还要烧钱，不过无论是炼金术还是这些烧钱的爱好都侵蚀了他的健康和名誉。

最终在 37 岁时，他发现行医带来的微薄收入已经远远不能满足他的开销了，他也不得不开始寻找其他挣钱的路子。不过波利还是老样子，终日和赌徒、妓女混在一起，甚至参与到很多下流的街头之争中，很多之前的至交好友都不再和他来往了。

不过，突然有一天波利性格大变，浪荡子波利突然就宣布自己将痛改前非、改过自新。波利的很多朋友都被他的这种改变震惊了，波利趁机暗示他们，他是获得了一种超自然的宏伟能量才能完成这种巨大转变的。

正如他的前辈波曼一样，波利也混合了炼金术和宗教，并声称自己创立了一个新的学科。在罗马，在教皇的眼皮子底下干这种事显然还是需要勇气的。

有一天，波利一觉醒来，觉得不能再这样下去了，再这样下去他肯定就要被关入地牢了。于是他逃到了奥地利，在那待了一年，并最终回到了故乡米兰。

幸运（也不幸）的是，波利在米兰早已大名鼎鼎，很多人都愿意依附在他的门下。对于愿意依附他的人，波利毫不留情地要求他们献出自己的财产，并宣誓对待贫穷将甘之如饴。波利告诉他们，自己已经从大天使迈克尔那里拿到了一把重剑，在剑锋上刻着七位天之智者的名字。波利还声称，所有拒绝投到他们门下的人最终都会被上帝指派给他的圣军所摧毁。而那些愿意追随他的人则会获得极乐。在发现了魔法石之后，波利和他的门徒将拥有取之不尽、用之不竭的财富。上帝已经指派了天使来帮助他达成这个目标，尤其是大天使迈克尔。

波利声称自己还获得了夜视能力，能看到地面上游走的灵魂，天使还曾告诉他，他应当成为一个先知。与此同时，他看到一棵闪耀着圣光的大树。自此之后，波利就获得了召唤天使的能力，并时常召唤天使来询问宇宙的奥秘。空气之神和元素之神都会听从他调遣，时常会飞跃半个世界来服侍他，而他也非常尊敬这些神灵。

谎话传了一千遍也成了真理，波利一遍遍地向各种人述说他的故事，很快就有了不少信徒。后来他还意识到，作为一个炼金术士，自己其实也没必要拘泥于罗马教廷的教条，不过他的行为很快就惹得罗马教皇很不高兴。

随着波利的信徒越来越多，他似乎觉得自己也可以成为新时代的教主，并在他的出生地米兰成立一个政教合一的新王国，他则会成为新王国的国王和先知。

1658 年，波利采取了行动，他计划秘密逮捕米兰城的守卫，正式宣布自己成为米兰人的新国王。不过正在他觉得时机成熟、将要行动时，有人告发了他。他的 20 名信众惨遭逮捕，而波利好不容易才逃到教皇没有什么势力的瑞士。

波利的追随者很快就被带上了法庭，被判了长短不一的监禁。而法庭在波利不在场的情况下也审理了他的案子，审判持续了两年，1661 年，法庭以异教徒和巫术之名判处他死刑，由于法庭没法抓到波利，他们就在罗马焚烧了一尊波利的塑像。

而此时的波利则在瑞士悄悄潜伏着，整日咒骂法庭和他们不公正的判决。之后他去了法国斯特拉斯堡，并打算在那定居下来。其实波利在斯特拉斯堡还挺受欢迎的，不过作为一个被追捕的先知兼炼金术士，他觉得对他这条真龙来说，斯特拉斯堡的水还是太浅了。

于是波利又搬到了更富庶的阿姆斯特丹。在阿姆斯特丹，他租了大房子，雇了一大批佣人，恢复了自己阁下的尊称。不过谁也不知道他的钱是哪来的，不过当时他自称自己是炼金术士，谁也没有想到去质疑他的财富来源。不过稍微有点理智的人都还记得，波利在米兰的时候有一大批富翁追随者，这些富翁都把自己的财产贡献给了波利。

不管波利的钱是哪来的，当时的波利在荷兰可谓花钱如流水。他还在阿姆斯特丹行医问诊，当时的人们都把他看作是天才。与此同时，波利也没有放弃自己的炼金术研究，当时的荷兰民众都认为波利不日即可发现魔法石，点石成金。即使在波利最困难的时候，他都没有放弃这个希望，这也导致波利的开销大幅度增加，很快他就无法维持自己奢靡的生活了。尽管魔法石总是近在眼前，无尽的财富触手可及，但是对于当时的波利来讲，这一切都没什么用。

几个月后，波利也不得不开始节省开支了，他放弃了自己的大房子，卖掉了自己闪闪发亮的马车、纯种马和奢侈的用具。不过简朴的波利就没有那么威名赫赫了。步行的医生波利显然没有骑着高头大马的医生波利更有说服力。波利也逐渐从天才变成了凡人，波利之前的"至交好友"渐渐也没那么热情了，他的信众也开始把香火钱转送给其他的大师。

波利终于觉得不能再这么下去了，他开始到处借钱，还从一个叫迪米的商人手里拿了 20 万弗罗林，来支持他的"生命水项目"，他声称自己能无损修复钻石，并以此为理由搞到了 6 颗珍贵的钻石，然后连夜逃往德国汉堡。

在德国汉堡他遇到了克里斯蒂娜——前瑞典皇后。他觐见了克里斯蒂娜，并希望她保护自己，让自己全力以赴地寻找魔法石。克里斯蒂娜表示了相当的兴趣，不过之前借给波利 20 万弗罗林的阿姆斯特丹商人在汉堡有不少眼线，波利害怕他会揭自己的老底，于是又连夜去了哥本哈根，希望丹麦国王弗德里克三世能保护自己。

弗德里克三世倒是炼金术的忠实信徒，急缺钱的他仔细听了波利的计划，答应提供他所需要的所有工具和原料。弗德里克三世对这事非常上心，每个月都会问问进度，希望自己早点凑够钱买下秘鲁。当弗德里克三世遭受了一次又一次失望时，他仍旧耐心地一遍一遍地听波利各种各样的解释。时间长了之后，他成了波利的忠实拥护者。在有人攻击波利时，他会为波利辩护。只要有人对他俩的炼金事业表现出丝毫不满，他都会怒不可遏。波利想尽了一切办法帮弗德里克三世找支持他的理由和借口。波利之前行医的经验刚好派上了用场，并常常拯救他于水火之中。

波利就这么在弗德里克三世的庇护下生活了六年，直到 1670 年，弗德里克三世不幸过世，波利也就又陷入了风雨飘摇之中。他在哥本哈根也没什么朋友了，于是波利又踏上了旅途。他先是去了德国萨克森，不过在那波利混得并不如意，又担心教皇的人会找到他，于是他也没在萨克森待太久。后来波利发现在任何天主教国家都已经没了他的容身之地，他下定决心跑去土耳其定居。

在波利通过匈牙利边界去君士坦丁堡时，他被当成嫌犯以另外的罪名抓了起来，尽管那事与他毫无关系。被逮捕的波利最终还是泄露了自己的身份，当局决定暂时羁押他，并送信给当时的德国国王里博尔，询问如何处置波利。俗话说风水轮流转，似乎波利也终于碰到了走霉运的时候。在里博尔收到信时，刚好罗马教皇特使来访，特使听到了波利的名字，立即要求里博尔将波利引渡到罗马教廷。里博尔不敢怠慢，立即满足了特使的要求，于是波利就戴着手铐脚镣被押送到了罗马教廷。

波利其实更多的是个骗子而不是疯子，所以当教廷告诉他只要他公开否认自己的异端邪说，就饶他不死的时候，波利感激涕零地答应了。虽然最终还是被判了终身监禁，但是波利始终认为好死不如赖活着，所以他还是挺庆幸的。

1672 年 10 月 27 日，波利向整个罗马教廷做出了正式道歉。之后他被押送到了圣安吉洛城堡的监狱，并在那度过了生命最后的 23 年。据说在生命最后的日子里，波利被授予了不少特权，他又有了自己的炼金术实验室，还独占了一间牢房。

前瑞典皇后只要去罗马，都会去监狱里探望波利，和他聊聊化学和宗教的话题。她甚至有时候会把波利带回自己的寝宫，住一两天。她鼓励波利继续从事炼金术的研究，并支援了他不少资源。波利从克里斯蒂娜身上确实拿了不少好处，克里斯蒂娜则可能只是收获了与骗子相处的教训。不过她可能甚至连教训也没得到，据说克里斯蒂娜在临终前仍旧对炼金术深信不疑，并愿意资助任何声称自己能够找到魔法石的炼金术士。

在波利被关了 11 年之后，一本名叫《波利的秘密》的小册子在德国科隆出版了，其中收录了波利的大量书信和一段简要的回忆录。这本书详细阐述了炼金术的哲学，并在 17 世纪末的那段日子里激起了不小的水花。

1695 年，波利在狱中去世，享年 80 岁。

第十七节　17 世纪的炼金术作家

除了之前所述的炼金术士之外，17 世纪和 18 世纪的许多作家也写了不少有关炼金术的作品。事实上，当时最博学的人多多少少都对炼金术产生过兴趣。

著名哲学家荷浮图斯的爷爷曾信誓旦旦地写道，自己在 1666 年的海牙亲眼目睹了一个陌生人把铁和铜化成了金子。据他说，那天他正在自己的书房里看书，这个衣着讲究的陌生人前来见他，只是为了打消他对炼金术的怀疑。他问荷浮图斯的爷爷，是否能认出珍贵的宝石，荷浮图斯的爷爷说不能。之后陌生人掏出了一个象牙盒子，里面安安静静地放着三小块金属，这三块金属都呈现出淡淡的黄色。陌生人告诉荷浮图斯的爷爷，他能用这三块金属变出 20 吨金子。

荷浮图斯的爷爷仔仔细细查验了这三块金属，他发现它们都很脆，于是他用指甲悄悄刮下来了一小块，然后物归原主。荷浮图斯的爷爷请求陌生人当着他的面表演炼金术，不过陌生人没有答应，之后就离开了。陌生人走了之后，荷浮图斯的爷爷找了个坩埚和一小块铅，并把那一小块魔法石扔进去一起煅烧了一会儿。不过他失望地发现，那一小块魔法石立即消失了，只留下了铅块在那静静地躺着。

几周之后，正当荷浮图斯的爷爷几乎都忘了这事时，那个陌生人又上门拜访，荷浮图斯的爷爷反复请求陌生人解释为什么他化铅为金的实验失败了。陌生人最终答应了，他告诉荷浮图斯的爷爷，一小块魔法石倒是够了，不过他应当用腊把魔法石包起来之后再投入坩埚，不然魔法石遇火即化，也就没什么作用了。陌生人当着荷浮图斯的爷爷又做了一次实验，这次实验果然成功了，荷浮图斯的爷爷之后又重复了好几次实验，一共把六盎司的铅转换成了纯金子。

这件事很快就传遍了整个海牙，整个城市的名流显贵跑到荷浮图斯爷爷的书房里来目睹这一奇迹。荷浮图斯的爷爷当着这些显贵的面表演了好几次炼金术，直到将陌生人给他的魔法石耗尽。不过这个陌生人再也没有出现过，人们也一直没能了解到他的任何信息。第二年，荷浮图斯的爷爷出版了《金牛犊》，详细地描述了他的奇遇。

也差不多在同一时间，著名神父科奇出版了《隐秘的另一个世界》一书，在书中，他把炼金术士叫作流氓和无赖的混合体，把炼金术叫作骗人的把戏。他承认自己也曾沉迷炼金术不能自拔，经过了深思熟虑和无数无疾而终的实验，他终于认清炼金术是骗人的把戏。

科奇的书出版之后，立即在炼金术士中激起了千层浪，很多人都怒不可遏，都说科奇是嫉妒那些成功的炼金术士，有一个炼金术士还在国王弗德里克三世面前说科奇是故意误导民众。

古斯塔斯似乎也在这个时候成功地把水银转换成了纯金。著名学者伯瑞斯里斯证明他曾亲眼见过这些转换而成的金子做成的金币。

莫科尼斯在日记中这样描述这个事："这个能点石成金的商人来自路贝克，他不怎么做生意，但是他知道怎么能把铅转化成金子。他也曾把自己做的一个 100 磅的金块献给了瑞典国王。瑞典国王当时立刻决定用这些金子造一批金币出来，因为他知道这些金子是水银转变过来的，所以他只是在金币正面刻上了自己家族的徽章，背面则是刻了墨丘利神（英文为 Mercury，也是水银的意思）和维纳斯女神。我（指莫科尼斯）自己就有这样的一枚金币，并且我听很可靠的人说，尽管这个路贝克看起来不是很有钱，但是他死后人们在他的保险箱里发现了 70 万克朗的财产。"

这些博学多才的人记录下来的故事，很大程度上为炼金术的流行做了有力背书。当时的确有大量的人写了不少与炼金术相关的著作，也有很多聪明的人在炼金的虚妄中浪费了许多时光。

1722 年 4 月 15 日，巴黎皇家科学院的吉弗利出版了一份炼金术相关的报告，在其中他详细记载了各种各样的骗子们用来愚弄普罗大众的炼金术技巧。这些技巧是如此高明，以至于尽管吉弗明明白白地在报告中将之揭露出来了，普罗大众仍然对炼金术深信不疑。

这些炼金术骗子最常用的技巧就是用一个双层的坩埚，底层是货真价实的铁或铜，而上面那一层则是蜡，只是涂成了黑色。在这两层之间，他们会放上所需要的金粉银粉。在所谓的"炼金"时，他们就把铅、水银放进坩埚煅烧，烧到最后，锅底自然有金块、银块。

这种狸猫换太子的办法还有不少其他的变种。有的人会将魔杖镂空，在其中塞满金粉银粉，用蜡封好。在炼金时，他们会不断用魔杖搅和坩埚，嘴里念念有词，掩盖自己的真实目的。还有人把铅块镂空，或者干脆就用水银镀在金块表面。这些"铅块"和"水银"自然也就轻易地被炼成了金子。

还有一种思路是用金和铁贴合在一起，然后把金子涂黑，涂黑的金子滴上药剂立即就会重现金色，然后他们就可以假装自己把那一半铁转化成了金子。吉弗利自己就做了几个这种贴合的样本，向科学院展示这种贴合可以是多么地严丝合缝。吉弗利说，历史上大多数著名的炼金术骗子都是用这种办法骗过了世人。那些冒牌哲学家大多数都在做完一两次表演后神秘地消失了，吉弗利猜想他们要么就是没有足够的金粉完成多次实验，要么就是他们担心相同的把戏玩多会穿帮。

这些炼金术骗子往往看起来无欲无求，他们往往会放弃自己炼金所得的收益。不过这种无欲无求正是他们最高明的伪装。他们正是靠这种办法让普罗大众对他们充满期待，期待他们早日大规模地制造魔法石，这种期待也带给了他们不少特权，他们往往能自由出入王公贵族的豪庭，用富翁的钱吃喝玩乐，并收获无数有钱有势的人的礼物。

吉弗利的报告大概是我们研究 18 世纪至今的炼金术发展的唯一可靠资料了，似乎在这段时间内，炼金术狂热愈演愈烈，直到 19 世纪人们才稍微回归了一点理性。

第十八节　阿里斯——子承父业的炼金术士

阿伯特·阿里斯其实是随了母姓，他的继父是大名鼎鼎的炼金术士德利瑟。在阿里斯成长的过程中，德利瑟一直扮演着父亲的角色。他自然也认为，把炼金术这门技艺教给阿里斯是他教育儿子的最好办法。年轻的阿里斯天资聪颖，很快就掌握了炼金术大部分的技巧，他还在预言术、化学、生命水、万能溶剂等多个方面造诣很深。而且德利瑟还在临死前告诉了他所有炼金术相关的奥秘。

阿里斯的母亲也很支持他的炼金术事业，因为她一直希望能依此傍上富豪，在炼金的同时改善一下家里的生活。不过之前德利瑟在法国的悲惨遭遇让他们对这个国家心有余悸。尽管普罗旺斯的人民对德利瑟顶礼膜拜，也很相信阿里斯继承了父亲的衣钵，不过阴冷的巴士底狱虎视眈眈地看着他们，阿里斯和母亲只得又踏上了征程。他俩在欧洲大陆上游荡了好几年，借着双层坩埚的绝技在炼金术界闯下了赫赫威名。

1726 年，阿里斯来到了维也纳，那时候他的母亲已经过世了。他在维也纳见到了法国大使里奇公爵。阿里斯彻底征服了里奇公爵，他好几次成功把铅变成了金子，甚至有一次还指导里奇自己成功实施了一次炼金术。后来他还把阿里斯介绍给了不少达官显贵。

不过阿里斯很快发现，里奇虽然好骗，但是却不肯给他任何钱财。他觉得既然阿里斯都能点石成金了，也没必要赏赐他钱财了。与此相反的是，里奇反而希望阿里斯尽可能多地为他创造财富。阿里斯发现了自己的窘境后连夜逃去了波西米亚，只带了一个学生和一个在维也纳爱上他的女孩。

波西米亚的贵族们倒是很欢迎阿里斯，经常邀请他去自己的庄园住。阿里斯总是假装自己只有一点点魔法石，所以一般也不在一个地方待太久。他通常会送给这些庄园主一点点自己炼成的金子，并承诺将给他们造出数以万计的金子，只要他们答应提供给他和他的家人、学生优渥的生活，任由他们消遣。

阿里斯就这样在波西米亚的贵族中间辗转了数年，直到法国新国王路易十五继位，阿里斯认为新国王并不会在意他和继父的过去，于是阿里斯便启程回了普罗旺斯。在普罗旺斯，阿里斯去找了普罗旺斯的省长布利特。布利特本人对炼金术有着相当的兴趣，也对自己最终能找到魔法石深信不疑。

不过布利特对阿里斯倒没有那么热情，他让阿里斯第二天来找他。阿里斯在布利特这吃了闭门羹，感觉事情不对，就连夜离开了普罗旺斯，去了马赛。不过那时候法国警察已经盯上了阿里斯，他刚到马赛，就被以私自铸币的罪名抓了起来，扔进了监狱。

由于证据确凿，阿里斯甚至自己也觉得没什么希望被判无罪，于是就着手计划了一次越狱。刚好狱卒有个漂亮的女儿，阿里斯很快发现这个女孩心肠软，非常好骗。他成功骗取了女孩的好感，女孩根本不知道阿里斯已经结婚了，她无可救药地爱上了阿里斯，并自愿给他策划了一条越狱路线。

于是，在被关了近一年之后，阿里斯成功地重获自由，他告诉狱卒的女儿自己已经结婚了，随后就离开了女孩，只留下女孩独自懊悔。

刚刚越狱离开马赛的阿里斯可以说是一无所有，甚至没有鞋穿，没有衣服蔽体。不过之后他在临近的小镇找到了自己的妻子，终于好过了一点。

阿里斯和妻子汇合后立即去了布鲁塞尔，但他们冒冒失失的行为很快就引起了不少注意。他们租了一栋大房子，置备了先进的实验室，并四处说他已经掌握了炼金术的秘密。阿里斯的老熟人揭发阿里斯是个骗子，不过却没什么用，整个世界都不相信这个著名的炼金术士其实只是个江湖骗子。热情的人们把阿里斯的家围了里三圈外三圈，都想一睹大师点石成金的奇迹。还有富商出了一大笔钱只为跟着他学习炼金术，不过阿里斯只是教给了他一点平常的化学知识。富商辛辛苦苦地学习了一年，然后才发现他的老师是个骗子。他愤怒地要求阿里斯退钱，阿里斯断然拒绝。富商一怒之下把阿里斯告上了法庭，诡异的是，富商突然暴毙了。

后来人们认为，是有些人借了这个富商的钱还不起，干脆把他毒死了。但当时的布鲁塞尔沸腾了，阿里斯不敢多留，尽管很可能不是他毒死了富商。他连夜逃往了巴黎，从此销声匿迹。也有人认为阿里斯后来被以渎职罪逮捕，最后死在了狱中。

第十九节　圣·哥尔珉——是的，我今年 2000 岁了

圣·哥尔珉的运气比阿里斯要好一点，他最终成了路易十五的内阁重臣。圣·哥尔珉声称自己发现了生命水，并可以让任何人长命百岁，并让人们都认为他已经活了 2000 年了。他喜欢玄学的许多想法，说自己能与灵魂交谈、能从土里挖出钻石、从海里拿到珍珠。尽管圣·哥尔珉从来没有说过自己找到了魔法石，不过当时的人们都认为，如果魔法石真的存在，那第一个发现魔法石的肯定是他。

人们一直不知道圣·哥尔珉的真名是什么，更不知道他出生于哪个国家。有人认为他是犹太人，也有人认为他是阿拉伯亲王。

圣·哥尔珉最开始时是在德国出道的，那时候他主要是卖长生不老水。有个买家是法国的将军，这个将军被圣·哥尔珉的翩翩风度迷倒了，就把他带到了巴黎。圣·哥尔珉也从此顺利进入了巴黎的名流社交圈。

巴黎的名流圈都喜欢这个神秘的陌生人，那时候的圣·哥尔珉大概有70多岁，不过看起来也就是40多岁的样子。圣·哥尔珉的信誓旦旦、博闻强识都十分吸引人。人们也对自称活了好几百年的圣·哥尔珉十分好奇，问了不少关于生活、外貌和历史上的伟人的问题，而圣·哥尔珉从来都是应答如流。

不少怀疑他的人嘲笑他，不过圣·哥尔珉从来都是兵来将挡、水来土掩、镇定自若。为了增加神秘感，圣·哥尔珉从不允许任何人窥探他的生活。他总是衣着华丽，帽子和鞋带上都要镶好几颗钻石，更别提手指上了。他时常送昂贵的礼物给贵妇小姐们。很多人都怀疑圣·哥尔珉其实是英国政府派过来的间谍，这些开销都由英国政府支撑，不过他们一直都没有找到证据。

路易十五倒是非常喜欢圣·哥尔珉，他经常与圣·哥尔珉促膝长谈，并禁止任何人说他的坏话。不过伏尔泰倒是经常嘲讽圣·哥尔珉是一个笑话。

历史上还流传了一件圣·哥尔珉的趣事，说是圣·哥尔珉到巴黎之后，很快就出入庞帕德夫人的化妆间，这可是一种特权和荣誉。庞帕德夫人非常喜欢和圣·哥尔珉聊天，有一次庞帕德夫人问他，和弗朗西斯一世（法国第一任国王）相处是什么样的一种体验。

圣·哥尔珉淡定地说，弗朗西斯一世是个非常有个人魅力的国王，然后他详细描述了弗朗西斯一世的容貌。"不过，"圣·哥尔珉话锋一转，"他太固执了，如果他能多听点我的建议，至少能少犯一半错。"庞帕德夫人问："那弗朗西斯一世的大臣们有智慧吗？"圣·哥尔珉肯定地说："非常有智慧，不过弗朗西斯一世的子孙们更是个个都天资聪颖。"

庞帕德夫人咯咯笑："看来你真的活了不少年头。"

圣·哥尔珉说到了兴头上："哈哈，其实我只是记性好，并且仔细研究过法国历史，人们都以为我活了几百年，不过我自己可从来没说过。"

"可是你到底多大年纪？维也纳大使夫人吉季曾说过 50 年前她就见过你，那时候的你和现在的你一模一样。"

"是的，夫人，我的确很久之前就认识吉季夫人。"

"所以你一定很大年纪了？"

"哈哈，那不可能，更可能是吉季夫人老糊涂了。"

"我听说你曾经给过吉季夫人生命水，让她容颜永驻在了八十四岁，为什么你不把这等宝物献给国王呢。"

"天啊，我的夫人，如果我敢把那给国王喝，御医们非把我的腿打断不可。"

圣·哥尔珉说的话到底是什么意思我们可能永远也无从知晓，不过另一件趣事是，在当时的巴黎有一个无所事事的年轻人试图模仿他。这个年轻人穿成了圣·哥尔珉的样子，模仿圣·哥尔珉的一言一行。他惊讶地发现人们居然愿意相信他所有的胡言乱语。他说自己和救世主是好哥们，和救世主吃过饭，在用餐时救世主还神奇地把水变成了酒。救世主经常警告他要小心一点，不然最后他的结局会很惨。

这个年轻人居然找到了不少愿意相信他的人，于是三天之后，巴黎街头流传了各种各样关于圣·哥尔珉的传说。有的甚至还说圣·哥尔珉其实出生在诺亚洪水时，一直活到了现在。

圣·哥尔珉本人肯定不会承认如此荒谬的传言，不过他倒也没有直接否认。圣·哥尔珉当时见人说人话、见鬼说鬼话，碰到位高权重或是博学的人时，他最多暗示自己的寿命已经超过了 300 年，而碰到好骗的人他就信口开河了。

有段时间，圣·哥尔珉言必称亨利八世、查尔斯五世，给人一种他们曾是挚友的感觉。不过他也会根据听众的言谈举止、衣着打扮甚至是天气和室内的家具，随时调整自己说话的内容。他还靠卖给老女人生命驻颜水挣了不少钱。不过圣·哥尔珉自己倒是从来不喝生命水，他告诉自己的朋友，自己特殊的生活方式远超任何生命水的效力。也有人追随圣·哥尔珉的这种生活方式，也想活 200 年，不过却没什么用，72 岁就死了。

哈苏是路易十五的情妇庞帕德夫人的侍女，她曾说她经常见到圣·哥尔珉，和他聊天。哈苏回忆圣·哥尔珉看起来大约有 50 岁，中等身材，穿着简单但却很有品位，经常戴着他的大钻戒。有一次，庞帕德夫人甚至说连路易十五都没有那么大的钻戒。之后圣·哥尔珉送给了庞帕德夫人价值 50 万里弗的钻戒。圣·哥尔珉似乎想让世人都觉得他能获得取之不尽、用之不竭的财富。他后来也给其他贵妇送了各种各样贵重的礼物。

圣·哥尔珉不只是对贵妇们大方，他对侍女们也不小气。哈苏曾回忆道，有一次圣·哥尔珉来探望生病的庞帕德夫人，并请她看了一批价值连城的钻石。庞帕德夫人叫来哈苏一起欣赏，哈苏心怀震惊地观赏了这些钻石，不过她暗示庞帕德夫人这些钻石可能都是假的。圣·哥尔珉可能感觉到了什么，他拿出了一个大盒子，大约有两个眼镜盒那么大，从眼镜盒里，他取出了两个纸包，展开之后是两颗美丽的红宝石。圣·哥尔珉轻蔑地把红宝石放在了桌子上。哈苏忙说自己没有任何不敬的意思，然后拿起了红宝石仔细地欣赏。之后圣·哥尔珉把红宝石送给了哈苏，哈苏再三推辞，庞帕德夫人看这些红宝石最多也就值 1000 里弗，就暗示哈苏收下了红宝石。

世人一直不清楚圣·哥尔珉是怎么搞到这么多钱的，尽管圣·哥尔珉在德国的时候一直在卖生命水，不过那些钱远远不够他之后的开销。伏尔泰就一直怀疑圣·哥尔珉接受了国外政府的钱财。不过，圣·哥尔珉似乎真的掌握了办法去除钻石上的黑点，他很有可能收购了不少有缺陷的钻石，处理之后再高价卖出。

哈苏写道，路易十五就曾找圣·哥尔珉修补过他的一枚钻石，据说这枚有缺陷的钻石值 4000 里弗，但是去掉缺陷后可以值 10000 里弗。圣·哥尔珉答应一个月内修复好，而一个月后果然带着修复好的钻石给了路易十五。路易十五立即给钻石称了重，发现重量几乎没有减少。路易十五之后拿这颗钻石去询价，拿到了 9000 里弗的价格，不过他倒没有把钻石卖掉，反而是决定收藏起来好好研究。路易十五之后认为圣·哥尔珉简直是个无价之宝。

圣·哥尔珉趁机说自己还会种珍珠，只要给他上好的海水。在这件事之后，路易十五几乎就听不进任何有关圣·哥尔珉的坏话了。

圣·哥尔珉还有一个好玩的仆人，他在东扯西扯的时候也经常利用这个仆人增加自己的可信度。比如有一次，圣·哥尔珉在晚宴上向在场的绅士淑女兴致勃勃地谈起了他与理查德一世的交情。在场之人都是一副震惊、不敢相信的表情。圣·哥尔珉于是镇定地问他的仆人："我说的是不是真的？"这个仆人淡定地说："我也不知道啊，您可能忘记了，我是500年前才跟的您啊。"圣·哥尔珉装作懊悔地说："啊！抱歉，我忘记了。"

有时候圣·哥尔珉也会碰到不好骗的人，这时候他就会矛头一转，说："这些愚蠢的巴黎人，居然相信我有500岁，不过既然他们都这么说了，我也就放任他们那么想了，其实我只是比看起来老那么一点罢了。"

圣·哥尔珉似乎一生都在寻找魔法石，不过他一直没能成功。之后圣·哥尔珉在德国的老朋友黑森亲王给他写了封加急信，让他赶紧离开巴黎，去德国找他。圣·哥尔珉最后同意了，离开了巴黎。之后的故事就无人知晓了。唯一所知的是圣·哥尔珉从此之后就一直在黑森亲王的庇护下生活，直到1784年过世。

第二十节　炼金术在 19 世纪的现状

以上就是我想讲的炼金术士了，在这些人中，有地位尊崇者，也有市井小民。有误入歧途的哲学家、野心勃勃的亲王、渴望金钱的贵族等真心相信炼金术的人，也有对炼金术一点不信而纯粹行骗的人。

不过从炼金术的发展历史上讲，这些人的辛勤工作倒也没有完全白费。很多人尽管没有最终摘得皇冠上的明珠，但在研究炼金术的路途上也学到了不少智慧和知识。比如化学的发展在很大程度上就要感谢炼金术。很多重大发现在几个世纪后才大放光彩，比如罗杰·培根在研究炼金术时发现了火药，蒙特发现了天然气，贾比尔被认为是化学的创始人之一、帕拉切尔苏斯发现了水银在治疗梅毒上的奇效。

在 19 世纪的欧洲，似乎很少有人再研究炼金术了，尽管我们有些杰出的科学家觉得历史上对炼金术的追寻并没有看上去那么不靠谱。是啊，现在有很多人都还对巫术深信不疑呢，相比之下魔法石和生命水当然是小把戏。

还有，虽然炼金术似乎在西方已经过时了，但是在东方世界，炼金术似乎还是挺有生命力的，从中国、印度、波斯、埃及、阿拉伯回来的旅行者都多多少少提到过炼金术。

专业解读

要我说，麦基在这一章开头中所说的三种人性——内心深处对死亡的恐惧、对一夜暴富的幻想和窥探未来的旺盛欲望，在现代社会中一点也没少，只是多多少少会比之前表现得更隐蔽罢了。

对死亡的恐惧

科学发展到现代，单纯追求长生不死的人可能少很多了，但人们对死亡的恐惧丝毫未减。

这种恐惧所带来的正面效应近年来表现为跑步热、健身热，这当然是好事；但这种恐惧也在负面催生了一大批常见于微信朋友圈的民科营养学、民科保健学、民科医学。

对一夜暴富的幻想

如果说人类对长生不老的妄想随着医学科学的进步少了很多的话，那么人们对一夜暴富的幻想可以说是愈演愈烈了，当然我们很少能碰到相信炼金术的傻子，但是宣扬能让人一夜暴富的各种生意经却在我们的生活中无孔不入。

窥探未来的强烈欲望

其实大部分受过教育的人都有点医学常识，不会相信"高端磁疗包治百病"；少数有金融经济背景或者学过一点投资知识的人也不会相信大街上那些穿着不合身的西装，摆着地摊叫卖"无风险理财年化收益20%"的人的话。

但几乎是所有人，我是说所有人（当然包括我自己）都逃不过对窥探未来的强烈欲望。

我禁不住思考，我们读史，研究炼金术的历史，有什么意义呢？虽然说太阳底下没有新鲜事，但是正常人都知道炼金术狂热很难再来一次了。

后来我想想，其实还是挺有意义的。

之前本科时学博弈论，其中有很多模型，而这些模型的普遍特点就是大大简化了条件，高度抽象了现实。我当时就想，学这个有什么意义呢？现实这么复杂，岂是这两三个简单模型能解释得通的？

后来我才发现，现实不单是复杂的，现实是复杂而又简单的。

比如之后我们做P2P借贷研究，读了许多相关论文。我们发现对单个借款人的还款能力可能判断起来比较困难，但是如果有10000个借款人，我们来判断里面有百分之多少会违约，违约后的追回概率有多少，就相对靠谱一点。因为我们可以计算经济形势对群体的影响，可以分析群体收入的分布、职业的分布，计算不同的因素对违约的影响。

一句话概括就是，样本增加之后，我们就能看出哪些因素是噪音，哪些因素真正对我们想知道的结果有影响，这时候模型才有意义。

换句话说，本章中提到的炼金术士也都有其共同点，既然这些共同点上千年都没变，那么很可能在未来的几十年也不怎么会变。

那么，本章这些故事有哪些共性呢？

1. "大师"们在其他方面往往都会有一技之长，但这并不能说明什么。

比如阿尔法拉比能歌善舞、托马斯是哲学大家、帕拉切尔苏斯和波利有医学技能。还比如这些"大师"都风度翩翩、气质非凡。

不过，这些大师的这些技能，和他们炼金术士的身份一般没什么关系。就像周杰伦唱歌唱得好，但他并不一定能飞快地解出一个偏微分方程。

可是，一种很常见的心理是，如果一个人在某些方面有一技之长，人们也就更容易相信他在其他地方也会有过人之处，尽管这两个方面可能风马牛不相及。

2."大师"们往往声称自己多得是挣钱的路子，但往往还是要信徒买单。

最典型的例子大概就是约翰·迪了。约翰·迪先是傍上了伊丽莎白女王，后来又先后抱上了兰斯基、史蒂芬国王、卢森堡伯爵的大腿。他用的几乎是同一套说辞——如果你支援我做炼金术研究，我保证你未来能赚得盆满钵满。

很有意思的是，尽管拿了别人的钱，约翰·迪却丝毫没有任何心理负担，挥霍无度、极尽奢华，因为他要给人一种"我很成功"的感觉。

所以即使是在被布拉格国王驱逐、最穷困潦倒的时候，约翰·迪也还是想方设法尽力隐藏自己的窘境。因为一旦世人得知他们连饭都吃不起，也就不会相信他们真的是炼金术大师了。

这个世界上很少有地上长出金元宝的事情，所有人的财富和知识都有来源。

幻想、疯狂、恐惧、如痴如醉，查尔斯·麦基在这一章里的确展现给了我们一个真实、宏大、光怪陆离、波澜壮阔、延续千年的炼金术世界。

第五章

末日预言家

第一节　即将来临的末日审判

历史上，世界各国的预言家都多多少少预言过世界末日。其中最著名的一次发生在 10 世纪中叶的基督教世界。那时候，不计其数的狂热者活跃在法国、德国和意大利，宣扬着《圣经·启示录》里公元 1000 年的末世预言，声称地球的轮回已到，上帝之子耶稣将会出现在云端，审判善恶。尽管这种言论被教会斥为谬论并予以打压，但却只能起到反作用，末日预言仍旧在迅速传播。

在这个末日预言中，末日审判被认为即将发生在耶路撒冷。公元 999 年，大量的朝圣者向东迁移，迎接即将降临在耶路撒冷的上帝，数目庞大得如同一支军队。

朝圣者中的大部分人在离开欧洲前变卖了自己的货物与财产，并靠着这些钱在耶路撒冷生活。人们任由各种建筑成为废墟，世界末日的临近也使修缮变得毫无意义。许多宏伟的建筑甚至被刻意推倒，一些本来保存良好的教堂也失去了光芒。骑士、平民、农奴们拖家带口，成群结队朝着东方前行，他们边走边唱赞歌，双眼满含惊恐地望着天空，期盼着天幕随时打开，上帝之子带着荣光降临。

公元 1000 年，朝圣者与日俱增。大多数人被恐惧压迫，每种自然景象对于他们来说都是一种警告，3 月中的一阵惊雷都会让他们跪倒在路上。有人认为，雷声是上帝之声，宣告着审判日的降临。还有人认为，大地会裂开，地底的沉寂会被打破。因此每次只要天空有彗星划过，耶路撒冷的所有基督徒们就会跑到街上哭泣和祷告。路上的朝圣者也处在同样的惊慌中，只见：

夜幕降临，

一颗光球从天穹逃逸，

划过长长的火痕，

人们停下了孤独的脚步。

狂热的传教士不断地唤起人们的恐惧。每次流星出现都为布道者提供了机会，主题都是即将来临的审判是多么庄严。

人们认为彗星的到来预示着世界的加速分裂。现在仍旧有部分人相信这个观点，但是彗星不再被认为是世界毁灭的预兆，而是罪魁祸首。近至1832年，因为有天文学家预测到了彗星的来临，恐慌席卷了欧洲大陆，特别是德国，大家认为彗星将会毁灭地球。人们严肃地讨论地球所面临的危险。在那年，出于对彗星将地球撞成粉末的恐惧，许多人不再去经营自己的生意。

在瘟疫肆虐的时候，人们总是愿意相信极端分子的末日预言。灾难来临时，谣言最具威力。1345—1350年，当大瘟疫席卷欧洲时，人们认为世界末日就要来临。假冒的预言家出现在德国、法国和意大利的主要城市，预言十年之内，大天使的号角就会吹响，救世主会从云端降临，宣召地球进入审判。

第二节　惠斯通的预言

1736年，声名赫赫的惠斯通宣称在当年的10月13日，世界就会灭亡，伦敦城陷入了不小的恐慌。大量的人群涌向伊斯灵顿、汉姆斯戴德以及它们和伦敦之间的田野，想要见证伦敦的覆灭，这也被认为是"世界末日的开端"。

在《斯威夫特杂记》（Swift's Miscellanies）第三卷的《末日审判谣言伦敦纪实》中，乔纳森·斯威夫特以讽刺的笔调叙述了这种愚蠢事。

1761年，伦敦市民再次被两次突然的地震吓坏了，这时冒出来一个预言——第三次地震即将来临，这次地震会将一切毁灭。

第一次地震发生在2月8日，莱姆豪斯、波普勒附近的几根烟囱被震倒；第二次地震发生在3月8日，在伦敦北部向着汉姆斯戴德和海歌特的方向有震感。很快就有传闻说，一个月之内还会有第三次地震爆发。一个叫贝尔的家伙脑子有些问题，他本是皇家骑兵团的士兵，对于一个月内还会发生地震的事情深信不疑，理智全失，跑到街上宣扬伦敦在 4 月 5 日将会被毁灭。

大多数人认为 4 月 8 号是个更加可信的日子，但是也有很多人认为贝尔的预言是准确的，他们和自己的家人一起逃离这个灾难即将来临的地方。当那个恐怖的日子一天天逼近时，人们愈加紧张，许多听信谣言的人们逃到方圆 20 平方英里之外的村庄，等待伦敦的毁灭。惊恐的人们涌入了伊斯灵顿、海歌特、汉姆斯戴德、哈罗和布莱克西斯等地，为了能有个安全的栖身之所，他们向房东支付了高昂的租金。无法承担这些房租的人们只能留在市区，直到灾难降临前的两三天才从市区逃往野外扎营，等待着伦敦城的轰然倒塌，没入尘埃。就像在亨利八世统治期间发生的恐慌事件一样，恐惧在人群中迅速蔓延。一周前还在嘲笑预言的人们，看到别人纷纷出逃，他们自己也匆忙收拾东西逃走了。

人们认为河上十分安全，所以港口上的所有商船上都挤满了人。4 号和 5 号，人们都在船上过夜，时刻等着看圣保罗大教堂和威斯敏斯特教堂的塔楼在风中摇摇欲坠，然后轰然倒塌。结果什么也没有发生。接下来的几天里，大部分逃难者重返家园，他们认识到了这个预言家是个骗子，但也有很多谨慎的人决定再等一星期再回家。贝尔很快便名声扫地，即使曾经最相信他的人，如今也把他当作疯子看待。虽然他还尝试着做其他预言，但是已经没有人再相信他了。几个月后，他就被关进了疯人院。

1806 年，利兹和周边地区的居民陷入了对世界末日的恐慌中。事情的起因是这样的：在附近的一座村庄，有一只母鸡生了几个蛋，上面写着"基督即将降临"。很多人闻风而来，仔细观察那些令人惊奇的鸡蛋，他们真的相信审判日就快来了。就像在暴风雨中时刻担心着船会沉入海底的水手一样，相信这件事的人们忽然变得虔诚起来，他们疯狂地祈祷，悔悟自己的恶行。某位绅士听说这件事后，在一个晴朗的早晨来到了鸡舍，刚好看见那只可怜的母鸡在下神奇的蛋。他很快查明，鸡蛋上的字是有人用腐蚀性的墨水刻上去的，之后又残忍地把鸡蛋塞回母鸡体内。那些虔诚祷告的人们在听到这个解释之后哈哈大笑，世界又恢复了往日的平静。

第三节　米兰瘟疫

1630 年，米兰爆发瘟疫期间，里帕蒙特的著作《米兰大瘟疫》真实地记述了这场瘟疫，书中说，不幸的人们听信了占星师和术士的所谓预言。在一年前，已经有人预测了这场瘟疫的发生，这一点非常奇异。1628 年，一颗巨大的彗星出现在天空中，占星师对此众说纷纭。有人认为这预示着一场血腥的战争，有人坚信这预示着一场大饥荒，但更多的人则根据彗星苍白的颜色，认定这预示着瘟疫。当瘟疫降临时，预言的应验使得这些预言家们的声望大增。

后来又出现一些其他的预言，明明是刚刚产生的，但是都被宣称为已经流传了数百年。这些预言对于民众来说，其影响是致命的，它们使得人们越发相信宿命论。通过剥夺人们对于痊愈的希望（痊愈的希望是疾病的天敌），这些预言使得瘟疫的破坏性提升了三倍。有一种奇怪的预言几乎使得这些悲惨的人们发狂。一组古老的对句预言，在 1630 年，恶魔会毒死所有的米兰人。当年 4 月的一个早晨，当瘟疫还没有到达顶峰时，人们惊奇地发现，主干道上所有的门都被涂上了奇怪的记号，或者说是斑点，就像用沾满瘟疫溃疡脓液的海绵按上去的一样。存在这种奇怪景象的消息传遍全城，人们迅速陷入了极大的恐慌。

警察用尽了所有方法去抓捕罪犯，但结果却是徒劳的。最后，古老的预言被人们想起，人们挤到教堂里祷告，祈祷恶魔的阴谋被挫败。许多人还坚信，是国外的间谍将这种毒物洒满全城，但更多的人相信这是恶魔阴谋，这场瘟疫是通过超自然的介质传播的。与此同时，瘟疫仍以可怕的速度扩张。猜忌和恐慌控制了人们的思想。人们认为所有的东西都被恶魔投毒了：井水、田里的庄稼、树上的果实；人们还认为所有可接触的东西都被投毒了：房屋的墙面、街道的路面、每扇门的门把手……人们怒不可遏，密切监视着魔鬼的使者。

任何一个人，如果想要消灭他的敌人，只需要说他看见对方在人们的门上涂抹药膏就可以了，如果这个人落入暴民的手中，等待他的只有死亡。有一位经常来圣安东尼奥教堂祈祷的八十多岁老人，在做完祷告后站起身来，用斗篷的下摆擦拭凳子。有人看见后立即大叫，说这位老人妄图在椅子上涂毒药。满教堂的妇女抓住这位年老体弱的老人，揪着他的头发，一边用恶毒的语言诅咒他，一边把他拖出了教堂。他就这样在泥泞的小道上被拖着前往市政法官处接受拷问，但是他在半路上就断气了。

许多受害者成了暴民们的牺牲品。一个叫莫拉的人，是半个化学家和半个理发师，被指控与魔鬼勾结来毒害米兰人。他的房子被包围，人们搜出了很多化学制剂。这个可怜人辩解说这些制剂都是准备用来预防感染的，但是负责检验的医师宣称这些都是毒药。莫拉被送上了审讯台，他一直坚称自己是清白的。但是在拷问与折磨之下，他被迫承认自己同魔鬼和境外的敌对势力签订了契约来毒害米兰。他指认了几个同伙，他们同样被逮捕并且受尽折磨。他们最终被判有罪，然后被处决了。莫拉的房子被移除了，人们在原址上竖立起了一根圆柱，上面铭刻下了他的罪行。

当公众的思想充斥着这些匪夷所思的事情时，瘟疫仍旧在蔓延，人们的怒火和迷信程度随着瘟疫的传播越发高涨。每个奇怪的、荒谬可笑的故事竟都被大众接受。而其中有一个故事影响了人们很久。传闻恶魔已经现身，他在米兰占据了一栋屋子，在那儿他调制着毒药，并且分发给他的密使们去散播。

一名男子苦苦思索着这些故事，直到他也对自己空想出来的遭遇深信不疑。他站在米兰的集市中间，向着聚拢过来的人群分享着自己的遭遇。在一个漆黑的夜晚，他站在教堂的门前，周围空无一人，他看见六匹乳白色的马拉着一辆深色的双轮战车在他身边停下。战车后面跟随着浩荡的马队，身着深色制服的仆从们骑坐在深色的马背上。战车上坐着的是一位神情威严、身材高大的陌生人。

他黑色的长发在风中散乱着，黑色的眼睛里有火光闪烁，嘴角有一抹难以名状的轻蔑。这个陌生人的神情太过威严，以至于当这个男子看着他的时候，心中充满了敬畏。这个陌生人的皮肤比他见过的所有人的皮肤颜色都深，他周围的空气灼热且令人窒息。他立即意识到这个人来自不同的世界。这个陌生人察觉到了他的恐惧，温和却又不失去威严地请他坐到自己旁边。他似乎无力拒绝。当他还没有意识到自己在移动时，发现自己已经在马车里了。

他们像风一样快速行进，这个陌生人始终一言不发，直到马车停在了米兰主干道的一扇门前。令人惊讶的是，街道上熙熙攘攘的人群里竟然没有一个人察觉到这浩浩荡荡的车队。于是，他断定常人是看不到他们的。他们停留在一间房子门前，这座房子外表看似是商店，但实际上却是一个半边坍塌的巨型宫殿。他跟随着这位神秘的向导，穿过几间巨大的灯光昏暗的屋子。在其中一间环绕着巨型大理石柱子的屋子里，一群鬼魂聚集在一起讨论着瘟疫的进展。这个建筑的其余部分都被笼罩在浓厚的黑暗中。偶尔闪烁的点点灯光，使他认出一群在互相嘲讽和闲聊的骷髅。其中有的在互相追逐，有的在玩"跳山羊"的游戏。在这个建筑后面是一片荒芜的空地，中间耸立着一块巨大的黑色岩石。

伴随着恐怖的声响，有毒的泉水从石头里涌出，飞流而下，污染了城市里所有的泉水与田地。在目睹了这番场景之后，陌生人又把他带到了一间满是金银财宝的密室，陌生人说只要他臣服于自己，并且同意将能传播疾病的毒药涂抹在米兰居民的门前，那些财宝就都是他的。现在他知道这个陌生人就是魔鬼。他开始祈祷，祈求上帝赐予他力量来抵抗这份诱惑。他的祈祷灵验了，他拒绝了诱惑。魔鬼怒视着他，一阵惊雷掠过魔鬼的头顶，他的眼里闪着熊熊烈焰。下一秒，他发现自己已经孤独地站在教堂的走廊上。这个男子日复一日地重复着这个奇异的故事，每天都没有变化，所有人对此都深信不疑。

人们在城里不断地搜索那间神秘的屋子，但是一无所获。警察搜索了这个男子指认的几处可疑的地点，但是既没有发现瘟疫恶魔，也没有发现鬼魂殿和毒泉。但是这个故事已经深埋在人们内心，有一些被疾病逼疯了的人跳出来声称自己也看见过这个恐怖的陌生人，也听到了他那六匹乳白色的马拉着的战车在午夜街道上飞驰的声音，状若惊雷。

承认自己受雇于魔鬼、在城里散播毒药的人们多得令人难以置信。这种狂热像瘟疫一样蔓延，甚至蔓延到了国外。这些人的思想和他们的机体一样失常了，日复一日都有人主动认罪，而通常他们也是疾病缠身，甚至有人在审判过程中就死去了。

第四节　泰晤士河将淹没伦敦

在1665年的伦敦大瘟疫中，人们同样追捧着庸医和狂热分子的预言。笛福说，在当时的情况下，人们比以往任何时候都迷恋着所谓的预言、天相、梦以及各种荒唐的故事。年鉴和一些预言让他们害怕得要命。早在瘟疫爆发前一年，人们因为一颗彗星的到来而惊慌失措，人们预计一场灾难将降临，或是饥荒，或是瘟疫，或是火灾。当疾病刚刚爆发时，狂热分子涌上街头，宣言在几天内伦敦城就将覆灭。

1524年，在伦敦发生了更加离奇的关于预言的事件。当时整座城市挤满了算命师和占星师，各个阶层的人们竞相来咨询自己未来的道路。早在1523年6月，他们当中的几个人不约而同地预测在1524年2月1日，泰晤士河的水位会暴涨，整座伦敦城都会被淹没，一万间房屋将被冲走。预言正中人们盲从流言的心态。预言被人们信誓旦旦地交口相传，许多家庭为了躲避灾难，逃到了肯特郡和埃塞克斯郡。

随着灾难日的临近，逃难的人越来越多。到了1524年1月，成群结队的工人们拖家带口，朝着15英里或者20英里外的村子艰难跋涉，等待着灾难降临。有钱人坐着马车或者其他交通工具一同跋涉。1月中旬，至少有两万人离开了那座灾难之城，留下空空如也的城市，任由他们的房子被即将到来的洪水冲走。许多有钱人搬到了海歌特、汉姆斯戴德和布莱克西斯居住，有些人则在北边的沃尔萨姆修道院和泰晤士河南边的克罗伊顿安营扎寨。圣巴斯罗缪教堂的院长博尔顿非常害怕洪水的到来，他在哈罗高地花费巨资建造了一座城堡，并且储存了两个月的粮食。

　　1524 年 1 月 24 日，伦敦毁灭日来临前一个星期，博尔顿带着他的家人、亲友还有修道院的同事搬到了城堡里。还用货车将许多船只和经验丰富的船家也运到了他的城堡里，以防洪水涨到与哈罗高地一样高时，他可以依赖这些船只逃往更远的地方。许多有钱人乞求住进这座避难所，但这位院长在深思熟虑之后，决定只允许私人朋友和携带了大量食物储备的人入住城堡。

　　最后，决定伦敦命运的那轮太阳在东方升起。好奇的人们一大早就闹哄哄地去观察河水的上涨。人们普遍认为，预言中的洪水不会突然到来，而是会渐渐来临，所以他们认为自己在观察到泰晤士河的水位超过正常水位线时，还有充足的时间逃跑。但是大多数人深信着预言，认为只有在 10 到 20 英里以外的地方才是安全的。泰晤士河无视着她岸边的那些愚蠢的人类，仍如往常一样静静地流淌，潮涨潮落仍如往昔，与那二十个占星师的预言完全不同。这些占星师的脸上面无表情，认识到自己做了何种傻事的群众也面无表情。最后一个夜晚降临，河流依旧没有发洪水冲走任何一座房子。但人们仍旧不敢去睡觉。许多人唯恐洪水像小偷一样在夜晚袭击他们，于是他们等到了第二天破晓。

　　第二天，大家严肃认真地讨论是否应该把那些预言家扔进河里。但走运的是，这些家伙想到了一条权宜之计来平息众怒。他们坚称自己犯了一个很小的数字错误，他们将这个灾难日预言早了一个世纪。星辰的运行轨迹是正确的，是他们这些凡人错了。这一代的伦敦人是安全的，而伦敦将会在 1624 年，而不是 1524 年被洪水冲走。博尔顿院长在听到这个消息以后拆除了他的城堡，疲惫的市民纷纷返回家园。

　　伦敦大火的目击描述手稿目前被收藏在大英博物馆里，这份由哈莱尔父子收藏的手稿发表在皇家文物研究协会，揭示了另一桩关于伦敦人民轻信谣言的事件。那时哈莱尔每天陪着约克公爵在福利特桥和泰晤士河之间的区域巡视火灾灾情，他说在巡视的过程中，他们受到了迷信人群的极大阻挠。修道院院长斯波敦在她的一则预言中说伦敦将会被烧成灰烬，人们都不要做任何事去阻止这件事发生。有名的凯内尔·迪克比爵士的儿子也声称自己有预测未来的能力，他劝导人们，既然在命运之书中伦敦已经注定毁灭，那地球上是没有什么力量可以阻止预言发生的。于是成千上万的民众本可以在大火时伸出援手，避免整个教区都遭到毁灭，但他们却选择袖手旁观。更多的人发现无力挽救城市以后，就开始无所顾忌地趁火打劫。

第五节　受人尊敬的预言家们

如今在 19 世纪，在英格兰郊区生活的人们仍旧迷信着斯波敦的预言。在农人和仆人中间，她仍旧有很高的声望，在没有受过教育或只受过不完全教育的人群中，她被奉为英国预言家界的鼻祖。传闻她出生在亨利七世统治下的纳尔斯伯勒，她曾将灵魂出卖给了恶魔一次来获得预见未来的能力。在她的一生中，她都被当成是女巫，但她最后逃脱了女巫的命运，在约克郡附近的家中，她以高龄辞世。据说那个地方的教堂墓地里竖立着一块儿石碑，上面刻着这样的墓志铭：

"在此安息的人她从无谎言，

她的能力经受得起检验，

她的预言将流传百世，

她的声名将万古流芳。"

人们在她的传记中写道："她没有一天不做一些需要人们细细思量的预言。"她闻名遐迩。人们不论男女老幼、贫富贵贱纷纷慕名而来，特别是年轻的少女都来让她解答自己对未来的困惑。所有人都能带着满意的答案回家。这些人当中有贝弗利修道院的院长，斯波敦向他预言了亨利八世对修道院的镇压、国王与安妮·博林的婚姻、史密斯菲尔德火烧异教徒以及苏格兰女王被处决。她同样预言了詹姆斯一世的即位，对于这位继任者，她补充道：

"北寒之地，邪恶来临。"

接下来她做出了另一个预言。她的信徒们认为这些事情虽然目前尚未发生，但是很有可能将在未来发生：

"当血海与洪水交汇，

哭喊声将震动天地，

海啸之声胜过雷鸣，

三对雄狮奋力搏杀，

欢乐终将属于人民，

荣耀终将归属帝王，

杀戮的时代将结束，

和平的光芒将降临，

富足生活随处可见，

战士也将解甲归田。"

但是斯波敦最为著名的预言却与伦敦有关，她预言，当伦敦和海歌特两地的房屋交汇，连成一条连续的直线时，灾难就会爆发。民众一想到这个预言就惊恐万分。如果人们仍旧热衷于扩建房屋，那么斯波敦在弥留之际留下的这则预言就将应验，革命将会发生，强大的君王会倒台，大量的流血牺牲将成为标志性事件。就连天使们看到人们面临的灾难也会难过地扭过头，为悲惨的英格兰留下泪水。

第六节　最伟大的预言家梅林

斯波敦如此声名显赫，但是在预言家排行榜上，她却只能排到第二。因为梅林才是前无古人、后无来者的伟大预言家！就像古人德雷顿在他的《多福之地》中所歌颂的那样：

"何人未曾听闻梅林和他的本领？

世间仍处处回荡着他的声音，

他的预言流传千年却仍然灵验，

预言终结将只待时光走向穷尽。"

斯宾赛在他美妙的诗篇中对这位伟大的预言家做了有力的描述：

"他的魔力，

震铄古今。

他的咒语可驱使日月，

可使大地变成汪洋，

可使大海枯为旱地，

可使昼夜瞬间转化。

一人可敌万人之勇，

一人可挡千军万马。

当与恶魔为敌，

可使其闻声而栗，

可使众人宽慰。

他非凡人之子，

是狡黠的精灵与年轻的修女所育。"

这些诗作保留了人们对于梅林的基本看法，他与沃蒂根同处一个时代。对于他是否真的存在，还是说是盲从的民众创造出来的幻想中的人物，两派人各执一词。最有可能的是，此人真实存在，像修道士培根一样拥有超越时代的知识，也因此被好奇的群众赋予了像斯宾赛的诗中所描述的那种超自然能力。

蒙莫斯的杰弗里崇拜梅林，他将梅林的诗歌集（他的预言）翻译成了拉丁语散文，不只杰弗里，梅林同样也受到绝大多数古代编年史作者的推崇。在出版于查尔斯一世统治时期、由托马斯·海伍德所作的《梅林的生平及其预言》一书中，我们可以找到几则预言。但是它们看起来像是海伍德自己写上去的。书中的用语看起来都过于平实笃定，不得不让人怀疑是事后才被写上去的。在谈到理查一世的时候，他说道：

"狮心抵抗撒拉逊，

无上荣光终归身。

玫瑰百合初为盟，

分赃不均恶相向。

国外成就功名事，

岂知国内天地倾。

狮王悲入笼中囚，

受得煎熬方得出。"

对于理查三世，他也用同样直白的语言写道：

"驼背的怪物，

出生时就带着獠牙。

令人可笑的生灵，

从娘胎里诞下的奇怪生物。

脚比头先落地，

踏着鲜血登上高位，

野心达成。

衣着华贵，丑态若此，却受人尊敬。

本以为可以站稳脚跟，

未曾想远行的游子将归。"

另外一则关于亨利八世的事后预言告诉我们，他将从罗马归来，重新掌握权力："他将权力带回英国的树荫下，他会铲除所有被剃刀刮过的脑袋，他会怒而杀男人，欲起享女色；而他的下一位继任者，只会架起柴火和木棍。"海伍德将梅林的预言收尾在了自己的那个年代，却丝毫不透露之后英格兰会发生什么事。除此之外，他就只提供了以下这则预言，以慰读者：

> "大麻成熟收割时，
>
> 英格兰人要小心自己的脑袋。"

这则预言让人觉得他应该被绞死，在那个年代，这样的境遇对于假预言家来说是常见的。但他解释道："大麻（HEMPE）这个词由五个字母组成，分别指代从亨利八世起的五位继承者——H 指的是亨利八世（King Henry VIII）；E 代表他的儿子爱德华六世（King Edward VI）；M 指下一位继任者玛丽（Queen Mary I）；P 指的是迎娶了玛丽女王、与她共治英国的西班牙菲利普国王（Philip of Spain）；最后，E 代表伊丽莎白女王（Queen Elizabeth I），在她死后，英国王室会为争夺王权引起极大的纷争。"然而这些并没有发生，海伍德像一个狡猾的流氓，他自圆其说道："这个预言还是灵验的，虽然没有完全符合预期，詹姆斯一世平安即位了，但是不仅是在伦敦，而是在整个英国都有很多流血事件，这种情况在七年内都不会得到改善。"

这有点像来自庞蒂弗拉克特的彼得的托词，彼得曾预言约翰国王将会被废黜和处死，但他最后却被这位国王绞死了。葛兰登在他的《英格兰编年史》中用极富画面感的、有趣的笔调记叙了这件事。"与此同时，"他说，"这群英国的牧师们自己塑造了一位先知，叫作彼得·维克菲尔德，他来自约克郡，是个半隐居的修道士，平日里游手好闲。牧师们为了让彼得做的预言增加可信度，同时也为了削弱臣民对于国王的信任，他们每天在英格兰人面前吹嘘说，基督曾两度以孩子的面貌在彼得面前现形，一次在约克郡，另一次在庞蒂弗拉克特，基督朝他说了三声：'和平，和平，和平'，并且给予他很多教诲，他将这些教诲转述给了主教，用以敦促人们改正不端的行径。牧师们神情严肃地对民众们说，彼得见过天堂的美好与地狱的痛苦，因为这个国家像他这样虔诚的人不超过三个。"

"这个假预言家预测，约翰国王的统治将会在下一个耶稣升天日到来前结束，也就是 1211 年的耶稣升天日，那也正好是国王即位 13 年的耶稣升天日。他称这是神的旨意。怎么离开王位则由他自己决定，是被罢黜，还是被绞死，或者说是主动让出王位。假预言家不肯说是通过哪种方式，但是他确信，那天以后继位的，肯定不是约翰或他的族人。"

"国王听说这件事后感到非常可笑，他轻蔑地笑了一声说：'嘿，这就是个白痴，脑子有病的无赖。'但是国王对此也不予计较，只是把他赶出了城，然而这个白痴一样的流浪汉，在外面也管不住自己的嘴巴，随便乱说，以至于被爱戴国王的臣民们抓了起来，投进了监狱，国王自己甚至都不知道这件事情。"

"这个思想奇怪的预言家很快闻名全国，特别是在那些愚蠢的人中间；他被投入监狱之后，谣言泛滥，人们做出了种种离奇的猜测，用粗鄙的方式凭空捏造，以讹传讹，谎言叠着谎言，旧的谣言还没有消散，新的谣言就产生了，但都是些没有根据的话。谣言四起，大家说国王亵渎神灵，约翰国王的敌人暗自高兴，他的牧师们也在筹划着反叛，无论人们做了什么愚蠢而没有依据的猜测，都会说'这是彼得·维克菲尔德说的，一定会应验的'。耶稣升天日那天，约翰国王在旷野搭了豪华的帐篷，在他所信任的贵族朝臣的陪同下，用前所未有的仪式来欢庆这个节日。只有在这盛大的音乐会和他所信任的亲朋当中，国王才感到安心。当这一天安然地度过时，国王的敌人们都感到困惑，只能牵强附会地解释之前的预言——'他的确已经不是国王了，英国教皇才是'（当时约翰国王被逐出教会，备感压力）。"

"之后，国王的大臣向他进言，说这些荒谬的预言已经给王国带来了麻烦，扰乱了人民的心智，使得他们反对自己的国王；这些言论还被牧师们传到了国外，传入了法兰西国王的耳中，使得他对侵略英格兰跃跃欲试。真相就像被拖入了希波布拉底的黑暗梦境一样。国王因此下令处决彼得和他的儿子，以免他家再出这类妖言惑众的人。"

海伍德坚称这些预言都是真的，并且给予了彼得·维克菲尔德更多的赞美，但要是他不幸也生活在那个时代，恐怕会落得跟彼得一样悲惨的下场。他说，彼得不仅是一个预言家，还是一个诗人，预见了约翰国王的种种灾难。人们认为彼得是一个骗子，因为他曾预测说约翰国王在他统治英格兰的第十五年之前就会退位，这条大胆的预言并没有应验，但海伍德勇敢地回复说，彼得的预言是公正准确的，约翰国王早已经将权力交给了教皇，他向教皇进贡年金，所以是教皇在统治，而不是国王。海伍德认为这种解释是无懈可击的，证明了这位预言家的话是可信的。

我们还是谈回梅林吧。就算到了现在，我们也可以用彭斯形容另一个伟人的话来形容梅林：

"力之大也，名之盛也，闻名遐迩。"

他的声誉没有局限在他出生的地方，而是远播整个欧洲。1498 年在巴黎出版了一本有趣的书叫《梅林的生平、预言和奇迹》（*Life，Prophecies and Miracles*），这本书由罗伯特·伯森撰写，上面记载，梅林的父亲就是魔鬼，梅林一降生便能开口说话，还安慰他善良的母亲，说恶毒邻居的预言只是胡言乱语，她绝不会在自己尚在幼年时就死去。地区法官听说了这件逸事，当天便传召他们母子俩到自己跟前。为了试探这位年轻预言家的智慧，法官问梅林知不知道自己的父亲是谁？幼年梅林用清楚响亮的声音回答道："是的，我的父亲是魔鬼；我继承了他的力量，我通晓世间万物，能知晓过去，能认识现在，还能预测未来。"法官惊讶地鼓起了掌，心中充满敬畏，决定不去打扰这对母子。

很早就有传闻说，巨石阵是梅林建造的。他们相信是梅林用他的力量在空中操控着巨石，将它们从爱尔兰移到了索尔兹伯里平原，然后他将巨石摆成了现在的样子，纪念不幸被撒克逊人屠杀的三百个将领。

在靠近喀麦登的阿伯格维利，仍旧可以寻得梅林居住过的山洞和他念咒的地方。斯宾塞的《仙后》（*Faerie Queene*）对此有着十分精彩的描述。这些诗歌怎么重复提及都不为过，因为如果缺少了这些诗歌就无法完整地介绍这位英国最伟大的预言家：

"伟大睿智的梅林啊，

他将他的光芒隐藏在地底，

在远离尘世的遥远洞穴中，

与他四周的精灵们交心。

如果有一天，

你去参观了这些恐怖的地方，

会发现那是一个丑陋中空的洞穴，

是岩石底下狭小的空间，

坐落在戴纳瓦尔的密林中。

但我奉劝你，

不要踏入这可怕之处，

残忍的恶魔会将你吞噬。

但是，只要你站在高处，附耳倾听，

你将会听到铁链作响的恐怖声音，

敲击黄铜，铛铛作响，

那是上千个精灵在经受折磨，

这景象定会吓得你心慌腿软。

你将经常听到悲鸣与痛苦的呼号，

那是承重的徭役所迫。

沉重与尖锐的敲击声，

从深深的地底传出，令人心惊。

他们说，事情的起因为此，

梅林死前不久，征召精灵为他打造铜墙铁壁，

以期获得美好的归宿。

此时，他心爱的湖中仙子邀其赴约，

并想趁机让他的工人们罢工，

但精灵们慑于梅林的威力，不敢放松。

梅林在仙子的诡计下意外丧生，

他一去不回。

精灵们本可借此脱离徭役，

但难敌对梅林威力的恐惧，

仍旧辛勤劳作，

直至铸成铜墙铁壁。"

第七节　神奇的预言家尼克松

在英格兰的其他预言家中，仍旧有人相信个人的力量不会受知识进步的影响，他就是罗伯斯·尼克松，被称作柴郡的笨蛋，与斯波敦是同时代的人。大多数人认为他出身贫寒，诞生在离皇家河谷不远的德拉米尔森林边缘。因为自身的无知愚笨，他虽然出生在农民之家，但对农耕却一窍不通。每个人都认为他是无可救药且精神错乱的笨蛋，也没有把他那些奇怪的、断断续续的话放在心上。

他的很多预言也因此遗失。一件偶然的事使得他成为众人关注的焦点，并且成为了公认的首屈一指的预言家。有一天，他正在田里劳作，突然他停下手头的工作，带着狂热的眼神，做着奇怪的手势，大喊大叫道："就是现在了，迪克（理查三世的小名）！哈利（亨利七世的小名）！啊！迪克玩完了！啊！哈利干得好！"他的伙伴们完全无法理解他这种奇怪的行为，但是第二天，谜底就揭晓了。信使急匆匆地带来了消息，在尼克松大喊的时候，理查三世在博斯沃斯之战中战死，亨利七世宣布自己成为英格兰国王。

没用多久，这位预言界新星的声名就传到了国王的耳中，他非常希望可以和这位预言家当面交谈。一位信使立即奉命出发将他接到了宫廷；但在这位信使到达柴郡之前，尼克松就通过超自然的力量知道了这件事，他对这即将到来的荣耀感到恐惧，他近乎发狂地跑到街上，像一个疯子一样大声叫喊，说他会被要求进宫拜见亨利七世，之后一定会被饿死在那儿。

这些言论并没有引起人们的关注，但是当第三天信使到来并且将尼克松带走时，柴郡的人们才认识到，他们的预言家是有史以来最棒的。尼克松入宫时，亨利七世正为丢失了一颗珍贵的珠宝而烦躁，他想让尼克松告诉他在哪里可以找到这颗宝石。其实亨利七世是故意藏起了这颗宝石，为的就是检验这位预言家的能力。所以，当尼克松用一句谚语告诉他"谁藏的谁就能找到"时，亨利感到震惊。从那时起，亨利国王对他的预言能力深信不疑，并且要求手下人记录下尼克松的每一句话。

在尼克松住在皇宫期间，他无时无刻不在担忧着自己会被饿死，他不断请求国王准许他回归故乡，否则被饿死就是等待着他的最终命运。亨利七世舍不得尼克松，他严令他的仆人和厨师为尼克松提供充足的食物。尼克松生活得很好，有段时间他长得跟高贵的管家一样健壮，跟总督一样肥胖。有一天，当国王出宫狩猎时，尼克松跪在宫门前，恳求国王别把他留下来饿死。国王哈哈大笑，叫来了自己的管家，吩咐他照顾好尼克松，然后就骑着马奔向了森林。国王一走，他的仆人们就开始戏弄、刁难尼克松，他们觉着尼克松不值得国王这么优待。尼克松向国王的管家抱怨这件事情，这位答应了国王要照顾好尼克松的管家便把尼克松锁在了国王的衣橱里，每日按时给他送去四餐饭。碰巧在这个时候，国王派来了一位信使，要求管家立刻启程前往温切斯特处理一件生死攸关的大事。这位管家毫不犹豫地跨上了马，跟在这位信使后头飞奔而去，完全没有想到留在衣橱里的尼克松。三天以后，当他回来的时候，才想起那位预言家，他赶忙赶到衣橱那儿，却发现尼克松已经饿死在地板上，就像他先前预见的一样。

他那些已经灵验的预言里，有些与僭越者查尔斯·爱德华·斯图尔特有关：

　　"一位伟人来到了英格兰，
　　但国王之子赢得了胜利。"
　　"乌鸦将饮尽贵族的鲜血，
　　北方将会群起反抗南方。"
　　"北方雄鸡将会落荒而逃，

> 他骄傲的羽毛会被拔除，
>
> 他将诅咒自己的降生。"

他的追随者说，这些预言就像正午的太阳那样清楚明白。第一则预言讲述坎伯兰公爵在卡洛登战役中打败了查尔斯·爱德华亲王；第二则预言讲述了德温特沃特勋爵、巴尔梅诺勋爵和卢凡特勋爵被处决的事；最后一则预言则讲述了僭越者从英格兰撤退了。在他的这些预言中，仍旧有一些等待时间的检验：

> "七八九之间，
>
> 英格兰将出现奇迹。
>
> 九和十三之间，
>
> 所有的痛苦都会消失。"
>
> "消耗我们的金钱和臣民的残酷战争即将爆发。
>
> 在失败与死亡中，
>
> 英格兰人要重拾勇气。"
>
> "外族将侵略英格兰，他们的盔甲携带着风雪，他们的衣物将裹挟着瘟疫、饥荒和屠杀。"
>
> "南特威治小镇将会被洪水冲走。"

对于前两则预言，目前还没有人尝试着去解释；但是有些事件被曲解以迎合这些预言。而第三则是关于身披雪盔甲的国家侵略英国，有些老妇人认为这指的是俄国。而关于最后一则预言，许多南特威治小镇的居民认为这就是他们最终的命运，但好在预言家没有说灾难将在哪一年发生，人们认为将会在两个世纪以后，所以幸而小镇的宁静并没有被打扰。

尼克松的传记作者这样总结他："他的预言被一些人认为是寓言；但是从已经发生过的事来看，他的预言大多灵验了，有些现在没有应验的，在未来也会应验。对于我们来说，在任何情况下，我们不仅应该尽最大的努力驱逐敌人，同时也该检点我们恣意放纵和不道德的生活方式，然后持续地向上帝虔诚地祷告，以期获得庇护。"

除了上述这些预言家以外，还有英国的编年史作家利利、穷人罗宾、帕特里奇和弗朗西斯·摩尔医生，以及在法国和比利时的马修斯·拉斯伯格。虽然这些人也都很棒，但是跟梅林、斯波敦和尼克松比起来都只是平庸之辈，因为后者的思想超脱了对天气等小事的预测，也不仅局限在短短一年以内会发生的事。相比之下，那些编年史作家就不值一提了。

第六章

占卜

人们在暗中摸索窥探命运的神秘安排；

祈望着巫师的神机妙算，

能揭开迷雾般的未来。

——《赫迪布拉斯》[1]（*Hudibras*）第三章·第三篇

---

1 《赫迪布拉斯》是英国 19 世纪作家塞缪尔·巴特勒所写的一首长诗，用于讽刺当时英国的新教徒。

第一节　人性的弱点

接下来，我们看看人类在窥探未来的欲念支配下，还曾做出过哪些愚蠢的行为。上帝以其高深的智慧，曾不止一次地帮人们揭开未来那神秘而可怕的面纱，同时也明智地决定，对未揭开的部分人类还是不知为妙。

对于人类而言，怀抱对明天的未知实属幸运；然而人类自己却对这种恩典毫无察觉，反倒是不遗余力地去探求未来的轨迹，推演时间的步伐。人们将这种妄念发展成学问，进而划分为不计其数的学科和体系，并穷其一生去进行无谓的探索和追求。从没有任何一门学问比预测未来更容易让人上当受骗。人们心中或多或少都对未来抱有好奇，但唯有经过漫长的人生历练和自我反省，我们才会发现，当该来的时机来临时，未来自会展现在我们眼前。

人类之所以对预测未来有着如此深的执念，根源在于其坚信"人乃万物之灵"。想到星辰无一不在守护着我们，斗转星移间预示着我们即将迎接的欢喜与遭遇的悲伤，人们感到多么光荣！虽然对于地球而言，人类如夏虫一般渺小，然而人类自己却坚信，这永恒的世界是为了预测我们的命运而运转。试想，如果我们脚边的小虫正苦苦思索未来的奥秘，以为划过天际的流星预示着附近有山雀要来吃它，暴雨地震、帝国颠覆、君王陨落的唯一目的是预示其生死，我们定会怜悯它的自负。但仔细想想，从占星术到占卜学，从通灵术到风水学，更别提手相和其他乱七八糟的所谓"科学"，人类自己又何尝不是这般傲慢呢？

抛开古代的异教徒预言和神谕不谈，如果纯粹看人们对算命的热衷程度，16 世纪和 17 世纪可谓是算命先生的黄金时代。他们往往兼具炼金师和算命师的双重身份，因而在前面的章节已经有所提及。他们宣称自己可以续命几百年，也自然而然地具有超自然的、预知未来的能力。哪怕他们表示自己只拥有一种超能力，世人还是会相信他们通晓一切奥秘。三个世纪以前，欧洲最负盛名的占星家无一不是炼金师。

阿格里帕、帕拉塞尔斯、狄博士和玫瑰十字会会员全都宣称他们既拥有点金石和使人长生不老的仙丹，也可以知晓未来。在他们的影响下，人们对于奇迹、鬼神和超自然的想象空前盛行，大家都认为魔鬼和星辰不断插手人类的命运，因此通过各种各样的仪式来求神问鬼、祭拜星辰。性情忧郁、内敛的人选择钻研巫术和魔法，生性亲切、活泼的人则盯准了占星术。当时，所有的当权者都大力支持占星术。

第二节　占星家利利与伦敦大火

在英格兰，从伊丽莎白女王到威廉与玛丽执政时期，神判占星术曾盛极一时。声名卓著的占星家包括狄博士、兰姆博士、福曼博士，此外还有利利、布克尔、吉百利、埃文斯和散落在全国各大村镇的无名小卒们。这些骗子以算命为业，帮人分析生辰八字，找回失窃财物，预知婚姻是否美满，评断旅程是否顺遂，并为下至鞋店开张、上至行军打仗的大小事宜测算良辰吉日。以巴特勒的话来形容，这些人可谓——

> 周旋于命运的黑暗神灵，
>
> 求索于月亮的圣洁智慧；
>
> 为上下之事宜求得安宁，
>
> 为远近的人们觅得宽慰；
>
> 凭借着炼金工具的回应，
>
> 修补着人类命运的音轨。

利利在其《人生往事回忆录》（*Memoirs of His Life and Times*）一书中写道，

当时涌现出很多二流的江湖术士。他之所以瞧不上对方，并非因为同行相轻，而是因为他们帮人找回失窃财物却收取报酬，此等行径简直有失这高尚艺术的水准。从巴特勒的《赫迪布拉斯》及其中不乏疑问的注解中我们可以看出，当时有很多占星家倚赖着民众无知而易骗的天性，凭借巫术和魔术进行欺诈来营生。

即便是到了今天，那些套上弗兰西斯·摩尔之名写书的年鉴作者依然声名卓著。而在查理一世和英格兰联邦时期，达官显贵更是毫不避讳地向占星家求教问题。利利本人就作为巴特勒笔下的辛德拉弗一角的原型而成为不朽的人物。他曾宣称，自己会撰写一部《占星学导论》（*An Introduction to Astrology*），来向世人阐明占星学的科学性和正统性。利利还表示，军队、独立党派和下议院士绅都支持他的计划。

利利后来完成了这本书，并在全书付梓时和另一位占星家布克尔一起拜访了议会军位于温莎的总部。当时费尔法克斯将军也恰巧投宿于此，后来经人引荐，将军亲切地接见了他们，并在谈话间提及了他们的几个预测。将军表示自己虽对占星术不太在行，但他希望占星学符合上帝的旨意和法律的要求。他认为这两位占星家对上帝怀有敬畏之心，他们因此在将军的心中留下了不错的印象。

利利当时向将军保证，占星学的内涵符合《圣经》的教义，他凭借自己对星象的知识，肯定地预测议会军定将力挫一切敌人。在克伦威尔执政时期，利利便借此宣称自己早已洞察议会军的胜利。他成了独立党人，所有的士兵都当他是朋友。在苏格兰时，他曾看到一名士兵站在军队面前，手持预言书向几名路过的士兵喊道："嘿！听听利利是怎么说的，这个月你们胜利在望啦！战斗吧，勇敢的伙计们！打了胜仗再来读那个月的预言！"

1666年伦敦大火事件后（利利宣称这场大火也不出他所料），受命调查大火起因的下议院委员会派人去传召利利，原因是利利在其1651年出版的《君主制去留》（*Monarchy or no Monarchy*）一书中插入了一张象形图，其中一边是身缠裹尸布的人正在挖掘坟墓，另一边则是陷入火海的城市。大火后，几位自以为聪明的下议院议员想到了这本书，便向下议院报告了这件事，于是大家同意传召这位占星家。利利到场后，罗伯特·布鲁克爵士向他解释了事情的来龙去脉，并请利利谈谈他所知道的情况。

这对于浮夸虚荣的利利而言，无疑是个难得的自吹自擂的机会，于是他开始口若悬河地夸耀起他自己和占星学来。据利利说，在查理一世被处决后，他迫切地想知道议会乃至整个国家的命运将何去何从，于是便通过观测星象得出了结论。他将结论用象形文字和象征标志表示出来，而不加任何文字阐释，从而保证只有智者才能通晓其中的玄机。利利的说法颇有些睿智哲学家的味道。

一位议员问道："那你有没有预测到大火发生的具体年份呢？"利利答道："没有，因为我压根儿不想知道具体年份，所以对此没有仔细研究。"在经过几番问答后，议员们发现他们从利利嘴里套不出什么有用的东西，便客客气气地放他走了。

利利还曾自鸣得意地解释过另一则预言，从中我们可以看出他是如何将那些混乱的所谓"预言"灌输给民众的。他说："1588 年，一本希腊预言书曾精准地解释了英格兰 1641 年到 1660 年间的长期动乱。"那则希腊预言的结尾是这么说的："僧侣阶层（Monkery）已经消弭了八九十年，而总司令的名字又是蒙克（Monk，意为僧侣），正是此处的将死之人。皇家的 G 或者 C 代表着查理二世（Charles II）（在希腊文中是 G，但在拉丁文中为 C），他的血统可谓是世界上最纯正的血脉。"

第三节 法国、德国、意大利的占星家

在法国和德国，占星家的地位甚至比在英国还高。起初，查理曼大帝及其继位者都极力反对占星术和巫术。但后来，史上最迷信的国王路易十一世招揽了无数占星家入宫；而史上最迷信的皇后凯瑟琳·德·梅第奇更是非占卜不做事。这位皇后偏爱自己国家的占星家，因此在她统治法国期间，全国上下都是

意大利的法师、通灵师和各式各样的算命师。在这些人里，最为得宠的无疑是亨利二世的御医——大名鼎鼎的诺斯特拉达姆士。

这位占星家于 1503 年诞生在普罗旺斯的圣雷米小镇，父亲是当地的公证人。他年入五旬时还没什么名气，在他那本著名的诗集《世纪》（*Centuries*）问世后，他逐渐引起广泛的注意。这部诗集多用对句，晦涩难解。1556 年，随着诗集广为传播，亨利二世决定结识这位才子，于是请他入宫担任御医。《真实世纪》（*Vraies Centuries*）一书于 1668 年在阿姆斯特丹出版，其序言是诺斯特拉达姆士的小传，其中写道，他经常为皇室占卜未来，因此除了日常的看病津贴外，还赢得了很多额外的赏赐。

亨利二世过世后，他退隐故乡。1564 年，查理九世曾去拜访他，发现他竟能预测法国乃至全世界接下来几百年的事情，这让查理九世心中充满了崇敬，因此任命他为国事顾问兼御医，并给予他皇亲贵族一般的待遇。诺斯特拉达姆士的传记作者这样写道："简单地说，国王授予他的荣誉实在是数不胜数，所有达官贵人、名流学者都不远千里地来到皇宫向他求教，把他当作神谕的传唤者。此外，还有很多异乡客远渡重洋来到法国，只为求得他的占卜。"

诺斯特拉达姆士的预言诗有上千小节，每小节四行，从头到尾就像神谕一般晦涩难懂。这些诗的内容往往寓意广阔，时间和空间都非常宽泛，因此几乎必然可以在一定的时间、地点得到应验。只要像利利在解释蒙克将军和"将死之人"的关系时那样稍微用点小花招，就可以轻而易举地把这些预言套用在任何事件上。

直至今日，诺斯特拉达姆士在法国和比利时的瓦隆地区仍然广受欢迎，老农妇们仍怀抱着至高的信赖之心向他请教万事万物。

在皇族中，并非只有凯瑟琳·德·梅第奇一人对招揽占星家情有独钟。15世纪初，佛罗伦萨有位名叫巴兹尔的男子，他预测未来的能力闻名整个意大利。据说，他曾向当时还是一介平民的柯西莫·德·梅第奇预测，他的星运与奥古斯都·恺撒和查理五世皇帝相同，因此有朝一日将拥有至高无上的地位。另一位占星家则准确地预测了亚历山大·德·梅第奇亲王的死亡。他描述的时空细节如此详细，以至于被人怀疑他本人就参与其中——在当时，很多占星家常以这种卑劣的手段来抬高自己的占卜名气。这位占星家精准地预言出亚历山大·德·梅第奇亲王将死于熟人之手：这个杀手身形消瘦、面庞短小、肤色黝黑，平时沉默寡言。后来这则预言果真应验，亚历山大在自己家中被其表兄洛伦佐刺死，而后者完全符合上面的描述。《炼金师的复活》(*Hermippus Redivivus*) 一书的作者在引述这则故事时，认为这位占星家并没有参与谋杀计划，而是受亚历山大的某位朋友所雇，去警告他即将发生的危险。

还有一个更加精妙的故事，发生在 15 世纪的罗马占星师安蒂亚戈·蒂贝尔斯身上。当时，意大利的小君主都招揽占星家来做门客，以供咨询之便。蒂贝尔斯此前曾在巴黎研究数学并获得斐然成绩，加之其做出的预测不乏精准，因此被里米尼的君主潘多尔斯·德·马拉特斯塔纳入麾下。

蒂贝尔斯名气高涨，门庭若市，其中既有学富五车的学者，也有前来占卜的富贾贵客，因此他很快就积累了一大笔财富。尽管如此，他却度过了悲惨的一生，最后更是被送上了绞刑架。他过世后，下面这个故事便在当时广为流传，为后来的占星家津津乐道，并认为这证实了占星学不可辩驳的真实性。据说，在他死前很长一段时间，蒂贝尔斯曾发表了三则著名的预言，分别关于他自己、他的朋友和他的雇主马拉特斯塔。

第一则预言与他的朋友——当时最伟大的船长之一，圭多·德·博格尼有关。圭多非常想知道自己的命运，因此硬要蒂贝尔斯替他算命。蒂贝尔斯一脸忧伤地告诉他，从星象和手相看，圭多将被自己最好的朋友错怪，并因此丢掉性命。圭多接着问蒂贝尔斯是否能预测他自己的命运，蒂贝尔斯在观察星象后发现，自己将最终死在绞刑架上。他的雇主马拉特斯塔听到这些在当时看来毫无根据的预言后，便让蒂贝尔斯也替自己算一卦，并要求无论结果如何，都不能有半点隐瞒。蒂贝尔斯告诉这位全意大利最有权势的君主说，他将陷于贫困、孤苦无依，并在波隆那的平民医院里如乞丐般了结此生。这三个预言最终都成为了现实。

圭多被自己的岳父本蒂沃利奥公爵指控试图将里米尼的情报出卖给教皇军

队，之后在参加暴君马拉特斯塔的鸿门宴时被下令暗杀身亡。而蒂贝尔斯也受此牵连而入狱。他试图越狱，却在从地牢的窗口逃到护城河时被哨兵发现。次日，马拉特斯塔得知越狱事件后，下令将蒂贝尔斯送上断头台。

此时的马拉特斯塔已经把之前的预言忘得一干二净，然而他的命运却并没有打算就此放过他，预言正在悄然应验。尽管圭多是无辜的，但确实有人密谋将里米尼的情报交给教皇。谋反活动逐渐成型，在一切圈套就绪后，瓦伦蒂诺瓦公爵占领了里米尼城。马拉特斯塔在混乱中仓皇乔装并逃出了皇宫。他被敌人四处追杀，被朋友所抛弃，甚至连他的子女也弃他于不顾。最后，他心力交瘁，在波隆那病倒。由于没有人愿意照顾他，所以他被送到了医院，并在医院结束了这一生。唯一使这个精彩的故事大打折扣的细节在于，这些所谓的预言，其实都是事后编造的。

在路易十四出生前的几个礼拜，巴松皮耶尔的元帅以及宫中其他贵族派人从德国请来了一位占星家进宫，随时待命，以便在亲王降生时即可为这位法兰西储君画下生辰天宫图。王后在分娩时，他被召入产房的隔间，从而可以准确掌握生辰。

他占卜的结果是三个词：长久、持续、成功。这表示小亲王将拥有长久的寿命和权位，付出持续而勤勉的努力，并收获空前的荣耀和声誉。当然，从一位需要糊口的占星家、拿朝廷俸禄的朝臣嘴里，难道还指望听到什么不悦耳的话吗？为了纪念这件事，宫里后来还铸造了一块纪念牌，其中一面画着亲王的诞辰景，画中的亲王驾着太阳神阿波罗的战车，牌上还题着 "Ortus solis Gallici"——即"高卢的太阳升起"这几个大字。

为占星学辩护的最佳辩词出自于伟大的占星家开普勒，他本人是不得已才从事这门技艺。他的许多朋友都请他替自己算命，但他通常不管是否会得罪人，都会断然拒绝朋友们的要求。然而在特定的情况下，他却会顺应这种荒谬的风尚。他在给格拉克教授寄送自己的《天文历表》（*Ephemerides*）时写道，这些只不过是"无端的臆测"，但他不得不委身于这份工作，否则就会挨饿受冻。"汝等贤者、慧者，"他在《第三方调解》（*Tertius Interveniens*）一书中疾呼，"可曾察觉自己过分为难天文学之女？汝等莫非不知，她须凭借一己之魅力，才得赡养天文学这耄耋老母？倘无人愿从苍穹中探知未来，天文家何以微薄报酬营生？"

第四节　花式占卜

通灵术是继占星术之后，另一门被那些希望窥探未来的人热烈欢迎的伪科学。对通灵术的最原始记载是关于恩多尔女巫和塞缪尔鬼魂的故事。几乎所有的远古民族都相信亡灵可以被召唤，从而可以告诉我们上帝所隐瞒的未来。很多涉及通灵术的作品都会声称自己是通灵方面的经典，但这个话题从未被摆上台面。所有的当权者都视通灵术为洪水猛兽。

相较之下，占星学受到吹捧和嘉奖，杰出的占星家甚至能得到高官厚禄，但通灵师却总被人唾弃和畏惧，往往在火刑柱或是绞刑架上了结此生。罗杰·培根、阿布图斯·芒努斯、来自维勒纳沃的阿诺德等人，长久以来不断被人指责参与这些亵渎神灵的行为。民众执着于指控通灵术的荒谬，并且劳师动众来证明它的罪恶性，导致这项罪名变得异常难以平反，这在各类罪行中实在是绝无仅有。尽管冒着这么大的风险，从古到今，各国仍有很多假通灵师，其人数之众显然说明通灵术受到了极大的追捧。

土占卜（Geomancy） 通过出现在地上的线条、圆圈和其他几何图形来预测未来。这种技艺如今在亚洲国家的广大地区仍然大为兴盛，但在欧洲已近乎绝迹。

卜卦（Augury） 通过鸟类的飞行和内脏来分析命运，它一度盛行于古罗马，并在欧洲发扬光大。当代对此最为推崇的门派当属印度的图基教（Thugs）。

预测术（Divination） 的种类繁多，名声持久。自有文字记载的历史以来，预测术就统御民众的思想，并且毫无疑问在随着时间不断演进。无论是犹太人、埃及人、古巴比伦人，还是波斯人、希腊人、罗马人，都使用预测术。预测术也闻名于现代世界的各个角落，即使非洲和美洲原野上未开化的原始部落，也拥有预测的文化。

当今欧洲文明社会流行的预测术主要通过纸牌、茶杯或手相来进行。虽然只有吉普赛人以此为生，但如今成千上万的老百姓在喝完茶后，都爱将茶杯底的证据看个究竟，看看作物能不能丰收，母猪会不会产下一窝小猪崽；少女们也喜欢研究茶杯底，看看自己什么时候能嫁出去，看看自己的心上人肤色是黝黑还是白皙、家境是富有还是贫困、性情是温和还是暴躁。在现代社会大受欢迎的纸牌预测则是门全新的技艺，毕竟纸牌本身也不过只有四百多年的历史。而在欧洲几乎半数的乡村少女都深信不疑的手相学则历史久远，上可追溯到埃及的法老统治时期。茶杯预测的历史也很悠久，根据《创世纪》的记载，约瑟夫曾利用茶杯预测。此外，埃及人还用棒子预测，在近代，人们相信用这种方法可以发现隐藏的宝藏。现在，这些预测术在欧洲都非常流行。**算名卜卦**（Onomancy）则通过组成名字的字母以及字母次序的调换来预测命运。这是一种新潮的预测术，但相对而言信徒较少。

下面是高尔在《占星术士》（*Magastromancer*）一书中列举出的，并经道赫纳伯爵在其《年鉴》（*Year-Book*）一书第 1517 页引用过的人类历史上所曾经存在的各种占卜技术。

元素占术，用元素预测。

气候占术，用气候预测。

火占术，用火预测。

水占术，用水预测。

土占术，用土预测。

求神问卜术，假装通过与灵魂对话、假借《圣经》或上帝的话求得天启。

魔占术，通过魔鬼和邪灵的帮助预测。

形占术，通过人偶、图像和雕像预测。

心占术，通过人的灵魂、情感或性情预测。

人占术，通过人类的内脏预测。

兽占术，通过野兽预测。

鸟占术，通过鸟类预测。

鱼占术，通过鱼预测。

草占术，通过草本植物预测。

石占术，通过石头预测。

解签术，通过抽签预测。

解梦术，通过梦境预测。

姓名占术，通过姓名预测。

数字占术，通过数字预测。

对数占术，通过对数预测。

胸相术，通过胸部至腹部的体痣预测。

腹相术，通过腹部的声音或体痣预测。

脐相术，通过肚脐预测。

手相术，通过双手预测。

脚相术，通过脚预测。

甲相术，通过指甲预测。

驴头占术，通过驴的脑袋预测。

灰烬占术，通过灰烬预测。

烟占术，通过烟雾预测。

香占术，通过烧香预测。

蜡占术，通过蜡融化预测。

盆占术，通过盆里的水预测。

镜占术，通过镜子预测。

纸牌占术，通过写字预测，这种占卜必须由情人进行。

剑占术，通过刀剑预测。

水晶占术，通过水晶预测。

戒指占术，通过戒指预测。

筛子占术，通过筛子预测。

锯子占术，通过锯子预测。

金属占术，通过黄铜或其他金属的容器预测。

皮骨占术，通过皮肤、骨骼等预测。

星卜术，通过星辰预测。

鬼魂占术，通过阴影预测。

骰子占术，通过骰子预测。

酒糟占术，通过葡萄酒糟预测。

无花果占术，通过无花果预测。

奶酪占术，通过奶酪预测。

麦面占术，通过粗磨粉、面粉或麸皮预测。

谷占术，通过玉米或谷物预测。

公鸡占术，通过公鸡预测。

圆形占术，通过圆圈预测。

灯火占术，通过蜡烛和电灯预测。

解梦学（Oneiro-criticism），又称解析梦境的技艺，是从上古时代流传下来的一种占卜术。尽管人类的价值观念和物质文化都经历了沧海桑田的变化，解梦学却依然留存至今。五千年的文献资料保留了大量历史证据，证明人们普遍相信能人异士可以通过解读梦境来预测未来。

虽然这门占卜的方法早已失传（如果曾经有的话），但在 19 世纪，你只需了解一个简单的规则就可以掌握各种奥秘。根据那些自诩聪明的基督教徒的说法，梦境与现实是相反的。因此，如果梦见污秽之物，你将得到贵重的东西；如果梦见逝者，就会有新生命诞生；如果梦见金银，你可能会破财；如果梦见被朋友簇拥，你反而会遭到仇人迫害。

但是，这个法则并非适用所有情形。梦见小猪崽是吉，梦见大公牛则是凶；梦见自己掉牙，你可能最近会失去一个朋友；梦见房子失火，你可能收到远方亲友的消息；梦见害虫，家人可能即将生病；梦见毒蛇，意味着你的朋友其实是阴险的仇人。但在所有的梦境中，最幸运的莫过于梦见脖子以下都深陷在泥沼中；而清澈的水是悲伤的征兆。如果梦见自己赤身裸体站在大庭广众之下，却不知道在哪里可以找到衣服蔽体，预示着你会遇到极大的麻烦、痛苦和困惑。

在英国各地、欧洲大陆以及美洲，负责解梦的乡村老妇人通常备受人们的敬重，她们的话无异于神谕。在偏远地区，一家人围在一起吃早餐时常常会各自讲述自己的梦境，而一天心情的悲喜则由梦的解析决定。对他们而言，梦境里花非花、树非树，一切都是吉凶的征兆。梦境里的大树都被赋予左右命运的力量——白蜡树象征着漫长的旅行；橡树预示着长寿与繁荣。梦见剥树皮，对于少女而言意味着自己的品德和声誉将受损，对于已婚妇女而言象征着将会承受丧亲之痛，对于男人而言则代表着财神将至。光秃秃的树代表承受巨大的悲伤；没有树枝的树干则意指绝望和自杀。接骨木树意味着助眠；冷杉树更加吉利，预示着极度的舒适和富足；柠檬树预示将要出海；紫杉和桤木对年轻人预示着疾病，对老年人预示着死亡。花朵和果实也各自代表着不同的含义，我们将比较重要且有文字记载的内容，按英文字母表的顺序列出如下。

芦笋：梦见一捆整齐的芦笋，预示眼泪；梦见芦笋生长，预示好运。

芦荟：梦见无花的芦荟，预示长寿；梦见开花的芦荟，预示遗产。

洋蓟：预示你很快将得到意想不到的援助。

龙牙草：预示家里有人生病。

银莲花：预示爱情。

报春花：梦见在花圃里的报春花，象征着幸运；梦见在花盆里的报春花，象征着婚姻；梦见采摘报春花，则象征着守寡。

越橘：象征着一趟愉快的短途旅行。

金雀花：象征着家庭成员增加。

花椰菜：预示着所有的朋友都将轻视你，或你将陷入贫困，无人怜悯。

牛蒡：意味着收到来自乡间的礼物。

水仙花：如果少女梦见水仙花，那是她的守护天使发出警告，让她不要跟她的情人一起走入树林或者任何大声呼救也无人能听到的黑暗幽静之地。要是她不顾警告，就会遭受不幸！

　　"她将再也没法头戴花冠；

　　却会悲伤地身披柏树叶，

　　还有从枝头落下的接骨木。"

无花果：绿色的无花果预示尴尬，干枯的无花果代表穷人将得到金钱，富人将得到欢乐。

三色堇：代表心痛。

百合：代表喜悦。

睡莲：预示来自海上的危险。

柠檬：暗示分离。

石榴：预示单身人士将得到幸福的婚姻，有家庭矛盾的已婚人士将和解。

椴桦：代表愉快的陪伴。

玫瑰：表示幸福的爱，但也有悲喜交加之情。

酸模：代表着你很快将凭借谨慎的行动克服巨大的灾难。

向日葵：表示你的骄傲遭受重创。

紫罗兰：对单身人士预示祸害，对已婚人士预示欢乐。

任何一种黄色花都代表着嫉妒。

红豆杉：对男女均预示着丧失品德。

　　观察发现，梦的解析规则并非全世界通用。同样是梦到一朵玫瑰花，英格兰的乡村姑娘将满心欢喜、容光焕发地迎接新的一天，但诺曼底的农民则会大失所望、愁眉不展；同样是梦到橡树，英国人会感到很高兴，瑞士人则觉得这是会为鸡毛蒜皮的小事而遭遇巨大灾难的警告。无知而轻信的人就是这样饱受折磨；他们自寻烦恼，在毫无意义的希望和恐惧中浪费一天又一天。

征兆（Omens）。在人类预测未来的徒然追求下，不乏有其他自寻烦恼的方式，其中征象和征兆有着举足轻重的地位。那些在特定时间下发生的自然现象，经常被一些人认为是吉凶的标志，其中又以凶兆居多。相比于发现周遭事务的乐趣，我们更乐于在自我折磨方面下苦功夫。我们在日常生活之外另辟蹊径，想方设法让自己不痛快；生命之茶还不够苦涩，我们就自己提炼不必要的毒药加入其中，或者幻想一些莫须有的暗示来吓唬自己。艾迪生曾这么评价："我们为着鸡毛蒜皮的小事担惊受怕，这甚至多于真正灾祸给我们带来的痛苦。我见过有人因为一颗流星而整夜不得安宁，也见过热恋中的男子因折了许愿骨而脸色煞白、食不下咽。比起劫匪，半夜啼叫的猫头鹰更能吓坏一大家子人；不对，甚至连蟋蟀窸窣的声响都比狮子的吼叫更为恐怖。对于笃信征兆的人而言，没有任何一个细节是无足轻重的，哪怕生锈的钉子和弯曲的别针都承载着预言的重大责任。"

自艾迪生的评论已过去了一个多世纪，很多错误都得到了纠正。时间将诸多谬论和愚见击溃，但人们对征兆的坚定信仰却岿然不倒，它继续折磨着那些生性软弱的人们。并非只有卑微和无知的人才对征兆顶礼膜拜。据说，一位战功显赫的将军在烛光中看到裹尸布后也会提心吊胆；而造诣深厚的博学之士在听到大街上有狗对月长吠时也会把自己的奖杯仔细收起，生怕有人会将之盗走。

沉寂的夜晚悄然划过，

睡意侵袭下的人们闭上眼睛。

有些人认为，理智的人不应该受征兆的影响，但他们也难免承认，即使有理性相助，当听到无害的小虫在墙上发出犹如死神降临的滴答声，或是看到长方形空心煤从火焰里飞出来时，他们还是难免心生恐惧。

除了上面提及的那些征兆之外，还有很多其他的兆头都可以把无知而软弱的人们吓个半死。如果有人忽然打了个冷战，他会认为仇人正踩在自己的葬身之地上。如果早晨踏出家门的第一步就看到了一只母猪，那就意味着接下来的一整天都会走霉运。类似地，遇到驴子也是不幸的征兆。从梯子下走过、在圣米迦勒节忘记吃鹅肉、踩到甲虫，或是吃到一壳两粒的异常果仁，都意味着不幸。同样，不小心打翻盐罐代表着厄运降临；每多掉一粒饭都会带来多一天的厄运。在所有凶兆中，最不吉利的莫过于这一个——如果 13 个人同桌，其中一个必将在一年内死去，其余的 12 个人也不会幸福。基奇纳博士曾幽默地说，他所能想到 13 人同桌的唯一倒霉的情形，就是晚饭只够 12 个人吃。可惜大部分人都不把这个明智的观点当成一回事。这种迷信席卷了几乎所有的欧洲国家，有些地方甚至将数字 13 视为邪恶的化身，如果他们在钱包中发现了 13 枚硬币，就会像扔掉烫手山芋一般赶紧把多出来的那枚扔掉。睿智的白朗杰在他优美的诗歌《同桌 13 人》(*Thirteen at Table*) 中，以诗意的态度来看待这个可笑的迷信，并一如惯常地用诗歌来教导真知。在吃晚饭的时候，他打翻了盐巴，抬头环顾四周，更发现自己正巧是第 13 位客人。当他正为自己的不幸哀叹不已，脑海里浮现出不治之症、受苦受难的景象时，却突然发现死神就在他身边。她并非冷酷的仇敌模样，既没有骷髅头也没有长手杖，而是一位沐浴在光芒中的天使。随着死神的靠近，贝朗杰顿悟她并非人类的仇敌，而是朋友，她将我们从红尘的枷锁中释放出来，人类对死神的恐惧不过是愚蠢的自我摧残罢了。

如果人们能以这种豁达的态度来看待死亡，以健全而明智的心态来过日子，直到死神不可避免地降临，那将会免受多少悲伤和困扰的束缚啊！

在各种好兆头中，遇到花斑马无疑是个大吉兆，遇到两匹花斑马则更是好事成双。如果在巧遇三匹花斑马的时候许下心愿，那么愿望就会在三天之内实现。如果无意间把袜子穿反了，也象征着好运；如果故意穿错袜子，自然不会奏效。连打两次喷嚏是件幸事，但再打第三个的话，好运也就消散了。如果一条陌生的狗跟着你，对你摇尾乞怜，甚至想蹭到你身上，这是兴旺发达的征象。如果一只陌生的公猫跑到家里对你的家人示好，也是个好兆头。但如果那是只母猫，则会带来巨大的不幸。如果你看到一大窝蜜蜂飞到花园里，随之而来的会是巨大的荣誉和快乐。

除了上面这些关于未来的征兆外，只要留心身体发痒的部位，你也可以了解自己的命运。因此，如果眼睛或鼻子痒痒，预示着你很快会陷入困扰；如果脚痒痒，你会踏进陌生的地方；如果手肘痒痒，你可能要换个伴侣。右手痒痒预示着你很快将得到一笔钱；左手痒痒预示着你将会花掉一笔钱。

这还只是如今 19 世纪的欧洲普遍认可的征兆中的一小部分。如果把所有征兆都列出来，未免又臭又长、荒诞无稽，直令人倦怠生厌。至于试图搞懂东方国家流行的征兆谬见，就更是徒劳无益了。大家都会记得《项迪记》（*Tristram Shandy*）中所记载的包罗万象的诅咒手法——你可以在里面找到人类所发明和记载的各种各样的诅咒方法。东方产生的迷信一点不比西方少。身体的每个动作乃至每种情绪在特定时刻都是一种征兆。自然界的万事万物，譬如花开花落、云卷云舒，乃至人类、动物、鸟虫或其他物体的声色变动都有其内涵。无论多么微小的事物所象征的希望都值得被珍视，所代表的厄运也自会令人恐惧。

长久以来，人们迷信某些日子会比其他日子更利于窥探未来的奥秘。从修道院院长布里奇的《梦与预兆之书》（*Dream and Omen Book*）中摘录了 19 世纪英格兰人的迷信之见。对这些习俗的古代史感兴趣的人可从《每日一语》（*Everyday book*）中获取更多信息。

1 月 1 日——如果少女在睡前喝下一品脱的凉泉水，里面混入小母鸡蛋黄、蜘蛛腿、捣烂的鳗鱼皮所做成的护身符咒，她就会在梦境中看到自己的未来。这个符咒在其他日子无效。

情人节（2 月 14 日）——单身女子在清晨早早出门，如果遇到的第一个人是女人，那她当年不会结婚；如果遇到的第一个人是男人，那她将会在三个月内嫁出去。

天使报喜节（3 月 25 日）——下面这个符咒在这天必定成功：把 31 颗果仁串在红丝和蓝丝纺成的线上，睡觉的时候戴在脖子上，并反复念这句话：'噢，我希望！噢，我希望看到，究竟谁是我的真爱！'午夜过后不久，就会在梦中看到意中人，还会得知生命中的所有大事。

圣斯威逊节前夕（7月14日）——想出三件自己最想知道的事情，用新钢笔和红墨水写在一张精制的纸上，这张纸的四角必须被剪下并烧掉，并且纸要被叠成情人结的形状，并用三根自己的头发把纸缠好。将这张纸在枕头下放上三晚，你对未来的好奇就会得到满足。

圣马可节前夕（4月24日）——在时钟敲十二下的时候去往最近的教堂墓地，从教堂南边的坟墓边采集三株草（最好是又长又密），睡前将其放在枕头下面，虔诚地把下面这段话重复三次：

"预言保佑圣马可夜的预测必将灵验，

为此我放下心中的希望与恐惧。

请告诉我命运几何，

是祸是福，是贵是贱，

是孤独终老，还是嫁作人妇，

请显示我的命运吧！"

如果当晚一夜无梦，则意味着将要孤独凄惨地度过此生；如果梦到雷暴闪电，则意味着人生将有一场巨大的浩劫。

圣烛节前夕（2月2日）——这天晚上（也是圣母玛利亚净身的日子），让三、五、七或九个少女团坐在正方形的房间里，在四个角落挂上混有芸香和迷迭香的甜菜，接着用面粉、橄榄油和白糖做蛋糕，每个人必须同等地出钱出力。之后，将蛋糕切成同样大小，每人在自己那份上标注自己的名字首字母。接着，把蛋糕放在火上烤一个小时，期间大家双臂、双腿交叉而坐，不可以说一句话。然后，把烤好的蛋糕用纸包起来，纸上有事先写好的所罗门圣歌的爱情部分。如果少女把这个放在枕下，就会梦见真实的情形。她会看到未来的先生和全部孩子，还会知道自己的家庭是贫是富，当喜当忧。

仲夏节（6月24日）——取三朵玫瑰，熏以硫黄，在当天下午三点准时把第一朵玫瑰埋在红豆杉下，第二朵玫瑰放在新坟中，第三朵玫瑰放在枕下三晚后放进炭火中烧掉。这段时间内所做的梦将揭示你未来的命运。更神奇的地方在于，根据布里奇的说法，你将来要嫁的男人在遇到你之前将会一直不得宁静。此外，你将一辈子都主宰他的梦境。

圣约翰节前夕（6月23日）——用质量上乘的黑天鹅绒（劣质的不行）做一个新的针垫，在其中一面用你能买到的最小号的针（其他的针都不行）织上自己的全名，在另外一面用大号的针固定成一个十字架，并在周围织上圆圈。晚上脱下袜子后，把这个放进袜子里，把袜子挂在床尾，你会在梦境中看到自己的一生。

一年首个新月日——在一年的第一个新月日，取一品脱的清澈泉水，其中搅拌进白色母鸡的蛋白、一杯白葡萄酒、三颗去皮的白色杏仁和一茶匙白玫瑰水，在上床睡觉前不多不少地喝三口；接着用清晰而不致被人察觉的音量将下面的内容重复三次：

"黎明来临之前，

若我梦见清水，

我将清贫一生，

财富不会降临；

若我梦见啤酒，

我的运势平平，

好运霉运相伴，

有时喜有时忧；

若我梦见葡萄酒，

财富欢乐常伴。

酒水浓则欢欣多，

命运入我梦，出现吧，出现！"

2月29日——由于这天四年才出现一次，实属预测未来的良机，对那些迫不及待想要知道未来夫君的长相和肤色的少女则尤是如此。施咒的方法如下：以一次三根的方式在牛油蜡烛上插上27根最小号的针。在另一端点燃蜡烛，然后放在陶土制成的烛台上，这烛台必须由从处女坟地上取来的黏土做成。在时钟敲响十二下的时候，把烛台放在火炉的左角处，然后立即上床。在蜡烛燃尽以后，把针取下并放进左脚的鞋子里；九天之内，你的命运将会揭晓。

现在，我们已经粗略回顾了各种试图预测未来的办法，尤其是一些现在还在流行的手段。不管在哪个国家，这些愚昧手段的本质都差不多，只是不同民族的个性特点会使得占卜在形式上有所不同。高山上的居民会将自己常见的自然现象当成未来的征兆；类似地，平原地区的人们也会从自己周围事物的迹象中寻找与未来相关的蛛丝马迹。各地的迷信都不免带有当地的风土民情，然而有一点却殊途同归——想要揭开上帝出于仁慈所未曾揭示的人类命运。要根除人类对此的好奇心几乎不大可能。死亡和霉运不断折磨着那些软弱无知又没有信仰的人们，因此即使神学家费尽心思宣扬这些行径是对上帝的不敬，哲学家绞尽脑汁论述这些做法是多么荒谬，其努力也不免付诸东流。不过，现在这些算命术都在日渐式微。占卜师和预言家已经失去了往日的光环，往日备受大众追捧的术士现在逐渐躲进暗处。时至今日，社会对这方面的认识有着显著的进步。

第七章

催眠术士

有人坚信他们是无所不知的贤哲，
有人认为他们是陷入癫狂的疯子。

——詹姆斯·比蒂，《吟游诗人》

第一节　信心疗法、帕瑟斯与催眠术的起源

众所周知，信心在疾病治疗中发挥着神奇的作用。如果没有什么信心，医生的一个手势或眼神就能让虚弱胆小的病人忧心忡忡；而要是信心充足，一粒面包做的药丸就能媲美一切灵丹妙药。

比如，1625 年，奥林奇亲王率兵围攻布雷达城，他的军队深受坏血病困扰。在用尽一切办法而无计可施之后，奥林奇利用士兵对医师专业知识的信任耍了个善意的诡计，治好了所有濒死的士兵。

类似的案例数不胜数，在巫术历史上尤甚。巫师们常常利用恐怖的仪式、怪异的手势和粗劣的术语，把那些盲从而敏感的女人们吓得魂不附体，引起歇斯底里和其他神经错乱的现象。

我们现在已经完全通晓了其中的门道，但在当时巫师常常声称这些症状是魔鬼作祟——不仅病人和旁观者这么想，就连巫师本人也对此种解释深信不疑。

随着炼金术士逐渐沦为不光彩的职业，知识的进步让人们开始质疑个中原理，不过一种建立在想象力之上的新诈术却异军突起，在炼金术士中也多有追随者。很多炼金术士放弃了原来的行当，成为催眠术的代言人。催眠术的最初形式是矿物磁疗术或称矿物催眠术，后来才出现了动物磁疗术，也就是今天我们所说的催眠术。在这门学说发展的过程中，数以万计的人上当受骗。

矿物催眠家成为这一代江湖术士中的佼佼者，他们不愧为现代庸医的"杰出前辈"。

帕瑟斯究竟是不是玫瑰十字会的创始人虽有疑问，但他作为首位催眠术士的地位却毫无争议。他和很多炼金术士一样，也是一位内科医生。

　　帕瑟斯声称自己能炼金、会永生，还能治好世间一切疑难杂症。他还是第一个"发现"磁石神奇的超自然力量的人。

　　帕瑟斯相信磁石就是点金石，即便无法顺利地点石成金，至少也可以舒缓人们的病痛、抑制病情恶化。他在波斯和阿拉伯云游多年，一直在寻找东方神话中著名的硬石山。

　　帕瑟斯在巴塞尔行医期间，将自己调制的一种灵药命名为"万灵药"。其实这种药就是一种石头或水晶，但帕瑟斯宣称这种药具有磁性，对治疗癫痫和痉挛性疾病很有效果。

　　很快，很多人都开始效仿他，帕瑟斯也日渐声名远扬，拉开了催眠术在历史舞台上的大幕。从此，催眠术开始在各地生根发芽、枝繁叶茂。一般认为帕瑟斯就是催眠术的起源，因为从帕瑟斯开始，催眠术士开始有规律地代代传承，一直到梅斯梅尔的出现，才为这种诈术引入了新鲜血液。

　　帕瑟斯吹嘘说，他可以利用磁石将人体的疾病转移到土壤中去。他声称有六种方法可以达到这个目的，下述就是其中的一种方法。

　　要是某人被病痛折磨，不论是局部还是全身，不妨尝试下面这种办法：找来一块磁石，把它浸在木乃伊之中，然后和肥沃的泥土相混合。在土中播撒几粒与疾病同质的种子，然后把这些均匀筛撒并混合木乃伊的土壤一起倒进陶瓷容器里。每天用清洗疼痛部位的洗液浇灌土壤，这样就可以把人体上的疾病移植到埋在泥土里的种子上。然后将陶瓷容器中的种子移植到土里，它们便开始渐渐发芽。随着植物生长，病痛会慢慢减轻；而当植物完全长成时，疾病也就完全消失了。

　　耶稣会教士基歇尔曾和炼金术士展开激烈的争论，揭发过炼金术的很多欺骗行为，不过基歇尔却对磁石的功效深信不疑。一位患疝病的病人曾找他看病，他让病人服下了一小块磨成粉末的磁石，并在病人身上的肿胀处贴上了铁屑制成的膏药。他希望磁石在到达体内相应位置后，就和铁屑及肿块相互作用，从而安全迅速地达到除疝的效果。

随着这种新磁疗术被广泛传播和接受，人们逐渐认为，但凡由金属物质引起的伤口都可以用磁石来治疗。随着时间的推移，这种痴人说梦般的幻想不断膨胀，甚至有人认为只要磁化一把剑，就能治好这把剑造成的任何伤口。这就是在 17 世纪中叶风靡一时的"兵器药膏"的由来。

以下就是帕瑟斯开出的药方，用于治疗除了穿透心脏、大脑或动脉之外的所有利器创伤。

一盎司露天放置的、被绞死的小偷尸体脑袋上的苔藓，一盎司货真价实的木乃伊，一盎司尚未冷却的人血，两盎司人类脂膏，再加上麻子油、亚美尼亚红玄武土各两德克拉马。把它们放在研钵中充分混合，然后把这个止痛药膏放在长方形的骨灰缸中保存。将这把利器用从伤口流出的鲜血浸渍，之后仔细地涂上一层药膏，置于阴凉处。与此同时，用洁净的水将伤口反复冲洗干净，再拿一块柔软干净的亚麻布包扎好，每天将伤口化脓的地方清理干净或者做其他必需的处理。

《外国评论季刊》（*Foreign Quarterly Review*）第十二卷中有一篇有关动物磁疗术的佳作，作者认为这种疗法的成效毋庸置疑："因为除了将利器涂上药膏这一步之外，当今的外科医师几乎采用了一模一样的方法。"

"兵器药膏"在欧洲很多地方依然常常被人提及，很多人热切地宣称他们发明了这种疗法。玫瑰十字会会员罗伯特·弗拉德博士就异常热衷于把这项发明介绍到英格兰。他运用在这种方法治疗病例时大获成功，其实个中原因也并不神秘。

因为在他鼓吹药膏功效、振奋病人精神的同时，并未忘记比这些虚幻的东西更为重要而基础的治疗手段，比如清洗、包扎伤口等，而这些基本措施本就足以满足疗伤的目的。

弗拉德进一步宣称，如果磁石应用得当，就能拿来治疗所有的疾病。但是人体和地球一样也有南北两极，磁性只有在人体位于北部地区时才能发挥效用。在他的声名鼎盛时期，曾有人对他和止痛药膏提出质疑，然而这根本无法动摇人们对药膏神奇功效的信念。一位叫福斯特的牧师曾写了一本名为《擦去武器药膏的海绵》（*Hyplocrisma Spongus*）的小册子，认为使用或推崇这种药膏无异于推行巫术，这种药膏是魔鬼发明的，他终将降罪于任何一个推崇过这种药膏的人。

福斯特牧师说道："事实上，魔鬼亲自把这种药膏交到帕瑟斯手中，帕瑟斯又将之转交给皇帝，然后又流传到了朝臣那里，朝臣又传给了白伯提斯塔·鲍塔，最后到了罗伯特·弗拉德博士手中。弗拉德本人是个大夫，在大伦敦城生活行医，此人极尽能事地捍卫这种药膏。"弗拉德博士在受到攻击后，执笔为自己的药膏辩护，他回应称，将福斯特牧师话里的水分挤干，就可以发现福斯特牧师的话是不正当的肆意侮辱，他恶意中伤的毒焰会被真理的清流扑灭。

第二节　凯内尔姆爵士

这场论战结束后不久，"兵器药膏"的一位更为卓越的忠实拥趸登上了历史舞台，他便是凯内尔姆·迪格比爵士，其父是因为参与"火药阴谋"而被处决的埃弗拉德·迪格比爵士。凯内尔姆·迪格比是一位知识渊博、优秀杰出的学者，但他满脑子都是炼金术的荒谬观点。

他笃信魔法石的存在，并希望说服笛卡尔将其聪明才智用于寻找长生不老药，或其他延年益寿的永生之道。他根据维勒纳沃的阿诺德开出的处方，把一盘用毒蛇喂养的阉鸡给他的妻子维尼西亚·斯坦利吃，希望妻子能永葆美丽青春。这样的人一旦接受了"兵器药膏"的概念，定会努力将其发扬到极致。这种药膏在他手里被改良为药粉，并美其名曰"感应粉"。

他自称这个药方是从天主教加尔默罗会的行乞修士那里得来的，而那位修士又得之于波斯或者亚美尼亚的一位大名鼎鼎的东方哲学家。詹姆士国王、威尔士亲王、白金汉公爵和很多其他达官贵族都相信这种药粉的神效。

凯内尔姆爵士在蒙彼利埃向一群博学之士讲了药粉疗效的一个例子。

有一次,《林木志》(Dendrologia)一书的作者詹姆斯·豪威尔先生偶遇他最好的两位朋友决斗,他立刻冲到他们二人中间,努力想把两人拉开。他一手抓住其中一人的剑柄,另一手抓住另一个人的剑刃。决斗的双方怒火中烧,努力挣脱这位朋友的阻拦,就在拉扯之间,刀刃被豪威尔先生抓住的那位猛力抽剑,不想却将豪威尔先生的手近乎切断,剑割开了神经和肌肉,伤口深可见骨。而另一位几乎同时从他手中挣脱,直向对手的脑袋奋力一击。

豪威尔先生见状,不假思索地抬起那只受伤的手想要阻止,剑落到他的手背,伤势异常紧急。凯内尔姆爵士继续道:"那两人像是触了什么扫把星的霉头,竟然一起刺伤这位挚友,要在平时,他们甚至愿意为他两肋插刀呢。"

看到豪威尔先生的脸上沾满了伤口迸出的鲜血,两人赶紧扔掉手中的剑,冲上去抱住他,用袜带给他的手进行包扎,试图阻止动脉大出血。然后两人把他送回家,并立刻派人请来外科医师。詹姆士国王非常器重豪威尔先生,知道伤情后还派御医来照顾他。

以下是凯内尔姆爵士的自述。

我当时住在豪威尔先生家附近,这给了我一个很好的机会。四五天之后他来到我的住处,恳求我察看他的伤势。豪威尔先生说:"我知道你有治疗这种伤口的特效药,我的外科医师担心伤口发展为坏疽,那样就得切除这只手。"从豪威尔先生的表情我可以看出,他正忍受着极大的痛楚,他说这种刺骨的疼痛实在难熬。我告诉豪威尔先生我很荣幸为他效劳,但倘若他知道我的疗法既不需要碰到也不需要看到伤口,或许会觉得这种方法太过荒唐甚至迷信,不愿意让我治疗。

他回答说:"大家跟我说了很多关于您医术的神奇之处,因此我对疗效毫不怀疑。我就用一句西班牙谚语表达自己的想法吧——死马当作活马医!"

于是我让他拿来沾有他手上血迹的东西,他立刻让人把最初包扎手的那条袜带取来。我佯装需要洗手,让人端来一盆水,倒入一把从书房带来的感应粉,让它们溶解在水中。那条沾血的袜带一拿来,我便把它放到水盆中,期间不时观察豪威尔先生的举动。

豪威尔先生正在我房间的一角跟一位绅士聊天，根本没有留意我在干什么。突然，他惊叫起来，似乎身体出现了奇妙的变化。我问他感觉如何，他回答说："虽然不知道之前是什么让我那么疼，但我现在不觉得疼了，就好像有一块清凉湿润的手绢裹在手上，让人神清气爽，之前的灼痛也消失殆尽。"

我回答说："既然觉得我的疗法不错，我建议你可以扔掉所有的药膏，只要记得保持伤口清洁，温度适中就可以了。"

这件事立刻被人禀报给白金汉公爵，不一会儿也传到国王耳中，他们都想知道究竟是怎么回事。晚饭过后，我从水里捞出那条袜带，放到烧得正旺的火炉边烘干。差不多快要完全烘干的时候，豪威尔先生的仆人冲进来找我，说他的主人觉得自己的手要烧起来了，就好像被放在炭火中一样。

我告诉他，虽然豪威尔先生现在觉得很痛苦，但他的症状马上就会缓解，因为我知道导致灼热的原因，因此会采用相应的对策避免它再次出现。

于是仆人便回去了，我立刻把袜带又放入水中，他回到家之后便发现主人的痛楚早已无影无踪。简而言之，后来他便不再觉得伤口疼痛，因为五六天之内伤口就会结疤，然后痊愈康复。

这个精彩绝伦的故事发生在凯内尔姆·迪格比爵士身上。那时其他采用类似医术的术士自吹自擂的功夫更是有增无减。对他们而言，治病甚至连感应粉或"兵器药膏"也用不到，只消用手把剑磁化（这是动物磁疗术的第一道微弱曙光），便足以治愈这把剑带来的创伤。他们宣称，只要用手指向上抚摸那把剑，患者的伤情即告缓解，但如果他们向下抚摸剑，患者就会感受到前所未有的剧痛。

那时，还有一种关于磁性威力和奇效的观点令人颇感兴趣。这种观点认为，人们可以在人体上制造一种"感应字母表"。有了它，人们就算是相隔万水千山，也可以互相感应，随心所欲地传递信息、沟通思想。

具体而言，从两个人的胳膊上各剜下一块肉，趁着它们还在温热滴血的时候移植到对方身上。尽管那块割肉会长在新的手臂上，但它依旧和原来的主人息息相通，任何对它的伤害都能牵动旧主人的敏感神经。再将字母表刺写在这两块移植的肉上，这样一来，当他们需要交流时，其中一人只需要用拿一根磁针刺一下胳膊，哪怕两人之间隔着波涛汹涌的大西洋，另一个人也会立刻感受到电报开通的提示。接着，一人无论在自己胳膊上刺什么字母，另一人胳膊上的同一字母就会感到刺痛。

第三节 格里特莱克斯

那时还有一位名叫瓦伦丁·格里特莱克斯的人，他一度被认为和凯内尔姆·迪格比爵士旗鼓相当。

格里特莱克斯倒是从来没提过磁疗术，他没有依托任何理论就造出了一套自欺欺人的骗术。和矿物磁疗术相比，这种骗术更接近动物磁疗术，格里特莱克斯的骗术在当时风靡一时，对这种骗术的研究也遍地开花。

格里特莱克斯出生在科克郡，教育优良，家境殷实，父亲是一位爱尔兰绅士。格里特莱克斯小时候曾罹患某种忧郁性精神错乱，一段时间后，无论是睡是醒，他的脑中总涌现出一种罕见的冲动，也可以说是奇怪的信念。

他认为这是上帝赐予他治愈淋巴结核的能力，便把这种想法透露给妻子。他妻子直言不讳地回应说他简直是个傻瓜。他下定决心要试验一下自己身上的魔力。几天以后，他前往利斯莫尔教区的萨尔特布里奇，那里有个名叫威廉·马赫的病人，他的眼睛、双颊和喉咙都长了严重的淋巴结肿块，苦不堪言。这位病人对他深信不疑，于是格里特莱克斯一边用手抚摸病人，一边虔诚地进行祈祷。

短短几天时间内，病人的病情大有好转，最后在其他疗法的辅助下痊愈，格里特莱克斯对此非常满意。这次的成功使他坚信自己肩负神圣的使命。随着时光的流逝，他又产生了新的冲动，这次上帝鼓励他去治疗疟疾。渐渐地，他又把自己的魔力延伸到治疗癫痫、溃疡、疼痛和跛伤等疾病，一时间整个科克郡传得沸沸扬扬，人们争先恐后地来拜访这位神医。他在治疗一些由于臆想和抑郁而导致病情加重的病例上确实有不凡的表现。

据他所述，看病的人从四面八方蜂拥而至，他几乎没有闲暇去做自己的事情，也没有时间陪伴家人和朋友。他每周不得不拿出三天的时间，从早六点到晚六点来为患者治疗，具体疗法就是把自己的手放在他们身上。来看病的人络绎不绝，连邻近的城镇都人满为患，他于是不得不来到了约尔。这次不仅是爱尔兰各地的病人，甚至英格兰各地的病人也都慕名而来。

约尔的行政长官甚至开始担心这块地方会蔓延出各种各样的传染病。有几个轻信他的可怜虫刚一看到他就阵阵发作，他只消对着他们的脸轻轻摇手并帮他们祷告，就能帮他们恢复正常。他甚至宣称，他的手套也有去除病痛的神奇疗效。一次，他的手套把几个日夜捣鬼的恶灵从一位妇人的身上拽了出来。格里特莱克斯说，随便这些恶灵中的任何一个都能扼住她的喉咙，让她窒息而亡。很显然，这位妇人不过是精神紧张罢了。

利斯莫尔主教教区的牧师们比那里的教徒们更能看破格里特莱克斯的虚张声势，因此坚决反对这位新的"先知"和奇迹创造者。他被教长的法庭传唤，从此被禁止用手去触摸病人。但他没把教会放在眼里，因为他认为自己的魔力直接来自于上帝。他时而把人们迷得晕晕乎乎，时而让人们恢复清醒。这和现代催眠术士的举动几乎一样。终于他名声大振，连康威勋爵都专门派人从伦敦去请他，恳请他马上去给他的夫人看病。勋爵夫人常年受到严重头痛的折磨，连英格兰最高明的医生都对这顽疾无能为力。

格里特莱克斯应邀医治，对勋爵夫人施展神力，并为她祷告，然而他的疗法一点用也没有。那位可怜的夫人的头痛是由多重原因所致，已经病入膏肓，即便是坚定的信念和丰富的想象也无能为力。格里特莱克斯在勋爵家里住了几个月，用他在爱尔兰时一样的手法治疗。后来他移居伦敦，在林肯因河广场附近定居，很快全城的迷信妇女都纷至沓来。在《圣·埃夫勒蒙杂集》（*Miscellanies of St. Evremond*）第二卷上，刊出了 1695 年发生在格里特莱克斯身上的一件逸事，文章就以这位爱尔兰"先知"来命名。文章生动地勾勒出了这位早期催眠术士的形象。在装腔作势方面，他和当代的催眠术继任者们还真是难分高下。

圣·埃夫勒蒙的记载如下。

康明斯先生是教皇派给英国的大使，当时伦敦来了一位爱尔兰先知，假称自己可以创造奇迹。有些上流人士便请康明斯邀请这位先知到他府上，让大家一睹先知的风采。看在朋友的面子上，也出于好奇，大使便请格里特莱克斯当面一叙。

镇上很快传开了先知要来的传说，康明斯先生下榻的酒店挤满了前来看病的人，这些病人都笃信自己在先知的看护下将立刻康复。

大家等了很久，最终在他们都要不耐烦时，先知出现在众人面前。他的面容质朴、神色庄重，看上去一点儿也不像个骗子。康明斯先生准备向他深入地请教，交流一下阅读范·赫尔蒙特和博蒂纳斯著作后的看法，可遗憾的是，他根本没机会和先知交谈。人们里三层外三层地把先知围了个水泄不通，争先恐后地想第一个接受治疗。仆人们为了维护秩序，不得不动用威吓甚至武力，才勉强把人群分出先后。

先知说，恶精灵是引致疾病的根源，每种病状都是灵魂被吸走的表现。第一个病人患有严重的痛风和风湿病，很多大夫都表示无能为力。"呵，"那位爱尔兰大师说，"这种精灵我在爱尔兰见过很多次，它们的属性是水，会让人不断打冷战，从而让人产生过量的体液。"然后他对病人念念有词道，"恶精灵啊，你不在水里好好待着，却来这里折磨这个可怜人，我命令你从哪儿来的就回哪儿去，立刻消失！"

话毕，他便吩咐患者可以离开了，又叫下一位病人上来。这位病人声称自己饱受抑郁症的折磨，但实际上，他看上去就像疑病症患者，总是想象自己有病。"气精灵啊，"这位爱尔兰大师喊道，"我命令你回到空气中！在暴风雨中去做好你本职，不要再折磨这个可怜的肉体！"这个人也马上被打发了。

第三个人走上前来。爱尔兰大师认为，这第三位只是在被一种小妖精折磨，根本一刻都经受不起他的符咒。他装作通过别人看不见的一些迹象把小妖精认了出来，然后转身朝众人一笑，说："这种小妖精不经常作恶，而且它们还蛮有意思的。"他对各种精灵的名字、级别、数目、职业以及归宿都如数家珍，还吹嘘说相比起人情世故，他更加精通魔鬼的把戏。一时之间，他得到了极高的赞誉，天主教徒和新教徒从各地前来拜访他，所有人都坚信他手握上帝赐予的权力。

圣·埃夫勒蒙还讲到，当一对夫妇恳请格里特莱克斯将导致夫妻不和的魔鬼给赶走时，他是如何模棱两可地忽悠他们的。最后，作者据此总结了格里特莱克斯给大众留下的印象："人们对他深信不疑，失明者幻想自己看见了光线，失聪者以为自己能听见声音，跛足的人觉得自己可以畅行无阻，瘫痪病人认为他们的四肢完全康复。由于渴望健康，病人暂时忘记了自己的病痛，旁观者也在想象力的驱使下产生了虚假的幻想，以为病人痊愈了。这就是那个所谓的爱尔兰大师操纵人们思想的方法，也就是人的潜意识对肉体的影响。

一时间，整个伦敦城无人不在传颂他的神奇事迹，权威人士的赞叹也为其行为背书，于是原本半信半疑的人要么不加分辨地完全相信，即使稍有微词也不敢轻易加以反驳。一贯胆小而懦弱的民意迅速对这种经过官方认证的催眠术士顶礼膜拜。少数看破真相的人知道开导愚昧的大众也是白费口舌，因此在风波中选择独善其身。"

在瓦伦丁·格里特莱克斯如此这般地"催眠"伦敦人民时，一位名叫弗朗西斯科·巴格奥的意大利人也热衷此道。他在意大利耍出了同样的伎俩，结果也大获成功。他只需轻轻碰一下身体虚弱的女人，或有时（由于要充分利用他们的幻想因素）借助一种圣物，就能让她们疯疯癫癫，表现出很多被催眠的症状。

第四节　学者与催眠术

除了上述这几位，欧洲各地也有几个学者开始研究催眠术，他们相信利用催眠术可以治好很多疾病。值得一提的是，范·赫尔蒙特还曾就磁力对人体骨架的作用发表著作，西班牙人巴塔沙·葛拉西安也因在这个问题上的大胆见解而著称。他认为，磁铁对铁具有吸引力，而铁无处不在，因而世间万物都处于磁性作用之中。磁力只是自然法则的一个变体，既可营造人类和谐，又可导致人类分歧，还可以使人产生同情、反感和各种情绪。

巴普蒂斯塔·波尔塔热衷于对"兵器药膏"的研究，福斯特牧师在其对弗拉德博士的斥文中还提到波尔塔是"兵器药膏"的先驱之一。波尔塔也对磁石的效应坚信不疑，而且常常通过激发病人的想象力的办法来行医。他的疗法太过神乎其神，因此被人指控为魔术师，就连罗马教廷也禁止他行医。

在磁疗术的忠实拥趸中，不得不提塞巴斯蒂安·沃迪格和威廉·麦斯威尔。沃迪格是位于梅克林堡的罗斯托克大学的医学教授，他写了一本名为《灵魂的新药方》（*The New Medicine of the Spirits*）的专著并呈交给伦敦皇家学会。该书的一个版本曾于 1673 年出版，作者在书中强调，万事万物无不受磁体影响。他认为，整个世界都处于磁体的作用之中，磁体决定着万物的生死存亡。

麦斯威尔也热衷于磁体的研究，他是帕瑟斯的得意门生，并声称自己对师父那些神奇妙方的精髓已经了如指掌。

1678 年，他的著作在法兰克福出版。从下面这段话可以看出（引自杜伯特先生的著作），麦斯威尔似乎已经意识到，想象力不仅在治疗疾病时有神奇疗效，对生产也会产生巨大影响。

他写道："想要创造奇迹，就必须从物质的实体性中抽离，提升精神的比重，唤醒沉睡的灵魂。如果做不到这一点，你就无法驾驭思想，自然也永远不可能创造出奇迹。"

其实这段话阐明了磁疗术以及类似骗术的全部奥秘：所谓"提升精神的比重，唤醒沉睡的灵魂"，也就是充分发挥想象力的作用，从而取得对方的信任和盲从，接下来就可以为所欲为了。这段话被动物磁疗师看成是支持其学说发展的强有力的证据，但其实恰恰是自打嘴巴。如果他们相信麦斯威尔的方法就能达到疗效，那么他们所宣扬的自然界中无处不在的液体是什么？他们假装用指尖注入病体的液体又是什么呢？

早在 18 世纪，整个欧洲都被一个狂热的事件所吸引，这件事后来被动物磁疗师当作论证催眠术有效性的有力例证。一帮被称为"圣梅达的痉挛者"的人聚集在他们最崇拜的圣者——詹森教派牧师帕里斯的墓冢周围，彼此传授引发痉挛的秘诀。

他们笃信，帕里斯能治愈他们的一切疾病。情绪激动的人们如潮水般从四处涌来，通往墓地的所有大街都人满为患。他们不断刺激自己，然后接连产生痉挛，其中不乏心智健全的人。而这种程度的刺激在平时足以使人丧命。这情状实属文明和宗教的奇耻大辱——是一宗充斥着糜烂、荒唐和迷信的丑闻。有些人跪倒在帕里斯的圣灵前祈祷，有些人发出令人毛骨悚然的尖叫声，女人们则尤其卖力。教堂一侧有一二十个女人在疯狂抽搐，另一边更是有增无减。

她们陷入癫狂的激动状态，做出各种不体面的动作。有些人甚至从受虐和蹂躏中得到病态的快感。根据蒙泰格雷的记述（我们的引文也来自他那里），有一名妇女特别喜欢这种虐待，打得越狠她就越高兴。一位大力士手持铁棒用尽全力来抽打她，她则恳求他千万别停。他越打越重，她则兴奋地大喊："太棒了，兄弟，太棒了！噢，真舒服！你对我真好呵！勇敢些，我的兄弟，勇敢些，用力点，再用力点！"

另一位狂热者对挨打的热爱比起刚才那位有过之而无不及。卡雷·蒙蒂杰隆介绍了当时的情景。他拿着一个大锤使足力气打了她 60 下，也未能满足她。为了实验一下效果，他后来用这个大铁锤以相同的力度砸石墙，砸到第 25 下时就砸出了一个洞。还有个叫作桑奈特的女人毫不畏惧地躺在烧红的火盆上，为自己赢得了"火精灵"的外号。

甚至有人为了达成更辉煌的殉道，试图把自己钉在十字架上。德勒兹先生在《动物磁疗术》（*Animal Magnetism*）这本批判史学著作中，试图证明这种愚蠢迷信的癫狂是由磁体引起的，那些狂热的信徒相互催眠而不自知。或许他还认为，那些偏执狂把手臂水平张开，企图坚持到肌肉萎缩，或是把手指蜷缩到手掌里，直到手指甲从手背上长出来，也都归功于催眠的神奇功效！

接下来的六七十年里，磁性学几乎只在德国传播。一些清醒开明的学者也致力于研究天然磁石的属性。耶稣会信徒赫尔神父是维也纳大学的天文学教授，因其独门磁疗法而著称。大约在 1771 年到 1772 年，他发明了一种特别的钢板，可以赤身使用以治疗几种疾病。1774 年，他把自己的这一套发明体系告诉了安东尼·梅斯梅尔。梅斯梅尔对神父的成果进行了发展和修正，构建一套全新的理论，从而开创了动物磁疗术。

动物磁疗术的反对者们纷纷攻击梅斯梅尔，称他是个没有下限的冒险家，这种说法曾风行一时。而梅斯梅尔的弟子却对他极尽吹捧之能事，把他捧上了天。他们的说法和玫瑰十字会会员对创始人所用的字眼差不多，说梅斯梅尔让人类和造物主更加紧密相连，使人类的灵魂摆脱了肉体的羁绊，使人们得以克服时空的阻碍。这两种说法到底孰对孰错呢？只要我们仔细检视他们的主张和证据，答案不言自明。

梅斯梅尔自欺欺人的手法足以在本书中占有一席之地，他与弗拉梅尔派、阿格里帕派、博里斯派、波希曼派和卡里奥斯特罗派不相上下。

第五节　梅斯梅尔与动物磁疗术的创立

1734 年 5 月，梅斯梅尔出生于德国斯瓦比亚的梅尔斯堡，之后他在维也纳大学学医，并于 1766 年获得学位。他的博士论文选题是行星对人体的影响，并用古老的占星术士的方式研究这个论题，因而在当时和事后都被嘲笑。在此之前，他对理论的建构已经有了一些初步的看法。他在论文中指出："太阳、月球和恒星在其各自的轨道上相互影响，使得潮汐现象不仅反映在海洋里，还会体现在大气中，并以类似的方式，借助一种微妙的液态介质影响着所有有机体。这种介质充斥于整个宇宙，将世间万物连结成为相互作用、彼此协调的整体。"他说。这种作用在神经系统上体现得尤为明显，进而产生他口中的"张"和"弛"两种状态，他认为这两种状态可以解释部分疾病中表现出的周期性转变。后来他遇到赫尔神父时，神父的观察肯定了他很多观点的真实性。他请神父为他做了一块磁板，并决定亲自做实验来验证自己的想法。

后来，实验结果好得出乎他本人的意料。实验者由于盲信金属板的疗效，竟真的用心中的信念创造出奇迹。梅斯梅尔依约把实验结果报告给神父，神父却把这些成果以自己的名义发表，称梅斯梅尔只是他找来打下手的医师。梅斯梅尔深受侮辱，他觉得自己的功劳比神父大得多，因此公开声明那项发明属于他，并指责神父不讲信用，是个想把他人成果据为己有的卑鄙小人。赫尔对此展开反击，结果二人之间爆发了一场巨大的争执，成为几个月里维也纳学界茶余饭后的谈资。这次争论以赫尔的胜利告终，但梅斯梅尔敢说敢为，继续发表自己的观点，最终在一个偶然的机会下发现了动物磁疗术。

梅斯梅尔有一位名叫塞斯特琳的年轻女病人，患有痉挛。这种病间接性发作，起初伴有头部大量出血，然后会导致神智失常和晕厥等症状。他很快运用行星作用的理论成功缓解了病情，并认为自己可以预测症状张弛的周期。他成功地搞清楚疾病的原因后，突然灵机一动，想到自己一直以来认为，有机体之间也存在类似天体间的互相作用。如果能证实其中的关系，他就可以通过模拟潮涨潮落的周期性循环来施展自己的疗法，完全治愈这种疾病。他不久之后就确信这种作用的确存在。在他试用赫尔神父的金属板时，他以为正是金属板的存在才会使治疗有疗效，但他后来意识到，不用借助这些工具，只需用他的双手逐渐向患者逐步推移，就能产生同样的效果，而且即使二者相距甚远，也不会影响疗效。

就此，梅斯梅尔的理论形成了完整的体系。他向欧洲学术界宣布了这个发现，游说他们进行深入探究，但只有柏林科学院给了回话，其中完全没有要支持他的学说的表示，甚至连句恭维话都没有。但梅斯梅尔并不气馁，他向每一个愿意听他讲课的人宣扬自己的主张：整个宇宙充斥着磁体和流体，每个人体内也有这种物质，人们可以通过意志的力量把身上多余的磁物质转移到别人身上。在给一位维也纳朋友的信中，他这样写道："我发现磁流和电流差不多是一类东西，可以借助有机体进行传导。不只铁可以当传导物，我已经实验过纸、面包、羊毛、丝绸、石头、皮革、玻璃、木头、人类和狗，简而言之，我所接触的任何东西都带有一种磁性，它们对患者的疗效一点也不亚于天然磁石。我还用类似充电的方式将瓷罐里充满了磁物质。"

　　然而，梅斯梅尔很快发现，在维也纳的日子并没有他想象中那么愉快。人们对他那一套矫揉造作的理论或不屑一顾或无动于衷，塞斯特琳小姐的病例并没有成就他的美名，反倒使他声名狼藉。他决定去新地方碰碰运气，不久后便动身前往斯瓦比亚和瑞士。在瑞士，他遇到了著名的加斯纳神父，加斯纳神父和瓦伦丁·格里特莱克斯一样，致力于驱逐妖魔鬼怪，并通过抚摸病人使他们痊愈。他的治疗使得呜咽的少女全身痉挛，而疑心病患者则自认为痊愈。神父的居所门庭若市，每天都被跛足者、盲人和歇斯底里患者所包围。梅斯梅尔马上认可了这种疗法的成效，并宣称这显然都是由他新发现的磁力引起的。

　　神父的一些病人马上就被梅斯梅尔的理论所吸引，经过他的治疗之后病痛果然大大减轻。于是，他开始在伯尔尼和苏黎世医院里的贫民中一展身手。据他自己称（并没有其他人佐证），他成功治疗了一例角膜炎和一例白内障。他带着这些成果又回到了维也纳，希望能让反对他的人闭嘴，或者至少能够让他们尊重自己近来取得的成就，进而更认真地对待他的学说。

　　梅斯梅尔在维也纳的第二次露面并不比第一次顺利多少。他承诺把一位帕拉迪斯小姐的失明和抽搐治好。几次磁疗之后，梅斯梅尔声称她已经痊愈；如果没有痊愈，那必定是小姐的过错，与他无关。当时一位著名的眼科医师博斯诊断后认为，小姐的失明根本没治好；她的家人也称她跟以前一样常常会抽搐，但梅斯梅尔却坚称她已经痊愈了。就像某位法国哲学家一样，他不容许人们依照事实来质疑他的理论。他指责别人设计阴谋陷害他，认定帕拉迪斯小姐是在家人的教唆下假装失明来损害他的名声。

　　在这次毫无成效的治疗风波后，梅斯梅尔终于意识到，维也纳绝非自己的福地。而巴黎，那个人们都游手好闲、放荡不羁、寻欢作乐、大惊小怪的巴黎对他这种哲学家才是真正的天堂。1788 年，梅斯梅尔来到巴黎，恭敬地向巴黎的名医们介绍自己的理论。起初，他得到的支持微乎其微，嘲笑他的倒是大有人在。

　　但他这个人极其自信，有着百折不挠的毅力。他租了一栋豪华别墅，欢迎所有感兴趣的人来尝试他新发现的神秘力量。一位著名的医师德斯隆先生接受了他的理论，自此，动物磁疗术（时称梅斯梅尔术）开始在巴黎流行起来。女人们尤其喜欢这种疗法，凭借口耳相传，梅斯梅尔的技术很快便传遍了社会各个阶层。

　　梅斯梅尔顿时成为舆论的焦点，人们无论高低贵贱，无论是否迷信，都为这位夸下海口的神奇魔法师所折服。梅斯梅尔深知想象力的重大影响，因此决心不惜一切地把催眠术的魔力发挥出来。在整个巴黎，梅斯梅尔的别墅最为美轮美奂、富丽堂皇。他那宽敞而精致的大客厅四面都悬挂了镜子，重彩玻璃洒下的微弱光线使得整个房间萦绕着神圣的氛围。走廊里弥漫着橘花的香气，壁炉上的老式花瓶上燃烧着昂贵的熏香，远处的阁楼里传来阵阵悦耳的风琴声，周围女子们那曼妙的声音轻轻打破房间里那神秘的宁静，萦绕在来宾身边。

　　"这一切简直太美妙了！"巴黎的太太小姐们纷纷赞叹。伪哲学家喜欢跟风所有时尚的东西，于是也称赞道："真是令人大开眼界！"那些奢靡淫荡的浪荡子们更是巴不得看到女人们浑身痉挛的样子，渴望从这幅场景中获得新的快感，于是也连连称赞："有趣，有趣！"

　　催眠的具体操作方式如下：在客厅中央放置一个椭圆形的容器，最长处直径约 4 英尺，深 1 英尺。在容器中摆满盛有磁化水的酒瓶，瓶口塞紧，瓶颈向外呈放射状排列。然后往容器里加水，直至没过酒瓶。为了增强磁力，不时往水中倒进一些铁屑，然后用刺满了孔洞的铁盖将容器封住，这种器皿就被称为"催眠器"。接着在每个孔中插一根可以移动的铁棒，病人把铁棒放在患病的部位。接下来，病人围着催眠器坐好，手拉着手，并尽可能地夹紧膝盖，来确保磁流能在彼此身上流通。

　　然后，几位助理磁疗师走进来，他们将神奇的流体灌入病人的指尖。这些助理往往是健壮俊美的年轻小伙，他们用膝盖夹住病人，轻轻按摩病人的脊柱和神经脉络，进而轻轻揉搓女士的乳房。他们深深地望着女士们的眼睛，直到她们难为情地脸颊绯红，这是在用眼睛传输磁力。此时全场一片寂静，偶尔会传来口琴或钢琴那清新动人的乐声，或是飘来歌剧演员悠扬悦耳的歌声。渐渐地，女士们的脸色开始发亮，她们的想象直上云霄，最后一个个开始浑身痉挛。有人哭着拉扯头发，有人笑到眼泪直流，有人则尖叫直至昏迷。

正在全场一片癫狂之间，主角大师出现了，他如同布拉斯普罗那样挥舞着他的魔杖，施展着新的魔法。他身着淡紫色丝质长袍，袍上绣满金色的花朵，手持一根白色的魔杖，神色华贵而庄严。他迈着庄重的步伐走进房间，用威严的目光检视那些神志尚存的人，以缓解他们的病症；他用手自眼眉到脊柱去抚摸那些不省人事的人，用他的白色手杖在她们的胸部和腹部游走，于是昏迷的人又恢复常态。大家逐渐平静下来，公认大师的法力无边，说大师在用手杖或手指触碰他们时，能感受到一股时冷时热的气流在身体里穿过。

杜波特先生说："梅斯梅尔的试验在巴黎产生了巨大的轰动效应，即使在天主教早期也从来没有和别的学说发生过比这更加激烈的神学争议。"他的敌人否定他的发现，有些人说他是骗子，有些人把他称为傻瓜，还有一些像神父弗亚德这样的人又说他是个将灵魂出卖给了魔鬼的人！对梅斯梅尔的赞美和诋毁平分秋色，巴黎漫天都是与此相关的传单和小册子。后来，在宫廷里，王后表示支持这种学说，社会上也就再也没有反对的声音了。

在蒙·德斯隆的提议下，梅斯梅尔挑衅医学院，请对方对他的学说进行检验。他建议选出 24 位病人，他对其中的 12 位进行磁性治疗，剩下的 12 位由医学院采取传统上认可的方法施救。他还提出，为了避免争议，政府应该指派医师以外的见证人出席试验。见证人问的问题不应是如何产生疗效，而是治病效果如何。医学院不同意将问题只限定于此，因此他的提议也就此作罢。

梅斯梅尔只好写信给女王玛丽·安托瓦内特，希望通过她来获取政府的保护。他盼望着政府可以赐给他乡间别墅和相应的土地，还有充足的年收入，以便他可以不受敌人的骚扰而继续安心试验。他暗示说，政府有责任支持为科学献身的人，并表示倘若得不到更多支持，他可能就会把他的伟大发现带到更懂得欣赏他的国度去。

他说："对您而言，相较于子民的福祉和安康，用于正当用途的四五十万法郎无非九牛一毛。我的发现理应受到肯定和奖赏，而我也会誓死效忠于您。"
后来政府同意，要是他能在医学上有所发现，并将之告诉国王指定的医师，就
能得到两万法郎的资金和圣米迦勒勋章。然而，这个提议并不合梅斯梅尔的
意，因为他担心医师会把不利于他的事情禀报上去。于是他放弃了谈判，说自
己不看重钱，但求政府立刻认可他的发现。然后他带着对政府的反感，以健康
为由，隐居到以矿泉水闻名的斯巴。

梅斯梅尔离开巴黎后，医学院第三次也是最后一次要求德斯隆放弃动物磁
性说，不然就把他逐出医学院。德斯隆先生非但没放弃，反而声称自己又发现
了这种学说的新秘密，而且要进行进一步的检验。

1784 年 3 月 12 日，在科学院的一个调查委员会的支持和辅助下，医学院
委任皇家医学调查委员会来调查此事并做出报告。医学调查委员会由巴黎的著
名医师组成，而辅助的科学委员会中也有声名显赫的本杰明·富兰克林、拉瓦
锡和天文学历史学家贝利。梅斯梅尔也受邀加入委员会，但他每天都以各式各
样的借口缺席试验。相较之下，德斯隆更坦诚些，他坚信梅斯梅尔即将受到质
问的这些神奇现象，每次都准时参加会议并不断地做试验。

贝利这样描述在本次调查中所目睹的情景。

很多病人分成几排，围坐在催眠器周围，以下面这种方式接受磁力传导：
用铁棒直接从催眠器中传导，通过绕在身体周围的线圈传导，通过拇指的接触
从邻座传导，通过钢琴或其他悦耳的声音使磁力在空气中传导。

病人还可以直接通过催眠师的手指和手杖接受磁力，有时催眠师会在病人
面前轻轻挥舞手杖，手指和手杖在病人面前、头部上方或后方、病患部位之上
缓慢移动，通过这种方式得到磁力的感染。催眠过程中催眠师一定要凝视病
人。但最重要的是，磁疗师要通过双手和手指对季肋部和腹部加压以施磁，这
个过程通常要持续很长时间，有时甚至长达几个小时。

同时，患有不同病症的患者会有种种不同的反应。有的平静安详，表现出
没有受到任何影响的痕迹；有的咳嗽吐痰，略感疼痛，局部或全身会发热出

汗；还有一些病人则会焦躁不安，持续痉挛。痉挛的人数之多、时间之长和强度之大都令人惊诧。一人开始痉挛时，其他几个人也会被影响。委员会观察到，部分痉挛的发作时间超过三个小时，痉挛的同时伴随着呕吐肮脏的黏液，有时可以看到血丝，这种呕吐需要经过一阵激烈的咳嗽才能止住。

痉挛的特点是，四肢和全身会不由自主地抖动，喉咙紧缩，上半身抽动，眼神涣散迷离，还伴有各式各样的尖叫、流泪、啜泣或大笑。痉挛前后的患者或衰弱无力，或产生幻觉，或陷入沉思，或倦怠嗜睡。突如其来的微小噪音就能引起他们的战栗。值得注意的是，空气中钢琴旋律的变化对病人有很大的影响，轻快活泼的旋律会让他们更加焦躁，进而引发新一轮的痉挛。

这样的场景实在让人大为震惊，没有亲眼目睹的人对此根本无从想象。令人惊讶的是，一部分患者非常安静祥和，另一部分则异常躁动不安。此外，很多痉挛发作都重复出现，患者之间表现出深切的共鸣，这些也让旁观者始料未及。有些病人对彼此极度地关注，他们会张开双臂扑向对方，微笑着互相宽慰，满心都是依恋和爱慕。所有这些情景都受到催眠师的控制，无论病人处于何种混沌的状态，催眠师通过一点声音、一个眼神或是一个手势就能把患者们唤醒。陷入痉挛的绝大部分是女性患者，鲜有男性。

这场实验大约持续了五个月。实验开始前，梅斯梅尔担心实验结果会让他声誉扫地，钱财尽散，因此决定回到巴黎。当时有一些有钱有势的人对他的学说深信不疑，曾跟随他去斯巴。其中一名叫作贝尔加斯的病人提议以梅斯梅尔的名义设立募集基金，一共 100 份，每份募集 2000 法郎，条件是梅斯梅尔向捐款人透露自己学说的秘密，并授权捐款人自主使用。梅斯梅尔欣然接受了这个提议，一时间捐款人如云，不仅在几天内捐满了原定份额，还超出了 14 万法郎。

梅斯梅尔带着这笔钱回到巴黎，重新开始了他的试验。与此同时，皇家委员会的调查也在继续进行。他的弟子们为了得到指点而缴纳了大笔的学费，同时将他的声名远播出去，还在法国主要的城镇里纷纷成立了"协和会"，进行磁力实验和治疗。一些品位恶俗、淫逸放荡之徒也加入了"协和会"，他们入会的唯一目的就是观看年轻女孩陷入痉挛，并以此为乐。协和会因为这些人的加入而逐渐道德沦丧，声名狼藉。很多假冒的所谓"磁疗师"其实是一些臭名昭著的登徒浪子，只是借此机会满足其淫欲罢了。

最后，委员会发布了由著名的贝利先生起草的报告书。这份报告书逻辑缜密，立场公正，至今仍然被视为典范。报告在详述各项实验情况及结果后得出结论，认为有利于动物磁疗术的唯一证据就是其对人体产生的效应，但这些效应无需所谓磁力传导或操控也可以发挥出来，而且所有这些在病人未察觉时根本起不到任何作用。由此可见，产生这些现象的原因是想象力，而非磁力。

这份报告彻底摧毁了梅斯梅尔在法国的声誉。不久他便带着他的崇拜者们所捐助的34万法郎离开了巴黎，回到德国。他于1815年在德国去世，享年81岁高龄。但他所播下的种子却被大众迷信所滋养，继续开花结果。法国、德国和英格兰涌现出大批仿效梅斯梅尔的人，他们的做法有过之而无不及，吹嘘这种学说拥有连梅斯梅尔本人都想象不到的神奇魔力。其中，卡里奥斯特罗就利用这种谬见成为了玄学大师。但是他的发现与普赛格侯爵和巴巴瑞恩骑士的发现相比还是略逊一筹。后面两位还是比较诚实的，毕竟在游说别人之前，他们自己确实已经为这门"绝学"所倾倒。

第六节　普赛格侯爵

普赛格侯爵在布桑西拥有广阔的地产，当时他也是梅斯梅尔的捐款人之一。梅斯梅尔离开法国后，他又回到布桑西，和他的弟弟一起对其雇农施用动物磁疗术，为乡下人治疗各种各样的疾病。他是个慈悲为怀的人，不仅为患者进行磁疗，还为他们提供饭食。在方圆二十英里之内，他被视为是身怀神力的人。据他说，他是在偶然间发现了这个重大的秘密。有一天他对园丁进行催眠，看到园丁已经沉沉睡去，忽然间想问园丁一个问题，就像对梦游者提问那样。没想到园丁异常清晰而准确地回答了他。侯爵又惊又喜，继续实验，发现这种磁疗会将人带入一种梦游状态，"沉睡者的灵魂不断扩张，可以和大自然，尤其是侯爵本人，进行更为密切的交流"。他发现，在这种状态中，他无需进一步说话或示意，就能对患者的灵魂发号施令。事实上，病人不需要做任何动作，他就能够与之进行灵魂的对话。

发现这个奇妙的现象后，他紧接着又有了新的发现，印证了他想法的正确性。与瓦伦丁·格里特莱克斯一样，他发现对所有造访的病人都进行治疗是件难事——他甚至没有时间进行必要的休息和放松。他灵光一闪，想出了一个精妙的权宜之计。他此前曾听梅斯梅尔说，可以磁化几块木头来协助磁疗，既然如此，他何不把整棵大树都磁化了呢？事不宜迟，他说做就做。布桑西的树林中有一棵枝叶繁茂的大榆树，全村的姑娘每逢节日就会在树下载歌载舞；静谧的夏夜，老人家们就在树下悠然地品尝当地的乡下酒。就是它了！普赛格走到树下，先伸出手抚摸大树，然后退后几步喷洒磁液，引导磁液从树枝流向树干，再从树干流向树根。事毕，他命人在树周围摆上很多圆板凳，并从树上拉下很多细绳。病人就座后，把细绳缠在自己患病的部位，然后与旁边的病人拇指相扣，一条磁流传输的通道就建立起来了。

现在普赛格为两件事深深着迷：那个与他能够灵魂交流的园丁，以及那棵被磁化的榆树。还是用他自己的话来看看他对那位病人有多迷恋吧！

1784 年 5 月 17 日，他在给他弟弟的信中写道："我亲爱的朋友，如果你再不过来看我，你就永远看不到我那个独一无二的病人了，因为他几乎快要痊愈了。我一直在运用梅斯梅尔先生传授给我的神奇力量。我现在每天都祈求上帝保佑梅斯梅尔先生，多亏了他，我才能献出自己的一份力，为左邻右舍的穷苦病人施以有效的治疗。他们现在蜂拥到我的磁树下，光是今天上午就来了一百三十多个人。这棵树实在是催眠器的不二之选，每一天叶子都给人们带来健康，所有人都或多或少地感受到它的奇效。要是看到这样一幅相亲相爱的场面，你也一定会很高兴的。我只有一点遗憾，就是无法触摸所有前来的病人。但是其中一个接受了磁疗的病人，用他的智慧帮我解了惑，教我应该怎么去做。他认为我没有必要去触摸每个前来的病人，只消一个眼神、一个手势甚至一个愿望就足矣！瞧瞧，这个目不识丁的农民竟然教会我如此睿智的办法！当他身处病情危急的紧急关头，我相信没人能比他看得更深入、更长远、更透彻了。"

在另一封信中，普赛格描述了自己对那棵磁树进行第一次试验时的情形："昨晚我把第一位病人带到树下。我刚刚把一根细绳缠在他身上，他便紧盯着那棵树，以一种我难以名状的震惊之态喊道，'我看到了多么奇妙的东西！'接着他的头便低下去，马上陷入了深度催眠状态。一个小时以后，我把他带回他家，把他叫醒。几个乡亲过来告诉他刚才发生的事情，但他压根不相信那是真的，他说自己那么虚弱，才刚刚有力气走路，根本没办法下楼走到磁树边上。今天我又做了一次实验，效果依旧很理想。我得承认，一想到我做的善事，我的确不禁飘飘然。我的夫人以及她的朋友，还有我的仆人，事实上，我身边所有人都感到既惊讶又仰慕，这种感觉真是难以言表，但他们的激动之情远远不及我本人的感受。感谢这棵树赐予我休憩和宁静，要是没有它，我定会时时处于焦躁不安的状态，身体更是没法支撑。如果可以这么说的话，我觉得自己的生命变得空前开阔。"

他还在一封信中对那位与自己灵魂相通的园丁进行了充满诗意的描写："从这个头脑单纯的乡下汉子身上，这个 23 岁的高壮小伙儿，这个因疾病、更确切地说是因悲伤而被折磨得身虚体乏，继而对自然介质的神力尤为敏感的病人——就是从这个人身上，我受到了指引，获取了新知。在催眠状态下，他不再是一个笨嘴拙舌的农夫，而是一个生命、一种存在、一个我无法用语言去形容的生灵。我不必开口，只要在他面前思考，他便会立刻对我的想法了然于胸，并作出回答。倘若有人走近房间，只要我心里想让他看到来人（而不是别的东西），他就能看到那人，向对方打招呼，并讲出我想对来人说的话，虽不是一字一句地复述，但大体意思相同。但当他想要补充我认为不宜被来人听到的话时，我就会阻断他的思路，在他的言语间打断他说的话，指引他立刻换个话题。"

在被这些奇闻逸事吸引到布桑西的人中，有一位叫克洛凯的破产管理人。

他对这些异想天开的故事很感兴趣，并毫不犹像地相信了普赛格先生告诉他的话。他把自己的所见所闻所信全部记录下来，这些记录更加清晰地展现了骗术的进程。他称，自己看到处于磁疗状态的病人处于深度睡眠状态，所有身体机能都暂停下来，只有思维在活动。病人双眼紧闭，没有听觉，只在听到催眠师的声音时才会苏醒。"如果在治疗期间有人接触病人或病人所坐的椅子，病人就会痛苦异常，陷入痉挛。在被催眠期间，他们拥有不用寻常的超自然神力。借助这种神力，只要他们摸到其他病人的身体，甚至只要把手在对方衣服上掠过，就能马上感觉到别人的身体哪儿不对劲。"另一件奇异的事情在于，这些沉睡者不仅能够诊断疾病，还能指出治疗方法。但当他们被唤醒后，他们却对发生过的事情一无所知。从他们沉睡以后到醒来之时，期间发生的事情全在他们的记忆中被抹去了。磁疗师不但可以令梦游者听懂自己的话，而且尽管病人全程紧闭双眼，但只要磁疗师在远处用手指指病人，病人就会随他而去。

这就是普赛格侯爵所施用的动物磁疗术。当他在榆树周围施展重重神力时，另一派磁疗师巴巴瑞恩骑士在里昂崭露头角。巴巴瑞恩认为，无需手杖或催眠器等辅助工具，单凭意志的力量就足以令人陷入催眠状态。他试用了这种办法，效果很成功。他坐在病人的床边，祈祷病人被催眠，然后病人就会陷入与普赛格侯爵方法下类似的状态。一时间，很多催眠者都把巴巴瑞恩视作他们的偶像，自称"巴巴瑞恩学派"，据说他们这种治疗方法的确产生了一些成效。在瑞典和德国，这一派的信徒人数陡增，人称"精神主义者"，以便与自称"经验主义者"的普赛格信徒相区分。

他们认为，在梅斯梅尔的理论中，由无处不在的磁流所产生的动物磁疗效应其实是人类灵魂相互作用的结果。磁疗师和其病人一旦建立起相互联系，磁疗师就可以从百里之外向病人施加影响。有个磁疗师这样描述病人的理想状态："病人身上的动物本能上升到登峰造极的高度，从他的身上我只能看到单纯的动物气质，而不掺有一丝杂质。他就像神灵一样洞察世间万物。他如同上帝一般，双眼可以看透世间所有奥秘。他将注意力集中在任何一件事情上，比如他的疾病、死亡、爱人、朋友、亲属、敌人，他能在精神上注视着他人的行为，洞悉他们行为的因果。这时的他是一位医生、先知、神灵！"

第七节　催眠术在英国

现在我们来看看这些玄术在英格兰的发展。麦诺德克博士起初是梅斯梅尔的弟子，后来师从德斯隆。1788 年，他在布里斯托作了一场关于磁学的公开演讲，获得了空前的成功。很多有钱有势的人纷纷从伦敦赶来布里斯托接受磁疗，有些甚至拜他为师。乔治·温特博士在其《动物磁疗术的历史》（*History of Animal Magnetism*）一书中将这些人的身份记叙如下："已经有 127 位大人物莅临此地，其中有一位公爵、一位公爵夫人、一位侯爵夫人、两位伯爵夫人、一位伯爵、一位男爵、三位男爵夫人、一位主教、五位名门望士、两位从男爵、七位议员、一位牧师、两位内科医师、七位外科医师，另外还有九十二位体面的先生和女士。"麦诺德克后来在伦敦从业，同样也大受欢迎。

他起初向女士们发出倡议，呼吁成立一个"健康协会"。他在倡议书中对催眠术的种种疗效大加吹捧，还自诩为将催眠术引入英格兰的第一人。他在文末总结道，"这种疗法不受性别或教育程度的限制。而女性是世间最富有同情心，关心健康、关切后代的群体。在此，我感谢各位在科学方面表现出的公正态度，并会尽我所能，帮助各位进一步为社会做出贡献。在此我倡议成立健康协会，并和巴黎的健康协会合作。等报名人数达到 20 人的那天，我们将在寒舍召开第一次会议，届时请各位缴纳十五基尼，作为全部会费。"

1788 年 9 月，汉娜·莫尔在写给霍勒斯·沃波尔的一封信中讲到麦诺德克制造的这出"邪恶而做作的表演"，说他和梅斯梅尔在巴黎的做法一样，狠赚了一笔，大概能有 10 万英镑。

麦诺德克的主张在当时引起了公众广泛的兴趣，与此同时，一个叫霍洛韦的人在伦敦进行了一系列关于动物磁疗术的讲座，每位收费 5 基尼，由此也赚了一大笔钱。画家卢泰尔堡夫妇也开始做这个利润可观的行当，人们对此十分着迷，竞相涌来，想要一睹为快。有时他们在哈默史密斯的房子一次就有

3000 多人同时造访，根本容纳不下。票价也在 1 基尼到 3 基尼不等。卢泰尔堡主要仿效瓦伦丁·格里特莱克斯的做法，通过触摸来进行治疗，并在最后假扮成上帝的使者。人们把他的医术称为神迹，在 1789 年一本记录这些所谓奇迹的小册子问世，并注明是"神的羔羊的爱人所著，献给坎特伯雷大主教"。

这位所谓"神的羔羊的爱人"是一位疯疯癫癫的老太太，她名叫玛丽·普拉特，她对卢泰尔堡夫妇怀有极深的崇敬之情，几乎要把他们当神一样顶礼膜拜。她用《新约全书》中《使徒行传》第十三章中的一首诗作为她小册子的题词："当心，蔑视神的人，你们将在不知不觉间毁灭！因为神迹将现于人世，一个男人将向你们宣告，却无人相信。"她试图将卢泰尔堡的疗法赋予一种宗教性质，并认为女人是传播疗法的最佳人选，因为圣经中说了，"男人无法克服人们的怀疑"。据她讲，从 1788 年圣诞节至 1789 年 7 月，卢泰尔堡夫妇已经治愈了 2000 人，"他们已经成为传递神谕的最佳人选。上帝仁慈地赐予他们良方，为众生医治百病，无论聋、哑、瞎、跛、瘸，都一视同仁。"

她在给坎特伯雷大主教的献辞中恳请他为所有的大小教堂撰写新的祷告词。她声称任何东西都不能阻碍这无价的发明去完成自己的使命。她进一步恳求当地所有的行政长官和达官权贵去拜访卢泰尔堡夫妇，和他们商议建造一所大医院，医院旁边就是贝塞斯达湖。所有催眠学家都对这个老太太荒谬可笑的言论大为反感，卢泰尔堡表面上为了避开她而离开了伦敦，实则和妻子一道继续这异想天开的把戏，把那些自以为比老太太更聪明的人也骗得神魂颠倒。

从这一时期至 1798 年，催眠术在英格兰基本没引起什么注意。1798 年有人曾尝试推行催眠术，但也只是矿物磁疗术，而非动物磁疗术。有一位美国人本杰明·珀金斯，是在莱斯特广场行医的外科医师，他发明了著名的"金属牵引车"并取得专利。他声称这种牵引车由两块小小的强磁化金属组成，和赫尔神父先前介绍的金属板有些相像。如果将患处接触金属并轻轻移动，就能够治疗痛风、风湿、中风等几乎所有的疾病。

有关这些故事的传说迅速风靡起来，舆论界发行了好多小册子，对牵引车的疗效大肆吹嘘。一副牵引车卖 5 基尼，珀金斯很快捞了一大笔钱。痛风患者在这种新疗法面前忘记了病痛，风湿病也在牵引车面前闻风丧胆，就连在牙医看来也难以治愈的牙痛，也在珀金斯和他了不起的杰作面前消失得无影无踪。教友会那些乐善好施的教友热情地赞助这项发明，他们希望那些无力支付5基尼甚至5英镑的贫苦之家也能享受到这种伟大发现所带来的恩惠。他们捐赠了很大一笔钱，建立了一所"珀金斯医院"，所有前来看病的人都可以免费进行磁疗。在几个月的时间里，这种牵引车大派用场，而幸运的珀金斯则赚了5000英镑。

海加思博士是巴斯著名的医师，他联想到想象力在疾病治疗中的重要影响，想起一个测试牵引车真正价值的好主意。珀金斯的疗法备受推崇，他无法直接对之提出怀疑。于是海加思博士并没有当面反驳种种传说，而是在众目睽睽之下，静静地揭穿了这个荒谬的把戏。他向法尔科内博士建议用木头制作牵引车，并涂上油漆，使之看上去像钢制的牵引车一样，然后看它是否能产生同样的效果。

于是他们从巴斯医院选出五名病人进行试验，其中四名在脚踝、膝盖、手腕、髋部患有严重的慢性风湿，另外一名病人则患有几个月的痛风。在试验那天，海加思博士和他的朋友聚集在医院，神情肃穆地拿来了山寨的牵引车。五名病人中有四名说自己的痛楚已经烟消云散，三名病人称他们非但不再难受，还感到神清气爽。有一位说他觉得自己的膝盖暖和起来，还能在房间里走路。他试了试，果然成功了，尽管在前一天他还无法动弹。那位痛风患者感到痛楚迅速减少，几个小时之内都感觉很好，直到上床睡觉时才又开始难受。次日，他们使用了真正的牵引车，患者对自己的症状描述得和前一天相差无几。

为了使实验结果更为精确，几周后，他们又在布里斯托医院进行了实验。这次的病人肩部患有严重的风湿，无法把手从膝盖上抬起来。山寨的牵引车又被拿来放在患处。为了增加仪式感，一名医师从口袋掏出计时表精确计时，另一名医师则手持钢笔，时刻记录患者的症状变化。不到四分钟，病人就感到舒服了很多，甚至把手抬起几英寸，而肩膀没有感到一点疼痛！

海加思博士出版了《想象是疾病的起因与治疗方法——以山寨牵引车为例》

(*Of the Imagination*, *as a Cause and Cure of Disorders*, *exemplified by Fictitious Tractors*)，对试验结果进行了描述。这次实验的结果对于珀金斯的学说是致命一击。他的朋友和赞助人仍然不愿承认受到欺骗，在牛、羊、马身上试验这些牵引车，声称动物能从金属板上得到良性变化，而木车则毫无益处。但是没有人愿意相信他们，珀金斯医院也渐渐无人问津。最后珀金斯带着大约 10000 英镑离开了英格兰，在美国宾夕法尼亚安享晚年。

就这样，催眠术在英格兰一时成为笑谈，并消失了一段时间，法国大革命的风暴使人们无暇顾及这些幼稚的把戏。斯特拉斯堡和其他重要城镇的"协和会"存在了一段时间，但人们有更严峻的问题需要解决，因此"协和会"也逐渐消弭了。这种学说被英法两国所放弃，而在德国被一些空想哲学家所收容。在那里，催眠的奇迹日渐美妙；病人们获得了先知的本领，因为他们的想象力超越地球。他们能用脚趾和手指倾听和阅读，只要把书放在腹部，就能把原来读不懂的语言和内容烂熟于心。为梅斯梅尔的催眠磁流所着迷的愚昧农民，他们认为可以把哲学说得比柏拉图更为透彻，其深刻的见解、雄辩的口才不亚于世界上最渊博的玄学家，能够不费吹灰之力解决神学上的难题。

第八节　催眠术的消亡

19 世纪的前 12 年，动物磁疗术在欧洲各国几乎销声匿迹，连德国人也忘记了这些虚无的幻想，而被拿破仑的坚船利炮和国家的兴亡唤回到现实生活中。这一时期，磁疗术被蒙上了一层模糊的阴云，直到 1813 年德勒兹出版了《动物磁疗术史评》(*Historie Critique du Magnétisme Animal*)，才使得事情稍微明朗了一点。这本书为这种学说注入了新的活力，各种报刊、书籍和专著开始对其真伪展开论战，很多著名的医学界人士开始重新研究，设计严谨的试验来探寻事情的真相。

我们可以这样概括德勒兹在该书中的核心主张："'一种流体不断从人体内逸出'，并'构成环绕在我们周围的空气'，这种空气'没有确定的流向'，因而个体无法感知到它的作用。但是它'可以被意志引导'，受到引导时'可以形成气流传送'，其力量和我们拥有的能量对应。它的运动'类似于发热体发出的光'，'在每个人身上会有不同的属性'。它能够高度聚集，'而且也可以存在于树木中'。催眠者的意志'通过向同一个方向挥几次手得到体现'，从而把这种流体灌满整棵树。当催眠者的意志使流液流入人体后，大部分人在催眠者把手放在他们面前时，不等接触就会产生'忽冷忽热的感觉'。有些人在灌入充足的液流之后，会陷入催眠状态，也就是磁兴奋状态；在这种状态中，'他们会看到磁流像光晕一般环绕着催眠者，从催眠者的嘴到鼻孔，再到头和手，都流动着亮晶晶的流液，这种流液散发出怡人的香气，使得事物和水都更加美味'。"

人们可能认为，但凡想被视为正常人的医师都不会主张这些荒唐的说法，可这其实只是德勒兹所说的奇迹的一小部分。他继续讲道："当催眠术使人产生梦游状态时，被催眠者的所有身体机能都会得到神奇的扩展。以视觉和听觉为代表的外部器官都会变得迟钝，但依赖于眼睛和耳朵的感知都在人体内部进行。视觉和听觉经由磁流传导，这种磁流不受任何神经或器官的干扰，可以直接把所得的印象直接传至大脑。因此尽管被催眠者目不能视、耳不能闻，他的视觉和听觉却比清醒时更为灵敏。催眠者的意志不用语言表达出来，就能被感受到。"

"被催眠者往往能够透视自己身体的内部，以及与他共同处于磁联系中的所有人最隐秘的身体组织。通常而言，他只能看到患病的部分，并凭直觉开出药方。他有着先知般的远见和感受，通常极为精准，但有时也难免出错。他显现出惊人的能言善辩，遣词造句流利而准确。他仍为名利所困，因此如果得到催眠者的明智引导，他会在一段时间里变得全知全能；但倘若引导不当，就会走上歧途。"

在德勒兹看来，只要遵循下面的条件和规则，任何人都可以成为磁疗师并创造奇迹。

　　暂时忘掉所有医学和玄学知识；

驱除脑中所有抵触的杂念；

想象你有神力能抓住病痛并把它抛在一边；

开始这种研究后的六周内，不要进行理性思考。

积极渴望行善，坚信磁疗的力量，对自己有十足的信心。简而言之，驱除杂念，渴望成功，全神贯注。

换句话说，只要"相信磁疗，坚定不移，忘掉过去的一切经验，拒绝进行理性思考"，你就能成为德勒兹眼中优秀的催眠师。

在进入这样的状态之后，"把所有可能招来麻烦的人从病人旁边驱开；如果需要目击者，就只留下一个人；让他们不要插手任何你想做的流程，也不要影响任何效果，而是和你一样在心里默默想着要帮助病人就行；在温度适宜的环境里进行，不要让任何东西妨碍到你的自由状态，采取措施预防在治疗过程中可能造成的干扰。然后让病人舒舒服服地坐下，你坐在他对面一个高一点的座椅上，把他的双膝和双脚分别夹在你的双膝和双脚之间。首先要求病人放松，摒除一切杂念，不要考虑所有可能产生的影响，摒除一切恐惧，心中充满希望，就算治疗引起了暂时的疼痛也不要惊慌泄气。准备好后，双手握住他的大拇指，让你的指腹能贴着他的指腹，然后用眼睛注视他！你必须保持 2~5 分钟，或者到你觉得两人的拇指温度已经接近的时候。做完这些之后，你抽出双手，放到两侧，同时缓缓翻动双手，手心向外，举到头部。现在把双手放在病人的两肩上，大约停留一分钟，然后双手抚摸病人手臂轻轻向下，移动到病人指尖。将这个动作重复五六次，记得要翻动双手，并且在双手抬到头部的时候先稍微离病人的身体远一点。接着把双手放到病人头部上方，停留片刻后放下双手，在距离病人面部一两英寸时缓缓向下，放到病人腹部。在腹部停留两分钟，然后将两个拇指顶住腹部，其他手指放在肋骨下方，沿着身体缓缓滑到膝盖，还可以一直移动到病人的脚趾。将同样的过程重复几次。你还可以不时靠近病人，把手放在他的双肩上，沿着他的脊柱缓缓滑到他的大腿、膝盖或双脚。第一轮动作需要从头部开始，接下来几轮则可以从肩部到双臂，或从腹部到全身。"

　　这就是德勒兹推荐的磁疗过程。连动物磁疗术最强烈的反对者都会相信，那些敏感紧张、富于幻想的妇女在接受催眠时必定会发生痉挛。以这种半强迫的姿势坐着——双膝被一个男人夹着，被对方盯得面色发窘，同时还要抚摸身体的各个部位——这足以让任何女人痉挛发作，更别提她们本来就容易歇斯底里，还相信治疗的效果。同样，那些相对而言头脑清醒、身体强壮的人会被催眠也有合理的解释——他们只是在这个漫长的过程中睡着了。成千上万的例子证明，是这些手法产生了种种效果。但这些例子能否证明动物磁疗术的疗效呢？它们能证明磁流的存在吗？根本不需要什么磁学，也不需要坟墓中的鬼魂告诉我们，我们就知道，安静的环境、单调的声音、长时间同一姿势的躺卧会让人昏昏欲睡，而让虚弱的人经受兴奋的情绪和身体的抚摸，加上丰富的想象，理所应当会引起痉挛！

　　德勒兹的书在法国引起了很大的轰动，这种学说再次空前盛行。次年，一本名为《动物磁疗学年鉴》（*Annates du Magnétisme Animal*）的期刊问世，不久又出现了《动物磁疗学大全》（*Bibliothèque du Magnétisme Animal*）等其他书刊。就在这个时期，"奇迹创造者"法利亚神父开始从事磁疗，人们相信他周身有很多磁流环绕，他比大多数人更为意志坚定，因此磁疗效果也非常好。他的实验确凿地证明，这门享有盛誉的科学依靠的并非所谓磁流，而是想象力。他让病人躺在扶手椅上，闭上眼睛，然后以命令的语气高声说出一个字："睡！"他根本不用催眠器或者其他乱七八糟的工具，却成功催眠了数百名病人。他自称一生中通过此法催眠了5000余人。他通常需要将命令重复三四次，如果病人仍无法入眠，神父就会把这人从椅子上叫起来，声称此人不适合催眠。尤其值得一提的是，催眠师不再宣称催眠术是万能的。身体强壮的人、心存怀疑的人、理性分析的人都没法被催眠，而只有虔诚相信的人、身体虚弱的人、精神脆弱的人才可以。而且后一种人有时会出于种种原因对催眠产生耐受力，这种学说的信徒便宣称，有时甚至后面这类人也没法被催眠，因为在场有人藐视或质疑这种疗法，这会削弱催眠的功力，破坏其效果。德勒兹在对催眠师的建议中就明确提出："千万不要在喜欢刨根问底的人面前催眠！"

　　我们对催眠的话题就此告一段落，因为对动物磁疗术的历史实在是多说无益，尤其是很多真相已经被掩埋在历史之中，无从辩驳，而那些现象在当时却天天发生，连最为渊博公正、热爱真理的人也会感到吃惊而迷惑。但是，上面的故事已经足以说明，就算磁学确实有真理的成分在，它更多地还是充斥着谬论、误解和夸大其词。从磁学的发展历程看，它并非一无是处。用贝利在 1784 年的话说："哲学往往指责催眠术，但催眠术对科学的发展却并非毫无用处。它是人类思想谬误的记录，是对想象的力量所做的伟大试验。"人类有限的智慧将永远无法弄清楚思想对物质能产生的巨大影响，但在这方面的探索上，催眠术至少投射出了一道微弱的光。它是对意志力量不可征服和物质力量相对软弱的精准解读，再一次诠释了赞美诗作者引人深思的诗句——"我们的诞生既可怕又神奇"。

第八章

须发荣辱记——政治和宗教对于须发的影响

谈及胡子和它的主人，

心中满怀尊崇与敬重。

——《赫迪布拉斯》

"长发是男人的耻辱",这句圣保罗宣言中的名句,成为世俗政府和教会机构制定很多独特的法律和教规的依据。从基督教诞生直至 15 世纪,发式和胡须的修剪在法国和英格兰都是严肃的问题。

我们发现,在此前更早的时候,男人就不许随心所欲地打理自己的头发。亚历山大大帝认为,士兵的胡须会给敌人留下可乘之机,敌人可以抓住胡须来砍掉士兵的头。为了不给对方留下把柄,他下令全军将士都必须刮掉胡须。但北美洲印第安人在胡子方面有着截然相反的作战礼仪。他们认为头发和胡子象征着武士的荣耀,哪怕是在被敌人剥下头皮作为战利品时,也好有个可以抓的地方。

在欧洲,长发一度是主权的象征。图尔的格列高利就曾说过,留有长长的卷发是法兰克皇室的特权。贵族不仅在权力上与国王平分秋色,在须发方面也不甘为人后。他们不仅留长发,还蓄起长长的胡子。直到儒雅的路易国王统治时期,这种风尚也几乎没什么变化。但他的继承者们却都蓄短发以示不同,直到雨果·卡佩(Hugh Capet)时代才结束了短发的习俗,连奴隶们也会公然违反所有法规,坚持留长发、蓄长胡。

在"征服者威廉"(William the Conqueror)入侵英格兰的时期,诺曼人留着很短的头发。哈罗德(Harold,当时的英格兰国王)在进军黑斯廷斯途中,曾派出探子去刺探敌情。探子的禀报中有这么一段话:"敌军的脸和嘴都刮得很干净,好像全部都是牧师。"当时英格兰流行长头发、蓄上唇胡,但下巴干净。后来哈罗德战败,傲慢的胜利者瓜分了撒克逊大小乡绅的广大土地后,用各种暴政来羞辱英格兰人。于是英格兰人更加鼓励留长发,尽可能和那些短发无须的统治者相区分。

这种发须式样引起了神职人员的极大不满，法国和德国也展开了浩浩荡荡的劝诚运动。11 世纪末，教皇颁布禁令，留长发的人将一律被逐出教会，死后也不得领受牧师的祷告，这条禁令得到整个欧洲基督教权威的鼎力支持。英国历史学家威廉曾说，著名的伍斯特主教圣·乌斯坦只要一看到留长发的人就怒不可遏。

他极力反对留长发，认为这是极为不道德的禽兽行为。他总随身携带一把小刀，当长发男子跪在他面前接受主教的祝福时，他就会偷偷拿出小刀，割下那人的一绺头发，扔到他脸上，让他把剩下的头发也通通剪掉，否则就送他下地狱。

但时尚有时就像轻烟一般摇摆不定，从不肯保持不变。亨利一世当朝时，坎特伯雷大主教安塞勒姆认为有必要重申教皇关于违反头发规诫将被逐出教会的谕令。但此时宫廷里开始流行卷发，教会的抨击就显得无济于事了。就连亨利一世本人和贵族们都留着长长的披肩卷发，这在敬神的人眼里简直是"有辱权贵的门楣"。宫廷的牧师塞洛尔对国王的不虔诚感到伤心，于是在大臣上朝前进行布道，他引用了圣保罗宣言中的一段话，生动地刻画了他们在另一个世界里将要遭受折磨的场景。

几位大臣热泪盈眶，他们使劲揪着自己的头发，想要把它们全都拔掉。有人看到，亨利国王本人也哭了。牧师看到自己的话起了作用，便趁热打铁，从口袋里掏出一把剪刀，当着所有大臣的面，剪短了国王的头发。几位朝廷重臣也承诺把头发剪短。一时间，留长发的时尚似乎已经灰飞烟灭。然而就在这次冲动的忏悔过去后，大臣们回过神来，觉得这个牧师就像圣经中出卖参孙的黛利拉一样出卖了他们，他们的力量全都随着头发被剪掉了。于是不到六个月，他们依然故我，宁可做回罪孽深重的罪人。

坎特伯雷大主教安塞勒姆曾是诺曼底贝克修道院的一名修士，曾因激烈抨击长发习气而名震鲁恩，后来也一直迫切希望改变英国留长发的风气。他的固执使得决定留卷发的国王深感不悦，加上两人之间还存在其他更为严重的纠纷，因此在大主教去世后，国王因为摆脱他的说教而十分高兴，把大主教这个职位一空就是五年。

当时还有其他人也反对这种风气，英国各地的讲道坛上都回荡着对长发一族的批判和诅咒，然而所有的反对都无济于事。斯托根据古编年史学家的说法，这样描写这段时期的历史："男人们忘记了自己的性别，用长发把自己搞得女里女气！"当头发因为衰老或其他原因而脱落后，"他们就戴上盘成卷和辫子的假发"。后来这股潮流被莫名逆转了。当时宫廷里有一位骑士，平日里总为自己的一头秀发而洋洋自得。一天晚上，他做梦梦到自己躺在床上，一个魔鬼向他扑过来，一把抓住他的头发堵在他嘴上，想把他憋死。他惊醒，发现口中确实塞有很多头发。他受到了极大的触动，把梦境视作上天对他的警告。

于是他改过自新，当晚就剪掉了自己的长发。这个故事广为流传，教士们当然大肆宣扬，而骑士本来就位高权重，还是长发潮流的先锋，在他的表率作用和教士的劝导下，人们开始纷纷效仿，剪短头发。一时间，人人都变得像圣·乌斯坦大主教所希望的那样正派体面。讽刺的是，花花公子的一个噩梦竟比圣徒的苦口婆心更为奏效。但是，斯托又写道："不到一年，所有的朝臣又故态复萌，纷纷留起女人一般的长头发。"亨利国王似乎丝毫没被那个噩梦所影响，哪怕他自己做噩梦，也压根儿不想让神父再去动他的头发。

据说，他那段时间经常看到些不干净的怪东西。他在留长头发和其他一些事上与教会不睦，因此常常夜不能寐，总以为自己看到主教、修道院院长和各种级别的神父和教士围在他床边，用乡下常用的那种大棒痛打他。他被这个幻象吓得胆战心惊，经常从噩梦中惊醒，起身下床，手持利剑去和鬼魅决斗。他的御医格林姆德是个教士，他从不提醒国王噩梦是消化不良导致的，反而同当时的大多数教会兄弟一样，劝他剪短头发，归顺教会，通过布施和祈祷改过自新。但国王并没有听取他的劝告，直到一年后，他在一次海上风暴中险些葬身海底，才开始悔悟自己的罪行，于是把头发剪短，并如教士所愿地向教会表达虔诚。

梵蒂冈罗马教廷在法国对长卷发风气的整治上和在英格兰的收效半斤八两。但路易七世比他的皇兄要顺从得多，头发剪得和教士一样短，这让满朝勇士都感到痛心不已。他的皇后埃莉诺是个圭亚那人，她生性傲慢、崇尚享乐、热爱刺激，她责备他不但留着僧侣的发式，还信奉他们的禁欲主义。帝后间越发不和，最后皇后不再忠于她那一脸淡漠的光头国王，两人一刀两断，法国也就此失去了当初作为埃莉诺嫁妆的圭亚那和普瓦图这两块富饶之地。埃莉诺不久后连人带地嫁给诺曼底公爵亨利，亨利后来成为英格兰国王亨利二世，英格兰也因此在法国一直拥有一块强大的据点，这是几百年来英法之间战火不断的导火索。

当年轻人都加入骑士的队伍去往巴勒斯坦时，教会没太费事儿就让留在欧洲的保守公民相信留长发是罪孽深重的行为。在狮心王理查一世外出期间，他的英格兰臣民不仅剪短了头发，还把胡子剃了个干净。人称"长髯公"的威廉·菲茨奥斯伯特是当时著名的政客，他再一次在撒克逊子孙中重新兴起留长发的风尚。他此举的目的是为了尽可能把撒克逊人同普通市民和诺曼人分开。由于他自己的胡子长及腰间，于是留下了"长髯公"的美名。

相较于对头发的严格管控，教会对胡须则更为宽容，普遍准许民众跟随潮流，决定自己下巴和上唇胡须怎么打理。胡须的潮流也因时而异。查理一世时期，短胡子曾盛极一时。不到一个世纪的时间，长胡子又开始流行。当1327年苏格兰的罗伯特·布鲁斯之子大卫与英王爱德华二世的妹妹琼结婚时，来到伦敦的苏格兰人在其讽刺诗中也对此有所提及。这首诗后来刻在圣·彼得斯坦盖特的教堂大门上，诗中这样写道：

> 长须残酷无情，
>
> 彩帽愚蠢无知，
>
> 粗俗灰色大衣，
>
> 更显英国奢侈。

查理五世继承西班牙的王位时，他没有留胡子。国王身边卑躬屈膝的奴才又怎能比他们的主子更显男子气概？于是，除了几位不宜追随潮流的行将就木的老人外，所有朝臣都把胡子剔了个干净。谨小慎微的人们看到此举实在是伤感又惊慌，他们觉得所有的男子汉气概也随着刮掉的胡子而烟消云散了。当时流行这么一句话：

> 失掉了胡子，也就丢掉了灵魂。

在法国，亨利四世过世后，由于当时继承王位的国王年龄太小，尚不能蓄须，胡子就变得更加声名狼藉。旧王的密友和以苏利公爵为首的朝臣则不顾新一辈人的嘲笑，拒绝刮掉胡子。

谁能忘记英格兰曾分裂为圆头党和保王党两大派系？当时，清教徒认为保皇党那长长的卷发是万恶之源，保皇党则认为拥护议会制的人缺乏智慧和美德，一如他们不怎么长头发。头发成为了政治观念和宗教信仰的象征，头发越多就越守旧，头发越少就越革新。

在对须发的所有官方干预事件中，最激进、最成功的当属 1705 年俄国彼得大帝的改革。当时，欧洲各国已经不再流行蓄胡须，这种潮流的影响远胜于教皇和国王的指令，将胡须逐出了文明社会。但这只会使得俄国人对他们这种传统装扮更加情有独钟，因为这成为他们区别于那些令他们深恶痛绝的外国人的显著标志。

彼得大帝却一心要破除这个传统。如果他曾经饱读诗书，那么他可能会在专横地破除这个悠久传统前三思利弊。但彼得大帝可不是这样的人，他不知道也不想知道革新的危险，单凭自己的一腔强烈的意志便号令全国，上至公卿权贵，下至庶民农奴，一律不得留胡须。法令给了一段宽限期，让民众去克服心里的不悦，适应这条新规。宽限期届满后仍然坚持留须的人必须支付 100 个卢布的税金。牧师和农奴的税款较低，只需要在每次进出城门的时候支付 1 戈比就行。人们对禁须令极为不满，但他们对违抗彼得大帝命令的施特雷利兹（Strelitzes）的下场仍然记忆犹新，所以想要蓄须的人根本没胆量反抗。

正如《大英百科全书》（Encyclopaedia Britannica）中所写的那样，俄国民众认为，与其激怒一个肆无忌惮的杀人狂魔，还不如自己剃掉胡子来得聪明。彼得大帝也比以往的教皇和主教机灵一些，他并没有用遭天谴的诅咒来威胁臣民，而用课以重税的方式来让他们遭受惩罚。多年以后，此项税金给国库带来了一笔丰厚可观的收入。收税员会给纳税人一枚专门为此而制造的小铜币作为纳税的收据，这种小铜币又被称为"胡子币"。胡子币的正面铸有鼻子、嘴巴和胡须的图案，图案上有"收讫"字样。整个图像以花纹环绕，还印有象征俄国的黑鹰；胡子币的背面印有日期。每个留胡子的人在进出城门时都必须出示这份收据，那些违反禁令又拒绝纳税的人则统统被关进监狱。

从那时起，现代欧洲各国君主就开始对时尚之类的问题采取劝导的态度，而不再以强迫和压制的手段解决问题。教会也不再在须发问题上自寻烦恼，男人们可以随心所欲地选择自己喜欢的样式，不必再担心被逐出教会或被剥夺政治权利。于是愚蠢的风尚又再次来袭，八字胡成为时尚的标志。

即便到了 19 世纪，政府也不肯在须发问题上彻底放男人一马。这一次，宗教还没有插手其中（但保不齐未来会干预），而政治在这方面的影响已然举足轻重。在 1830 年大革命之前，法国和比利时还不流行八字胡，但革命之后的一夜之间，巴黎和布鲁塞尔的小店主的嘴唇上，无一不挂着有真有假的八字胡。1830 年 10 月，当荷兰士兵暂时占领卢万之后，爱国者的胡须顿时成为笑柄，于是比利时人马上把胡子刮得干干净净。荷兰军队中有人爱说机灵话，笑称比利时人刮下的胡子都足够去为医院里的伤残士兵填充床垫了！

这样的荒唐事离我们并不遥远。1838 年 8 月，一份德国杂志刊登出了一份由巴伐利亚国王发布的诏书，禁止平民以任何理由蓄须。诏书还命令警察和官员抓捕违反法令的人，强制为其剃须。报道此事的《权利》(Le Droit) 杂志补充道："奇怪的是，人们嘴上的胡子如秋风扫落叶一般瞬间消失了，人们急忙服从王命，没有一个人被逮捕。"

巴伐利亚的国王是个小有名气的打油诗人，他此前就曾用打油诗的形式颁布了一些禁令，但对胡须的禁令实在是既无诗意也不合理。人们暗中希望他那真命天子的脑袋别再冒出什么奇怪的想法，要是这样的话，可就别怪国民不服从了。

第九章

鬼屋魅影

真的传来敲门声……

咚！咚！咚！

是谁在那？

是比尔泽巴布吗？……

是谁在那？

难道是恶魔？

咚！咚！咚！

怎么敲个没完？

——莎士比亚，《麦克白》

　　大家都见过或曾听说过这样的鬼宅：这里大门紧锁，无人居住，日渐破败，四处积灰，看上去阴森恐怖。尤其是在午夜时分，房里经常会传出奇怪的声音：那似有似无的敲门声、咔哒转动的链条声，还有躁动鬼魂的呻吟声。人们认为在晚上，哪怕只是从这种房子旁边经过也非常危险。这样的房子常年没人住，哪怕倒贴钱都没人愿意搬进来。如今到了 19 世纪，不仅在英国，在法国、德国乃至几乎欧洲所有的国家，都有上百幢这样的鬼屋。这些房子被认为是魔鬼和恶灵的藏身之处，胆小的人会敬而远之，虔敬教徒们在经过时会暗自祈祷，寻求上帝的庇佑。伦敦就有不少这样的宅子。倘若有哪个自负的知识分子想要去找一找这样的鬼屋，他就会发现，在破除这古老的迷信之前，智慧还亟待大幅发展。

　　迷信鬼屋存在的思想事实上肇始于女巫时代的余孽。这种想法相对来说对人无害，因此没有发展到大众癫狂的荒唐程度。那些源自巫术崇拜的观念，在此不再赘述。但鬼屋的想法却与众不同，因为玩弄这种把戏的人并没有被判处火刑或绞刑，而无非是要游街示众罢了。

　　很多房子传出闹鬼的名声，吓得胆小轻信的人避之不及，其实不过是房子本身有些难以察觉的特点罢了。此时只需一位胆大心细的人去打扫一番，就可以消除人们的恐惧心理。爱克斯拉查普就有这么一座大宅子，荒废了整整五年，因为它不分日夜地传来敲门的声音，没人能解释那到底是怎么一回事。后来事情越传越邪乎，连两边的邻居都纷纷搬家，以免被恶灵缠身。由于长时间无人居住，这幢房子看上去破败不堪，更像个鬼宅，结果晚上根本没人敢从那里经过。人们渐渐谣传说，这种敲门声是从楼上某个房间传来的，声音虽然不是很大，但是非常有规律。街坊里流传常听见地下室传来呻吟声，还有灯火在窗户间飘来飘去；还有人说曾经看见身穿白衣的幽灵们在窗外嘀咕低笑。虽然这些说法都经不起推敲，但不可否认，敲击声一直存在。房主几次想要找出原因，却都没能成功。他请来牧师在房间里撒上圣水，命令所有鬼魂离开此地，前往红海。然而敲击的声音依旧如故。最后，有人无意间发现了其中的奥秘，这一片地区才恢复往日的宁静。

事情是这样的，房主身心俱疲，于是只好以极低的价钱把房子卖掉了。新房主检查二楼的房间时，突然看见房门撞击着门框发出巨大的响声，然后房门突然被打开，转了两英尺左右宽就不再动了。新房主一动不动、接着观察，同样的景象再三出现。于是他仔细检查那扇门，揭开了事情的谜底。原来由于门闩坏了，因此门没办法关紧，只能依靠门底下的铰链开关。当时正对着门有一扇窗户，窗户上的一块玻璃碎了。于是每当风从某个角度吹来，强大的气流会使得门被猛然关上，但因为没有门闩，门又会被铰链再次弹开。等到又有风吹过时，门就会再次合上，如此往复。新房主见状，连忙请了个装玻璃的工人，修好了那扇窗户。从此以后，再也没有神秘的声音了。房子里外被修葺干净，又恢复了之前的好名声。两三年后，人们才渐渐不再害怕这幢房子。即便如此，很多人还是会绕道而行，远远地躲开它。

沃特·斯科特爵士曾在他的《魔法巫术的信笺》中讲过一个类似的故事。故事的主人公是个世家子弟，他声名显赫，而且在政界颇有名气。就在他刚刚继承了爵位和财产后，仆人们传言说晚上总是听见一些奇怪的声音。于是这名绅士决定亲自探查真相，他带着一个在他家干了一辈子的老仆人，而这位老人家也说，自从老主人过世之后，就开始出现这种奇怪的声音。绅士和仆人一起监视着整座宅邸，终于听到了响动。他们循着声音来到一个存放各种食品的小储藏室里，老仆人有这间房子的钥匙，然而他们刚打开房门，这种神秘的声音就消失了。他们进去后驻留了很长一段时间，才再次听到这种声音，这次的声音甚至比上次还要低沉一些，不由得让人浮想联翩。接着他们不费什么功夫就发现了噪声的来源。原来那个声音是一只耗子被困在了一个老式老鼠夹里，想要尽力逃脱造成的。它挣扎着想要拱起笼子的门，但门到了一定高度后就会掉下来，掉下的声音在整个宅邸回响，因而引起了人们的传言。倘若不是绅士的调查，这幢房屋难免会招致不好的名声，就不会有人愿意住在这里。后来，这位绅士亲口把这个故事告诉了沃特·斯科特爵士。

但是总体而言，自然的巧合还是少数，大多数鬼屋都是活人的把戏造成的。有六个修道士就曾经愚弄过路易十世皇帝。路易十世是个非常虔诚的人，因此也赢得了"圣王"的美名。路易十世的忏悔神父在他面前热情赞颂圣布鲁诺修道院的修士们善良博学的品行，因此国王把他们安排在巴黎附近的一个小村子里。修道院主教贝纳德·德·拉特尔派来六个修道士，在国王赠予的常特立村的一所漂亮的房子里住了下来。从屋里往外看，可以直接观赏到沃韦尔宫殿。这个宫殿此前是罗伯特王建造的一处皇家宅邸，但已经多年无人居住。这六个修道士认为自己应当住到宫殿里，但他们羞于直接向国王开口，因此就想了一个办法来达成这个目的。沃韦尔宫殿此前从未遭受恶名，但不知怎地，自从这六位修道士搬到这里，就开始逐渐变得臭名昭著。人们在夜里可以听到宫殿里发出可怕的尖叫声，还可以看见红、绿、蓝各色的闪光若隐若现，人们不仅听到链条的叮当声，还有痛苦的哀号声。这些古怪的现象一直持续数月，举国上下为之震惊，路易国王也有所耳闻。谣言越传越厉害，后来有人说宫殿里出现了一个巨大的幽灵，它长着长长的白胡子，有毒蛇的尾巴，身着青绿色的衣服，一到晚上就会在宫里出现，发出恐怖的号叫，还冲周围的人张牙舞爪。

这时，常特立村的修士们也"听说"了这个流言。他们十分"愤慨"，魔鬼竟然如此胆大包天，在他们眼皮子底下作怪。于是他们暗示国王派来调查此事的专员说，倘若他们得以入住宫殿，就可以彻底调查此事，幽灵很快就会被赶走。国王为他们的虔诚深深打动，对他们的无私也表示感激。国王立刻签署了一份转让契约，于是这宫殿就成了这六名修道士的财产。六名修道士刚住进去，魔鬼就消失得无影无踪，所有的奇怪现象也都立刻停止了。这件事情发生在 1259 年，据修道士说，魔鬼已经被他们镇压在红海之下了。

1580 年，有一个叫吉尔斯·布莱克的人在图尔斯的城郊租了间房子，可是他后来又反悔与房东彼得·皮开特的交易了，就想说服房东解除契约。然而房东对他的房客和租约都很满意，不愿做出任何妥协。不久之后，吉尔斯·布莱克的房子闹鬼的流言就在图尔斯传得沸沸扬扬，就连吉尔斯本人也说这间房子里聚满了法国所有的女巫和魔鬼。据他说，魔鬼不时会闹出很大的动静，让他难以入睡。它们一边敲打墙壁，一边在烟囱里号叫，不仅打破窗户玻璃，还打翻厨房里的瓶瓶罐罐，让他的桌椅不停跳舞。人们成群结队地来到这座房子旁边，想要亲耳听听这奇怪的吵闹声。正在这时，他们却看到墙上的砖头纷纷掉下来，砸到那些清早出门前没有念主祷文之人的头上。这样的怪事持续了很长一段时间，吉尔斯·布莱克便向图尔斯法院提起诉讼，请求房东彼得·皮开特说明为何不能解除租约。彼得·皮开特收到传票后，根本不知道该怎么辩驳，于是法庭一致认为在此等情况下租约应当废除，还让倒霉的房东承担所有诉讼费用。彼得·皮开特不服，向巴黎国会上诉。议会经过长时间的调查，判定租约成立。判决理由是："图尔斯法庭的判决结果无效，并非因为缺乏充分而令人信服的理由来证明房子确实为魔鬼所扰，而是因为一审的诉讼程序存在瑕疵。"

1595 年，波尔多议会也曾经受理过一场类似的案件，案件中也有一座房子闹鬼严重。于是，议会指派了一批牧师前去调查并汇报情况。牧师们给出的调查报告断定房子确实闹鬼，于是法院判定解除租约，而且免除租客的一切房租和税费。

关于鬼屋最不同寻常的案子发生在 1649 年的伍德斯托克王宫。当时，伦敦派出一群长期议会的专员，想要占据伍德斯托克王宫，顺便清除掉所有皇家象征。然而在此过程中，有个保皇党人装神弄鬼，把革命党人吓得魂不附体，受尽折磨后逃出了王宫。

1649 年 10 月 13 日，这批专员抵达伍德斯托克王宫，当时他们并不害怕有什么魔鬼，不仅把华丽的卧室和更衣室改造成做饭洗碗的地方，把政务厅改成酿酒房，还把餐厅改成柴火间。这些人恣意破坏一切会让人联想起王权的东西。其中还有一名叫作吉尔斯·夏普的书记员以极大的热情参与进来，和专员们一起胡作非为。他帮助专员们把一棵岁月悠长的老树连根拔起，只因为它叫作"国王的橡树"。事毕，他还把碎木头搬到客厅来，为专员们取暖做饭。头两天，他们虽然听到房屋周围有奇怪的响动，但并没有放在心上。第三天，他们隐约感到周围有不干净的东西，因为床底下好像有一只奇怪的狗在咬他们的床单被褥。第四天，桌椅都开始自发跳了起来。第五天，卧室里好像有东西在随意走动，衣帽间里出现了一个长柄暖床炭炉，发出五口教堂大钟那么聒噪的响声。第六天，餐厅里的杯盘碗碟被扔得乱七八糟。第七天，又有奇怪的东西把几块木头扔进了卧室，砸到专员们柔软舒适的枕头上。第八天和第九天晚上，没什么异动。等到第十天晚上，烟囱里的砖头一会儿在地板上动来动去，一会儿又围着专员们的脑袋转圈。第十一天晚上，专员们的裤子不见了。第十二天晚上，他们的床上塞满了白蜡盘子，根本没地方睡觉。第十三天晚上，玻璃莫名其妙地炸裂开来，屋子里到处都是碎片。第十四天晚上，莫名响起了四十架大炮一般的巨大轰鸣，还下了一阵卵石雨，吓得专员们"四处逃窜，大喊救命"。

起初，专员们试图通过祈祷来赶走魔鬼，然而情况并没有起色。于是他们开始考虑是否应该离开这个鬼地方，把它还给那些魔鬼。然而后来，他们还是决定再坚持一段时间，于是便在祷告上帝宽恕他们之后，就都上床睡觉了。当天晚上他们睡得倒是蛮踏实，但这不过是捉弄他们的人所麻痹他们的假象罢了。次日晚上，他们没听到有什么响动，就陶醉在魔鬼已经被赶走的喜悦之中，准备开始在此过冬。然而事后看来，这却成为魔鬼新一轮折腾的由头。

11月1日，他们听到更衣室传来缓慢而沉重的脚步声，此后突然响起一阵杂乱的声音，好像是砖头、石块、泥灰、玻璃碴一齐作响。11月2日，更衣室再次传来脚步声，听上去就好像是一头笨重强壮的大熊在走来走去，整整走了15分钟。这种声音好容易消停下来之后，就有一堆东西被猛地扔到桌子上，先是一个长柄暖床炭炉，紧接着是很多石块和马颌骨。几个胆子大一点的专员手持佩剑和手枪，勇敢地冲进更衣室，结果却什么都没发现。那一晚，大家吓得不敢睡觉，就在每个房间里都生起火，还点燃很多蜡烛和灯笼。因为在他们看来，魔鬼惧怕光明，只要四处都亮堂堂的，它们就不敢再来作怪。然而事实却并未遂他们的心愿。烟囱里不知怎地被灌进大桶的水，火堆和蜡烛都被浇灭了。一些睡觉的仆人被酸臭的泔水浇得透湿，吓得从床上跳起来，语无伦次地念着祷告词。他们赶紧把这情况告诉专员，身上的亚麻衣服还沾着绿色的脏东西，手脚关节也被不知从哪冒出来的木棍敲得红肿不堪。正当所有人在慌里慌张地议论纷纷时，突然传来一阵巨响，既好像是猛烈的雷声，又好像是军火库里的大炮同时开火。大家闻声吓得趴在地上，连连恳求万能的上帝来保佑他们。这时，有个专员强装镇定，壮着胆子站起来说，自己以上帝的名义发问，到底是谁藏在那里？他们又到底做了什么，竟遭到如此惩罚？他们没有听到回应，但刚才震天响的声音勉强消停了一会儿。

然而事情到此并未结束。用专员们的话说："魔鬼不但回到了王宫里，还带来了七个更坏的伙伴。"当时四周一片漆黑，他们便点了一根蜡烛，放在两个房间中间的走廊里。突然，蜡烛莫名熄灭了，有个专员说他看到"有个像马蹄一样的东西把蜡烛和烛台一起踢到房子中间，然后擦了三下烛花，就把蜡烛扑灭了"。于是，他想要拔剑相搏，但一股无名的力量却死死压制着他拔剑的手，让他无法动弹。一阵僵持后，他被对方用剑柄狠狠顶了一下，差点没痛晕过去。此后，震天响的声音再次来袭。专员们见状默契地退回会客厅，在那里连连唱圣歌、做祷告，勉强熬过了这个晚上。

就这样，专员们认识到自己根本无法与邪恶势力为敌，魔鬼看来是要独占这座王宫了。次日晚上——也就是周日晚上，专员们又被狠狠折磨了一宿之后，他们决定撤离此地，返回伦敦。他们周二一大早就把所有行李收拾妥当，一溜烟跑走了，把这座宫殿和里面的所有东西都留给魔鬼享用。

很多年之后，真相才终于大白。直到查理二世复辟，人们才终于知道这一切都是那个叫吉尔斯·夏普的书记员的"杰作"。此人真名叫作约瑟夫·柯林斯，是个低调的保皇派。他在伍德斯托克宫长大，因此对这里的一砖一瓦都了如指掌，对王宫里的暗道和陷阱更是如数家珍。当时的革命党专员满心以为他是个彻底的革命者，于是不仅委以重任，而且从未对他起疑心。他利用了革命党人的这种信任，事后也和其他几位参与此事的保皇党人一起为此乐不可支。

1661 年，台德沃斯县的莫姆培森先生家也曾发生过一起精心布置的骗局，约瑟夫·格兰威尔牧师在一篇叫作《台德沃斯的妖魔鬼怪》的文章中详细地讲述了事情的经过，这篇文章和其他奇闻逸事一起被收录在《撒都该信仰的胜利》一书中。大约在四月中旬，莫姆培森先生从伦敦归来，他的妻子跟他说，在他不在家的这段时间里，家里经常有奇怪的声响。就在回来的第三天夜里，莫姆培森先生自己也听到了这种声音，听上去就像"有人在敲击他家的门和外墙"。于是他马上起床，披上衣服，拿着手枪走出门外，想要看看发生了什么事情。他本以为不过是个小毛贼在捣乱，但出去后才发现这声音飘忽不定，忽前忽后。他感到这声音仿佛是从大门口飘过来的，就走过去，却没发现什么异样，但还是能听见"一种奇怪而空灵的声音"。于是他苦思良久，翻遍家中的每个犄角旮旯，却什么都没发现，只好上床睡觉。他刚钻进被窝，这种声音就又响起来，甚至比上次更加猛烈，听上去就好像有人"在屋顶上打鼓，不久之后这种声音就消弭了"。

这种情况接连发生了好几个晚上，莫姆培森先生突然想起，他前段时间曾经逮捕过一个流浪歌手。由于这人带着一面大鼓在乡下四处晃悠、敲鼓乞讨，于是莫姆培森先生就扣押了他的大鼓。莫姆培森先生细细想来，或许这个流浪汉就是个巫师，为了报仇，就派来一些小鬼在他家里捣乱。他越想越发确定，甚至确信这种声音就是鼓点，而且像是大战爆发前的哨兵鼓点。莫姆培森太太卧病在床的几天，那个小鬼——或者说鼓手，倒是客气有加地消停了几天，没有像以往一样发出噪声。但莫姆培森太太一恢复健康，这种鼓点般的噪音就再度来袭，"甚至比此前更加有恃无恐，它不断骚扰孩子，粗暴地敲打着孩子们的床架，让人直觉得床架都要震碎了"。莫姆培森先生还向邻居们抱怨说，这个恶魔般的鼓手经常娴熟地敲打《圆头党人和乌龟》《归营曲》这样的战地歌曲，拍子简直和大兵一样准确，而且一敲就是一个小时。

一段时间过后，小鬼换了一种策略，开始用铁爪刷蹭孩子们的床底。约瑟夫·格兰威尔牧师记叙道："11 月 5 日，小鬼发出巨大的响声。一个仆人看见儿童房里似乎有两块木板在活动。他命令小鬼交出一块木板，虽然他没看到有什么东西在活动，但木板被移动到了距他只有一码的地方。仆人又说，'不，把木板放到我的手上'。于是小鬼——或说那位鼓手就把木板推进了一些，推到了仆人手能碰到的地方。"牧师接着说道，"这事儿发生在大白天，很多人都亲眼看到了。屋子里弥漫着刺鼻的硫黄气味。当天夜里，克拉格牧师和几位乡亲一起来莫姆培森先生家串门。当时，孩子们的床边发出巨大的响声，克拉格牧师就带着村民一起跪着做祷告。随着人们的祷告，怪声逐渐消失，小鬼似乎也躲到了阁楼里。可是祷告刚结束，可怕的声音再次响起，屋里的椅子到处乱动，孩子们的鞋子飞来飞去，屋里但凡能动的东西全都动了起来。甚至还有一件床上用品砸在了牧师腿上，幸好这东西很轻，就像毛料一样轻飘飘地落了下来。"

村里有个铁匠不相信鬼神之事，当他和一个叫约翰的仆人睡在一起时，也听见了奇怪的异动，当晚"房间里传来一阵钉马掌的声音"，还有东西用钳子夹着铁匠的鼻子，整整折腾了大半夜。第二天，屋子里的声音犹如恶狗在喘粗气，于是有个妇人就拿起床具砸向发出声音的地方，"突然之间，床具从她手里被夺走；随后，整个房间都充斥着有毒的花香味，还变得燥热异常——要知道那时正值寒冬，而且屋里并未生火。屋里的喘息声和剐蹭声整整持续了一个半小时，接着就飘到隔壁房间了。在那里，魔鬼又发出甩动链条的声音。"

这些奇闻逸事的流言很快弥漫全国，人们不远千里赶来，想要亲眼瞧瞧台德沃斯县的怪事。他们之中有人深信不疑、有人不以为意，但都对此非常好奇。不久，国王也得知了这个故事，便派出几位绅士前来调查此事，还要求绅士们根据自己的见闻写出一份调查报告。不知道是因为这些绅士比莫姆培森先生的邻居更加理性，注重确凿的证据，还是因为他们手中的权力吓走了捣蛋鬼，总之，就连格兰威尔牧师也不得不承认，皇宫的调查员抵达之后，声音就不见踪影了。牧师又这样写道："虽然在这些日子房屋因调查员的到来而变得宁静，但这种宁静或许只是出于偶然，亦或许是魔鬼不愿意让他们留下公开的书面证据，它倒宁可让那些不信鬼神的人依旧没有信仰。"

等王室专员们离开之后，恶魔一样的鼓手再次开始捣乱。每天都有成百上千的人想要听听这种声音，并且深挖个中缘由。而莫姆培森先生的仆人却更加走运，他不仅听到了声音，还亲眼见到了魔鬼的样子，当时魔鬼就站在他的床脚——"虽然他无法确切地看到魔鬼身材的全貌，但可以看出它身材高大，双眼通红，死死盯了他一段时间，才又消失不见。"魔鬼的这种鬼把戏简直不胜枚举。有一次，它发出猫咪的咕噜咕噜声，把孩子们的腿都撞得青一块紫一块；有一次，它把一根长钉藏在莫姆培森先生被窝里，还把一把匕首藏在莫姆培森太太的被窝里；有一次，它把灰尘撒在粥碗里；有一次，它把一本《圣经》藏在壁炉下面；还有一次，它把人们口袋里的钞票涂成黑色的。莫姆培森先生在写给格兰威尔牧师的信中这样写道："一天晚上，有七八个魔鬼化成人的样子，等我一向它们开枪，它们就往凉亭的方向走去了。"若不是当时莫姆培森先生蒙着双眼，还不如一个盲人看到得多的话，他或许可以从当时的情状看出，其实折磨他的并非妖魔鬼怪，而正是个寻常人类。

就在这时，那个因被判定为流氓无赖而入狱的鼓手，也就是人们心中认为的操纵整件事情的幕后黑手，在格鲁斯特监狱刑满出狱了。一天，一位住在台德沃斯县附近的居民前去拜访鼓手，鼓手问他威尔特郡附近有没有新闻逸事发生，人们是不是都在讨论有人家里出现莫名其妙的鼓点声。这位访客回答说，这件事简直成为最大的新闻了。鼓手闻言承认道："这件事正是我的杰作，我就是要折磨他。就是他夺走了我的鼓，除非他给出让我满意的补偿，否则他此生都将不得安宁。"毋庸置疑，这个鼓手看上去就像个吉普赛人，吉普赛人当然比其他人更能知道莫姆培森先生家的事情真相。为此，他在撒利斯伯里法庭被再次逮捕，被判处巫师罪并流放。这样的宽大处理倒是引起了大量议论，因为在那时无论是否得证，此类罪行往往都会被处以火刑或绞刑。格兰威尔牧师接着写道："据说，这位鼓手刚被放逐到海外，莫姆培森先生家的怪声就戛然而止。但不知怎地，这位鼓手后来又回来了，据说是因为他在海上兴风作浪，恐吓船员。"此后，莫姆培森先生家再度陷入混乱，断断续续地闹腾了好几年才罢休。倘若真是这个吉普赛人和他的同伙如此固执地折磨了莫姆培森先生，那么这在当时的复仇案例中倒是并不多见。因此在当时，也有很多人认为莫姆培森先生自己是整个事件的始作俑者，他为了自己的名声，放任、鼓励自己家里上演这些荒诞事儿。但更大的可能是，鼓手的吉普赛人同伙才是真凶，莫姆培森先生和他那些轻信鬼魂的邻居一样，过度恐惧，不知所措。他们的臆想在很大程度上成为了故事的组成部分："就好像滚雪球一般，越滚越大。"

格兰威尔和他同时代的作家记录了很多发生在 17 世纪的闹鬼故事。这些故事大同小异，在细节上并没有充分的证据。在和鬼屋相关的各种故事中，最著名的一则鬼故事恰巧最接近现在这个时代。这个故事非常诡异，即使是见多识广、消息灵通的人也会陷入其中的圈套，因而值得在此写上一笔。这个被称为"雄鸡巷幽灵"的鬼魂曾在很长一段时间内使得伦敦处于动乱之中，他成为当时各种茶余饭后的谈资，全英国上下无一不在讨论这件事。

1760 年初，史密斯弗尔德西区雄鸡巷的一栋房子中住着圣塞帕彻的牧师帕森斯一家，他们家里借住着一名叫作肯特的证券经纪人及其家人。一年前，肯特的妻子因为难产离世，因此她的妹妹芬尼小姐就从诺福克郡赶来替姐夫操持家务。两人之间很快产生了爱慕之情，还各自将对方立为自己的遗产继承人。几个月后，帕森斯家里经济困难，就向肯特借了一笔钱。后来两人发生争执，肯特先生就从这里搬走了，还向牧师提起诉讼，要求帕森斯一家返还此前的借款。

然而，这桩借款纠纷还没画上句号，芬尼小姐就突然染上了天花。尽管她接受了各种治疗，也受到了无微不至的照顾，但还是很快就离开了人间，被葬在了克拉克威尔教堂的地下墓室里。就在这时，帕森斯先生开始暗示说芬尼小姐的事非常蹊跷，说是肯特先生太急于得到芬尼小姐的遗产，绝对和这事脱不了干系。接下来两年虽然风平浪静，但帕森斯似乎一直把这件事记在心上，因为他痛恨肯特为了钱的事和他发生争执，还让他在法庭上丢尽脸面。帕森斯那强烈的自尊和贪婪之心不断发酵，他想出了一个又一个的复仇计划，但终因难以实施而被弃用。最后，终于有个绝佳的方案诞生了。

1762 年初，整个雄鸡巷街区都笼罩在一片恐惧之中，因为帕森斯家闹鬼，这个幽灵正是已经过世的芬尼小姐。帕森斯那 12 岁的女儿曾经好几次看到幽灵，还跟它聊过几句。幽灵跟这位小姑娘说，自己不是死于天花，而正和坊间传闻一样，是被肯特先生毒死的。帕森斯先生当然对这些谣言喜闻乐见，他大肆传播，而且非常乐于解答各种疑难问题，号称自从两年前芬尼小姐过世后，自己的房子每天都能听到敲门和打墙的声音。为了让那些无知而轻信的邻居们相信这番言论，他请了一位高贵的绅士过来见证这些奇怪的现象。绅士如约而至，结果发现帕森斯的女儿因为刚刚看到幽灵而正在床上瑟瑟发抖。据说，幽灵只能被帕森斯的女儿察觉，也只回答这个小姑娘的提问。这时，房间的各个角落都传来剧烈的敲打声。这位绅士本来就脑袋不灵光，一番折腾之后更加疑惑了。他匆匆告辞，既不敢怀疑此事，也羞于相信此事，不过他还是承诺第二天会带着教区的牧师和一些绅士一起来探明这种神秘的现象。

次日晚上，他果然带着三位牧师和其他二十多名绅士赶过来。和帕森斯商量后，他们决定在此等候，静待幽灵的到来。帕森斯先生进一步解释说，虽然那幽灵不愿意被他女儿之外的人看到，但并不介意回答任何人提出的问题。如果那幽灵敲一下，就证明答案是肯定的，敲两下就是否定的，倘若发出刮蹭的声音，就证明幽灵不喜欢这种问法。帕森斯的女儿和她姐姐一起睡在床上，牧师们则仔细检查了床单和被褥，确定没有任何机关。就像昨晚上一样，那床又开始剧烈地晃动起来。

大家一起耐心地等待了几个小时，神秘的敲击声果然传来，帕森斯的女儿也说自己看到可怜的芬尼幽灵了。接下来的问题都由牧师们庄严地问出，通过帕森斯家的仆人玛莉·伏兰泽传达给幽灵。据说，芬尼小姐生前和这位女仆关系不错。还是像往常一样，幽灵通过敲一下或敲两下回答问题。

"你之所以制造这么多混乱，是因为肯特先生伤害了你吗？"——"是的。"

"你这么早就离开人世，是因被下毒而死吗？"——"是的。"

"当时的毒药藏在哪里了，是冰啤酒里还是热啤酒里？"——"热啤酒里。"

"你死前多久喝下了那杯毒酒？"——"大概三个小时。"

"你以前的那个仆人卡萝兹知道事情原委吗？"——"知道。"

"你是肯特夫人的妹妹吗？"——"是的。"

"你在你姐姐去世后嫁给了肯特吗？"——"没有。"

"除了肯特之外，还有人参与你的谋杀案吗？"——"没有。"

"如果你愿意的话，别人能看到你吗？"——"可以。"

"你愿意这么做吗？"——"愿意。"

"你能从这栋房子中走出去吗？"——"可以。"

"你乐意回答我们的这些问题吗？"——"是的。"

"这样做有助于帮助你消除灵魂的痛苦吗？"——"是的。"

（正在这时，人们听到了一种奇怪的声音，有些自以为聪明的人说这是翅膀扑棱的声音。）

"你生前什么时候把自己被下毒的事实告诉自己的仆人卡萝兹的？是一个小时以前吗？"——"是的。"

（这时正好卡萝兹在场，但她非常确切地说，上述对话并非事实，因为死者在死前一小时左右就已经口不能言了。这位女仆的话使得在场的一些人开始动摇，但提问继续进行了下去。）

"卡萝兹伺候了你多长时间？"——"三四天。"

（卡萝兹再次被传话，她说这个说法是真的。）

"如果肯特先生因为这起谋杀案而被逮捕，他会交代罪行吗？"——"是的。"

"他会因此而被绞死吗？"——"是的。"

"第一次刑期会持续多久？"——"三年。"

"这间屋子里一共有几位牧师？"——"三位。"

"这是只白色的表（在一位牧师的手里）吗？"——"不是。"

"是黄色的吗？"——"不是。"

"是蓝色的吗？"——"不是。"

"是黑色的吗？"——"是的。"

（这只表的外壳是黑色的鲨革。）

"你将会在今天早上什么时候离开？"

在场的每个人都听到了四下敲击。后来幽灵果然在凌晨四点离开了，去往附近的惠特利夫酒吧，把酒吧老板床上的天花顶敲得震天响，老板和老板娘为此吓了一大跳。

很快，这些谣言就在伦敦被传了个遍，每天都有成群结队的人在牧师房前聚集着，把雄鸡巷围得水泄不通，只想看看幽灵的样子，或者听到那神秘的敲打声。人们整天嚷嚷着想要进入闹鬼的区域，以至于后来只有缴纳一定的费用才能够进出此地。这对于视财如命的帕森斯先生而言，无疑是个最好的安排。事实上，事态的发展令他非常满意，他不仅报了仇，而且从中发了笔横财。这使得幽灵每天都会来他家作怪，不但让成千上万的人找到了乐趣，也使得更多的人感到疑惑。

然而事情并非一帆风顺，后来发生了一件对帕森斯先生而言非常不利的事情。原来这位幽灵受人蛊惑，做出了会极大败坏它名声的承诺。当它在回答来自克勒肯威尔的奥德里奇牧师的提问时，它承诺着自己不仅会一直跟随着帕森斯小姐，还愿意随着牧师和其他先生一起，去往埋葬着自己肉身的墓地，也就是圣约翰教堂的地下室。为了表示它也在场，届时它会在棺材上给出一声清晰的敲打。

作为此番工作的准备，帕森斯的女儿被提前送到了奥德里奇牧师家中，在那里已经聚集着不少名流，他们其中不乏知识渊博、地位显赫或是腰缠万贯的贵族。2月1日晚上10点钟左右，女孩乘马车从雄鸡巷来到牧师家中，有几位妇女陪同她来到床上。此前所有被褥都已经严格检查过了，里面并未藏有任何东西。正当绅士们在隔壁房间讨论是否要一起去地下室的时候，几位女士慌忙把他们叫到卧室去，惊慌失措地说幽灵已经来了，他们听到了敲击声和剐蹭声。绅士们赶紧踏进卧室，决心不受任何欺骗，他们问小女孩是否看见幽灵，女孩回答说："我并没有看见它，但感觉它就好像老鼠一样正趴在我的背上。"接着，人们要求女孩儿伸出双手，让一些女士握住她的手，然后按照以往的惯常方式请问幽灵是否就在屋子里。然而他们问了几遍，幽灵都没有回复。之后他们要求幽灵显现真身，幽灵也并不答应。最后人们让步说幽灵只需要发出一些声响，哪怕是碰碰房间里任何人的手或者脸颊，就能证明自己的存在，然而幽灵也并未答应这种要求。

人们等了好长时间后，一位牧师下楼去质问小孩子的父亲。帕森斯先生断然否认自己在说谎，甚至还进一步宣称自己在某些场合下亲眼看到了幽灵，还和它交流过。听闻此言，人们决定再给幽灵一次机会。牧师朝着那想象中的幽灵大声呼喊说，它曾经答应要在奥德里奇牧师面前显现真身，现在牧师本人就要去墓地了，希望它也能遵守承诺。于是，人们在午夜过后的一个小时，全体出发前往教堂。奥德里奇牧师在另外一个人的陪同下一起进入墓穴，站在芬尼小姐的棺材旁边，要求幽灵现身，然而并没有得到回应。于是两个人从地下室走了出来，坚信整场闹剧都是帕森斯父女一起制造的骗局。还有人不愿就此草草作出结论，认为人们对于这种超自然的神奇生物的态度可能过于轻率，他们猜想这冒犯到了幽灵，而幽灵不愿意屈尊降贵地回应他们。一番严肃的讨论后，人们都认为倘若幽灵愿意对某人的回复做出反应，那最好的人选无异于犯罪嫌疑人肯特先生了。于是他们把肯特先生找来，请他下到墓穴中。肯特先生在几个人的陪同下，召唤幽灵来回答他，自己是不是果真被他所谋害。奥德里奇牧师进一步指出，倘若肯特先生就是真凶，那么就请幽灵快快现身，打消大家心中的疑团。然而他们整整等了半个多小时，却没有得到任何回应，他们这种呆呆的痴傻劲儿到挺让人佩服的。于是人们又回到牧师家中，让那女孩穿好衣服起床，对她全身上下做了一遍仔细的检查。女孩本人坚称自己并未撒谎，说自己的确曾经见到过幽灵。

很多人在此之前都公开声称他们相信幽灵的存在，然而牧师的这番实验过后，很多人都被说服了，认为正是帕森斯一家人在捣鬼。尽管如此，还是有一部分人固执己见，甚至散播谣言，说幽灵之所以没能在地下室里现身，是因为肯特先生提前就已经把棺材偷梁换柱了。于是肯特先生尽管身心疲惫，但还是邀请了几位有资格的证人，在众目睽睽之下打开了芬尼小姐的棺材，从而拆穿了此前的谣言。

很快，证人们的证词被公开报道。肯特先生以共谋的罪名，把帕森斯一家、女仆玛莉·伏兰泽、牧师摩尔先生、一位商人和两个最为积极的阴谋论支持者告上法庭。7月10日，该案在王国法庭开庭，由曼斯菲尔德首席大法官亲自主持此案，在长达12个小时的法庭调查后，法官确认所有被告的罪名成立。法庭公开谴责了帕森斯和他的朋友的行为，并责令他们对肯特先生予以金钱补偿。帕森斯先生被判处要游街示众三次，有期徒刑两年；帕森斯太太被判处有期徒刑一年，女仆被判处有期徒刑六个月，他们都在布莱德威尔服刑。给他们出版发行宣传册的印刷工人也被判处50英镑的罚金，并被免除职务。

然而公开的报道中并未展示该诡计具体是如何实施的。墙上的敲击声好像是帕森斯太太制造出来的，而刮蹭声则是由帕森斯的女儿负责。如此拙劣的骗术竟然骗倒了这么多人，着实让人惊奇，不过事实确实如此。只要有两三个人带头做一些愚蠢荒谬的行为，然后会有一票人跟在后面模仿。这就好像牧场里的羊群，只要栅栏门被一头羊撞开，剩下的羊也会紧随其后跑掉。

然而，就在短短十年之后，鬼屋的故事再次轰动了整个伦敦。福克斯豪尔附近的斯托克威尔是新鬼出没的地方，它在迷信编年史上的地位简直可与雄鸡巷并肩。戈尔登夫人是一位老太太，家里只有女仆安妮·罗宾逊。1772年主显节那天夜里，戈尔登夫人发现自家的陶器都在诡异地晃动着，因此大惊失色。那时各种杯盘碗碟都从炉灶上掉落下来，锅碗瓢盆要么从楼梯上滚下去，要么就飞到窗户外面，火腿、奶酪、面包块更是好像受到魔鬼的驱使，在地面上滚来滚去。无论事实怎样，这位夫人对闹鬼一事深信不疑，于是她请自己的邻居过来保护她。然而即使有邻居们的陪伴，瓷器们依旧发出诡异的躁动，每个房间都洒满了各种碎片。事情逐渐愈演愈烈，连桌子和椅子也被卷入了这场暴动之中。

这件事情看上去的确严重，但也找不到任何解决办法，邻居们渐渐担心，总有一天整栋房子都会坍塌，于是渐渐各回各家，只留下戈尔登夫人独自面对这场灾难。人们厉声谴责这个魔鬼，要它赶紧离开，然而这番口头功夫却无济于事。戈尔登夫人只好带着自家女仆一起投奔邻居，但还没几天，邻居家的玻璃和瓷器也都碎成满地，邻居只好请戈尔登夫人离开。老太太没了别的方法，只好回到自己家中应对这场灾难。几天之后，她逐渐开始怀疑安妮·罗宾逊是幕后黑手，于是就辞掉了这名女仆。紧接着，那些诡异的躁动立刻就停止了，再也没有发生过。这事实本身就可以说明是谁在背后捣鬼。

很久以后，安妮·罗宾逊向牧师布雷菲尔德先生道出了个中原委，后者又把事情转述给了道赫纳先生，道赫纳先生又把这一切都公之于众。原来，当时的安妮想要找一处安静的场所和情人私会，因此便想到了这种把戏。她精心布置那些瓷器，使得稍有异动就会接连打破。她还把马鬃系在其他东西上，从而可以在旁边的屋子操纵。安妮非常擅长此类把戏，以至于很多职业的魔术师也不一定是她的对手。《每日札记》一书中详细记录了这件事情的始末。

最近一次引起舆论哗然的鬼屋故事发生在 1838 年冬天。12 月 5 日，住在阿尔伯丁厄郡班克雷地区布达罗撒的农户们，看到有很多木棍、卵石、土块掉落在他们家的院子里和屋顶上，起初人们都以为这是恶作剧，但一直找不到始作俑者是谁。这场"石头雨"整整下了五天，最后人们只好得出结论，这一定是恶魔带着小鬼所为。这种谣言立刻传遍了全国各地，每天都有成百上千的人来到布达罗撒，想要看看魔鬼的所作所为。第五天，室外的石头雨终于告一段落，但室内却开始下起了无穷无尽的石头雨。一时间，勺子、刀子、盘子、芥末瓶、擀面杖、熨斗都开始有了生命，在房间里滚来滚去，又从烟囱里跌落下来，根本没人能解释清楚这背后的原委。一个女仆当着二十多个人的面，把一个芥末瓶盖收进了碗橱里，但没几分钟，它又从烟囱里叮叮当当地掉下来，人们都惊恐万分。不仅如此，屋顶和门外传来巨大的敲击声，窗户玻璃也被木棍和小卵石打碎，所有人都陷入了恐慌。方圆二十英里之内，不光是普通百姓，就连那种学富五车、受人尊敬的农场主也相信其中蕴含着超自然的力量，还虔诚地祷告，希望魔鬼放过自己家。

这个消息一传播出去，就和其他类似的鬼屋故事一样，人们都争先恐后地来围观这些离奇的怪事儿。短短一周之内，很多人都对于魔鬼在布达罗撒兴风作浪的故事深信不疑，其中包括班克雷·特南、德鲁默克、多雷斯、金卡登·奥涅尔等教区，还有米尔斯、阿伯丁郡附近的地区。还有一位老人肯定地说，一天夜里，当他看到刀具和芥末瓶盖奇怪地滚来滚去之后，亲眼看到了一个巨大的黑衣人的幻影："这个魔鬼的脑袋转来转去，掀起一阵嗖嗖的大风，几乎要把自己的无边帽都吹掉了。"这个幻影追随他走了整整三英里。还有人相信，但凡有马匹和犬类靠近被施了咒的地区，都会立刻做出反应。还有一天，有一位不太信教的先生正打算出门，看到自家的黄油搅拌器正打算蹦到屋子里去，自此对鬼神之说不再怀疑。人们还传言说，不仅有的屋顶被掀开，玉米地里的干草垛甚至伴随着从山顶上传来的风笛声跳起了方阵舞。

布达罗撒农场的女人们也对自己的遭遇喋喋不休，使得人们对这些新奇的故事不知所措。女主人和所有女仆说道，不论她们在什么时候上床，都会遭到一阵石头雨的攻击，其中一些甚至会冲到被子下面，轻轻地落在她们的脚趾上。有一天晚上，阁楼里突然飞出一只鞋子，当时有一群工人正在旁边休息，就试图去抓住这只鞋子，但却立刻感到鞋子又烫又重，根本无从下手。还有谣言说，有只很重的熊捣臼（一种用于捣碎大麦的臼），平日里都需要好几个壮汉才能抬动，有一天却从谷仓里突然飞了起来，飘过屋顶，砸了一个女仆的脚。女仆本人毫发无伤，甚至都没有受到惊吓，因为她明白，但凡魔鬼扔出的东西都已经失重了，因此哪怕砸在人的头上，也不会受到伤害。

听闻此事前来布达罗撒的人里，包括该地区的财产继承人、牧师和苏格兰教区的所有长老。在他们的监督下，一项调查很快展开。调查刚开始时，并没有将情况公之于众；与此同时，谣言愈演愈烈，奇闻逸事越来越多。据说有家女主人正在煮土豆，在水沸腾的时候，一个个土豆就变成了魔鬼，不仅从锅里浮出来，还冲着她发出怪异的大笑；不光是桌椅，就连胡萝卜和洋葱都能在地板上欢快地翩翩起舞；鞋子和靴子也自发地表演起苏格兰高地舞；一块挂在钩子上的肉突然自己掉落并飞到火边，没人能把它给移走，等到完全烤熟之后，它自己倒是飞到了烟囱上，发出"嘭"一声巨响。

在布达罗撒当地，迷信的说法并没有闹得那么凶，但农场主肯定地认为，是恶魔带着小鬼一起干出这些坏事儿的。因此，他花了一大笔钱，还足足跋涉了四十英里，去拜见一位叫作威利·福曼的老魔术师，来帮他降妖除魔。当然，行文至此，一些头脑清醒、受过教育的人在去掉那些夸大之词后，可以把这种奇怪的现象归于两个原因：一是可能有些藏在附近森林的吉普赛人或者流浪汉在逗这些乡巴佬，找找乐子；二是布达罗撒的住户出于种种原因而自己捣鬼。由于农场主一家深受当地居民的尊敬，因而人们都不太相信第二种说法。还有很多人公开宣称，他们宁可相信有超自然力量的存在，也不愿意承认自己被骗了，毕竟这样就显得太蠢了。

这样的闹剧又持续了两个礼拜，谜底最后终于揭晓。秘密调查团审查了两位女仆的情况，把她们抓进了监狱。看上去整场事件似乎只有两个幕后指使者，因为这并非难事儿，尤其是考虑到男女主人初遇怪事时的惶恐轻信，以及邻居和附近村民的添油加醋。她们不过是使了一个惯常的小手段，捏造出一些离奇的故事。为了增强人们的恐慌，她们把烟囱上的砖块敲得松动，还把杯盘碗碟摆成摇摇欲坠的样子，因此稍有动静，便很容易洒落一地。总之，她们的手段和上述那位斯托克威尔女仆别无二致，也达到了同样的效果，实现了同样的目的——满足了自己对于恶作剧的趣味。随着两人被关入监狱，当地的骚动也戛然而止。很多人开始相信，并没有什么闹鬼的事情，背后都是人类在作祟。但也有少数最为虔诚而迷信的人，坚持己见，根本听不进去任何解释。

虽然这些鬼屋的故事——特别是近两个世纪发生的那些——让人为大众的轻信荒谬而感到难堪脸红，但终究有了令人满意的答案，因为它们反映出现代社会已经大为进步的事实。倘若帕森斯夫妇和他们的同谋者生活在 200 年以前，他们就根本无法找到那么多受骗的傻瓜，更不会只因流氓无赖的罪名而蹲监狱，而肯定会被认为是巫师而处以极刑。那位聪明的安妮·罗宾逊和布达罗撒那两个女佣无疑也会有类似的下场。因此我们可以高兴地发现，尽管这世上依旧存在很多愚蠢和轻信，但智慧和仁慈也与日俱增。立法者逐渐消除了先辈们在成文法典上制定的那些荒谬或残暴的法令，从而在教导民众方面又有了新的进展。希望在不久的将来，立法者可以通过更加直接的方式来教化民众，每个孩子都能受到发达文明下的教育。倘若还有人相信鬼神之说、女巫怪谈，那绝非无知民众的过错，而应谴责政府和法律忽视了开启民智的重要性。

第十章

城市的荒唐

拉发瑞咚叮，拉发瑞咚叮，

万岁，拉发瑞咚叮！

——白朗杰[1]

1　白朗杰（Pierre Jean de Beranger, 1780—1857 年），法国诗人，曾写了许多歌颂拿破仑的诗歌。

有这样一种人，他们满怀同情心，可以包容所有的同类。他们自己或许过着优雅精致的生活，但却从来不嘲笑乡下人的粗鄙简陋，对于酗酒的工人、肮脏的乞丐、堕落的小孩、讨厌的流浪汉、聚集在街头巷尾的那些懒散放纵、盲目跟风的人，他们都能做到一视同仁。对于这种人而言，街头流行的俏皮话是他们无穷无尽的快乐之源。

还有一种人，他们在城市的每条街道都可以找到痛苦的理由，在每个角落都能找到纠结的原因。对于这种人，就让他独自享受自己无尽的悲哀吧！咱可不要和他们一样。他们心中只有悲惨的境遇和无尽的同情，但这种同情却不能减轻我们作为人类共有的悲哀。这些哲人未免有点太过多愁善感，以至于悲哀的眼泪蒙蔽了他们的眼睛，无法从悲哀中看出补救的办法。因此我们经常发现，真正值得信任的哲人不会流下眼泪，最好的医生在面临糟糕的境遇时，依然能开怀大笑。

第一节　城市中的流行语

已经有太多的人写出了人间悲哀，太多支笔谴责罪行劣迹，对此我们没必要再踩上一脚了，至少不会在这个章节增加如此的描述。接下来的内容可能更活泼一些，我们会在大都市的聚会中心转悠，寻找各种可乐之事，记录下平民百姓的俏皮话和一些奇思妙想。

首先，无论我们走到哪里，都能从四面八方听到一个被人反复提及的愉快短语，众人听到之后也会报以大笑。通常进行这类对话的人有双手布满老茧、满脸污垢的汉子，粗鲁莽撞的屠夫，跑腿的小跟班，轻浮放荡的女人，马车车夫，还有那些整日在路上游手好闲的人。只要一把这个短语抛出来，众人都会捧腹大笑。它似乎适用于所有环境，并且可以成为所有问题的万金油答案。总之，它是当时最受平民欢迎的俚语，在它风靡一时的时候，可以让人暂时摆脱贫困和劳动，找到些许快乐，让下层百姓也能像上层贵族一样开怀大笑。

伦敦尤其盛产这种俏皮话。没人知道这些小短句是从哪儿冒出来的，也没人知道它们应该用于什么场合，但他们在短短几小时之内就可以传遍全城，压根不知道是怎么实现的。很多年前，最流行的俏皮话是"哎哟喂"（Quoz），尽管这是个语气词，但也可以勉强理解为是个俏皮话。这个古怪的词深受大众喜爱，并且在短时间内被赋予各式各样的含义。当有人想要引起大家的注意时，那最好的办法就是喊一声"哎哟喂"；当有人想婉拒对方的请求时，也会说上一句"哎哟喂"；当一个淘气的小孩儿想要激怒路人，让自己的小伙伴哈哈大笑时，他就会盯着路人的脸，大喊一句"哎哟喂"，肯定能收效不错；当一个争论者想要表达自己对对方观点的怀疑，或者摆脱这场已经无法推翻的辩论时，他就会喊一声"哎哟喂"，同时轻蔑地撇撇嘴，不屑地耸耸肩。这个简单的词汇表达了丰富的含义，它不仅告诉对手，你已经看穿了他的谎言，而且表达出压根没人会相信这种鬼话的意思。当时，几乎在所有的酒吧、街头和围墙上，"哎哟喂"遍地开花。

但是就和其他所有的东西一样，"哎哟喂"等说法出现得非常突然，也很快消失得无影无踪，再也没有人采用这种说法了。一句新的俏皮话横空出世，取代了"哎哟喂"的位置，直到东方不亮西方亮，这个新宠也被更新的时髦用语所取代为止。

接下来流行的俏皮话就是"瞧你这破烂帽"。这句话一流行，就有很多闲来无事的人开始盯着来往路人的帽子。只要有人的帽子上面有老旧痕迹，马上会有人起哄，就像印第安人在战场上号叫一样，附近会有很多人呼应他的声音。聪明的人在这个时候最好接受这种关注，倘若有人对这种行为感到不安而恼怒，往来的人群地立刻辨别出这是个开不起玩笑的人，同时只会奉上更高的关注。倘若此人和自己处于同一阶层，那么他们就会兴高采烈地逗弄他一下。

当有人带着这样一顶帽子从闹市走过时，如果它只是被简单地清洗一下，那么还是幸运的。更有甚者会搞恶作剧，从他手上把帽子抢下来，扔到臭水沟里，还会用一根棍子把这满是泥浆的帽子从水沟里钩出来，展示给来往路人看。人群就会发出爆笑，夹杂着这样的喊叫："瞧你这破烂帽！""瞧你这破烂帽！"很多穷人为此紧张不安，但凡他们有点余钱，就会提前买好新帽子，以避免这种尴尬场合的出现。

这句俏皮话同"哎哟喂"和很多其他的短语不同，并非完全出自平民阶层。在萨克斯区，曾经有一场激烈的竞选，其中有一位候选人就是卖帽子的商人。他为了赢得选票，采取了一种巧妙的手段，想要博取选民们的好感，那就是让他们不知不觉间接受贿赂。无论何时，只要他拜访或者会见选民时，只要他发现这个选民的帽子并非用上等材料制成，或是已经有所磨损，他就会说："看看你这顶破帽子，去我的商店吧，马上你就可以拥有一顶新帽子啦！"选举当天，有人记住了这件事。他的竞争对手更是想充分利用这一点，当这位尊敬的候选人发表演讲时，竞争对手不停煽动群众大声呼喊："瞧你这破烂帽！"于是，这句俏皮话从萨克斯区一路流行到伦敦，成为当时最受欢迎的小短句，风靡一时。

"嘿，走你！"这句俏皮话来源于一首流行民歌的副歌部分，一度非常受喜爱，而且就像"哎哟喂"一样，它可以用来回答所有的问题。后来，"走你"单独流行起来，但说的时候，前面部分必须拖一个懒洋洋的长音节，直到最后突然果断利索的收尾。倘若有小伙子想要强吻一个活泼可爱的女仆，而女仆一点也不喜欢他，这时她就会扬起自己的小鼻子说："走你！"如果一个清洁工想要找自己的朋友借点钱，而对方不想借或没有钱的时候，清洁工就会得到这样的答复："走你！"假如一个醉鬼在大街上跟跟跄跄地走着，小孩子来拉扯他的上衣，或是成年人来敲打他的帽子，盖住他的眼睛，跟他开个玩笑，醉汉也会大吼说："走你！"然而这句俏皮话只流行了两三个月，就退出了当时的娱乐舞台。

接下来一句俏皮话更是莫名其妙，到底是被谁发明的、怎样兴起的、第一次在哪出现似乎都不得而知。总之，这句话来无影去无踪，但伦敦人却对它非常喜爱，在长达几个月的时间里，它的身影到处都是。这句话叫作"他 / 她瞪着眼走过去了"，使用时根据对方性别而定。当时几乎所有的伦敦人都在说这句话，它有点难以理解，却给平民百姓带来了极大的欢乐。至少觉得这句话很蠢，而更多的人却觉得它很有意思，无聊的人甚至索性把它刻在墙壁或者纪念碑上，从中取乐。然而，再明亮的光辉也有暗淡的一天，俏皮话也不能例外。一段时间后，人们就对这句话感到厌倦，再也听不到有人说了。

后来还有另外一个短语非常有名，但略显无理，因此不适于大范围使用。这句话是这么说的，"你妈卖掉绞干机了吗？"但它并没有受到人们的强烈追捧，年纪稍大的人也不愿说这种话。因此，它很快就被人遗忘了。

下一句俏皮话则被大家广泛使用。虽然社会在不断变化，但直到现在，还有人在说它，这句话就是"开火、开火"。这句话源自改良派暴动之时，当时狂热的群众几乎烧掉了布里斯托港的一大半。很难说这句话有什么独特的吸引力，但它却得到了整个伦敦的一致喜爱，有段时间，除了"开火、开火"，你听不到其他任何说法。它可以回答所有的问题，解决所有的争端，适用于所有的人、事、物，简直成了英语里应用最广泛的词语。有人说话越界，可以说他开火；有人频繁光顾酒馆，导致身体健康受损，可以说他开火；有人放纵自己，半夜在外面大呼小叫，或者是用任何方式制造混乱，可以说他开火；恋人吵架是开火，街头斗殴也是开火，革命和暴乱的煽动者也想要英国同法国一样开火……

人们非常喜欢这个词语，哪怕只是发音也值得一再诵读。很明显，听到这个词从自己嘴中说出来，人们就会非常高兴。这个词语不只在日夜操劳的平民阶层中非常适用，连西区的贵族也异常喜欢。哪怕是三更半夜回家的酒鬼，也一边打着饱嗝一边大喊着"开火、开火"，这样一来就表明了他是个真正的男人，是个英国人，而不会像狗一样的睡在水沟之中。等到他筋疲力尽，醉倒在路边，而警察在巡逻时发现他躺在地上，警察就会将提灯的光全部照在醉汉的脸上，说道："这儿有个可怜的家伙已经开火了！"然后就会用一副担架把这个醉汉抬到看守所去，扔在一间肮脏的小屋里。在那里，已经有一群烂醉如泥的醉鬼，他们会对新来的朋友大喊一声"开火"，来表达对他的致意。

这句俏皮话非常流行，生命力很长久，导致一个不了解俏皮话会稍纵即逝的投机者，以此为名办了一份周报。这份周报就像无根之木、无源之水，很快随着俏皮话本身的过时而消失了。人们逐渐厌倦了这种单调的说法，即使最为俗不可耐的人也不再说"开火、开火"。渐渐地，只有不谙世事的小孩子还用这种说法；但后来，它被彻底遗忘了。时至今日，它已经不再是一句流行的俏皮话，但依然可以用来表达火灾、骚乱或者突然爆发的坏脾气。

接下来一个广受欢迎的俏皮话并不简练，它起初是用在那些毛头小伙子身上，当他们想要充当大人时，就会被其他小毛头挑衅地问道："你妈知道你不在家吗？"他们在大街上吸着雪茄，戴着假胡子，想让别人不敢轻视他们。还有很多逞能的人，只要一看到姑娘从身边走过，就会目不转睛地盯着对方，直到姑娘们羞得满脸通红。但只要姑娘们亮出这句话，就会把他们的嚣张气焰压下几分。还有一些盛装打扮的店员和学徒们非常讨厌这句话，如果有人把它用在他们身上，他们就会非常恼怒。总之这句话有着非常正面的影响，它不下千次地告诫那些虚荣的年轻人，他们的魅力还不及自己想象的一半。这句话具有挑衅意味的根本原因在于，它暗含了对对方独立能力的怀疑。"你妈知道你不在家吗？"表面上是对对方的关心，但实质上却暗示了一种担忧和遗憾：这样一位毫无经验的毛头小子，没有家长的引领，怎么在大城市里生活呢！因此无论何时，那些接近成年的年轻人被问到这个问题时都会非常愤怒。年长的人士也不喜欢这个问法。

有一次，一位公爵家族的继承人被一个篷式汽车司机问到这个问题，这位继承人同时还是勇士称号的继承者。但当时的司机并不知道此人的身份，想要强行收取双倍车费，在遭到继承人拒绝后，就问道："你妈知道你不在家吗？"当时所有待在停靠点的司机都一起大声起哄，继承人为了保住自己的尊严，不得不迅速逃离他们的笑声。但他对自己受到的侮辱感到无比的愤慨，于是把司机告上法庭。司机虽然辩解说，自己并不知道对方是个贵族，但法庭还是责令对他罚款。

后来这句话也失去了宠爱，"你是谁"成了新的流行语，如同雨后春笋一般冒出来。前一天还没人这么说，第二天就传遍了整个伦敦，"大街小巷都回响着这句话"。人们说这句俏皮话时，语速很快，第一个字和最后一个字尤其响亮，中间那个词发音却非常轻。和此前所有俏皮话一样，它也可以在任何场合使用，但是那些直来直去的人却不怎么喜欢这种说法。自以为是的人用它来表示轻蔑，不学无术的人用它来掩饰无知，调皮捣蛋的人用它来制造玩笑。每个新到酒吧的人都会被随意地问道："你是谁？"倘若他对这个问题瞠目结舌，不知如何应对，那么大家就会一起爆发出喧闹的哄笑声。

在这句话流行的那段时间里，有一位绅士感到有小偷在偷他的口袋，绅士就突然转身把小偷抓住，大声问道："你是谁？"在场的人立刻鼓掌喝彩，认为这是他们听过最好笑的笑话，其中的机智幽默也让人叹为观止。当这句话快要消退时，另一个场景的产生却给它注入了新的活力，这件事发生在英格兰王国的最高刑事法庭上。当时，一名罪犯正在公开接受审讯，他被指控的罪行已经非常确凿，辩护人已经开始了减刑辩护，坚持说犯人是个品格高尚、与人为善的人，请法庭考虑这些因素，对他宽大处理。主审法官博学多才，他这么问辩护人："你的证人在哪儿呢？"这时，人群中突然发出一个粗鲁的声音："法官大人啊！求求你了，我了解被告，没有比他更诚实的人了。"法庭上的官员们都惊呆了，围观者也不敢放声大笑，都强忍着偷笑。这时，主审法官猛然抬头，神情肃穆地问道："你是谁？"整个法庭爆发出哄堂大笑，一直过了好几分钟，才恢复原有的庄严和秩序。法庭工作人员笑够之后，开始仔细搜寻着扰乱法庭秩序的人，但却并没有找到，没人知道他是谁，也没人见过他。过了一会儿，审判继续进行下去。主审法官说过俏皮话的新闻逐渐传开，下一个被带进来的犯人心情似乎放松了很多，他对自己的前途很乐观。在他看来，这位法官大人立足群众，懂得大众的语言和表达方式，这么一来，他也就可以理解他犯罪的心态，不会做出过严的判决。这种想法得到了大家的普遍认同，可想而知，那位主审法官的名望也大幅提升，人们对他的机智交口称赞，"你是谁"

这种说法也得到了新的生命力，直到下一句俏皮话的出现。

事实上，城市的流行语之间并非连续不断，而是和流行歌曲一起占有了人们的喜爱之心。也就是说，当大家把精力放在音乐上时，很难有流行的俏皮话出现；但当人们把精力放在俏皮话上的时候，音乐则黯然失色。大约30年前，有一首歌曲红遍伦敦大街小巷，深受每个人的欢迎。不管男女老少都非常喜欢这首歌，人人都陷入了唱歌的热潮。最让人头疼的是，像《修道院的浪漫史》中那位善良的菲利浦神父一样，大家也都不知道改改调子，全城传唱"樱桃熟了，樱桃熟了"这首歌。每个破锣嗓子、每把疯狂小提琴、每支破裂的风笛、每架呜咽的手风琴都在疯狂地演奏着这首曲子，直到那些喜欢安静的人堵起耳朵，或是飞奔到几英里之外的田地或者树林里，才能暂时乞求片刻平静。这场音乐大流行，整整持续了十二个月，直到人们一听到樱桃二字就心生怨恨，才慢慢平静下来，人们也又找到了新的乐子。由于时代久远，已经无从考究当时的下一条流行音乐或流行短语是什么。但可以肯定的是，人们又对另外一个戏剧化的东西发狂了。

在这一场流行风潮中，除了"汤米和杰里"，再也听不到其他的声音了。人们已经受够了文字游戏，在娱乐消遣中也变得更加务实。当时的年轻人都产生了一种强烈的渴望，想要采取一些过激的手段，显得与众不同。有些人在街头斗殴，在拘留所关上一夜；有些人在荡妇和流氓的聚集地高谈阔论，以显示自己的不同。男孩子也纷纷效仿比自己年龄大的男子的做法，直到这种毫无价值的愚蠢行为和其他俏皮话一起，被其他风尚所取代。

接下来的一种流行风尚则体现出平民的智慧。不论回答任何问题，人们都把自己的大拇指放在鼻尖上，然后在空中转动手指。这个姿势足以侮辱或激怒任何人。在有人群聚集的每一个角落，倘若好奇的观众细心观察，不到两分钟就会看到有人开始做这个手势，这一行为可以有多种含义，包括怀疑、惊讶、拒绝或者揶揄。这个荒谬的习惯一直延续到19世纪，但即使是粗鄙之辈也认为这个手势非常低俗。

第二节　令人发狂的歌曲

大约 16 年前，伦敦又沉迷于音乐之中。大家都扯着嗓子高声唱道，"大海啊，大海"。倘若此时有一个外地的哲学家来到伦敦，听到这无与伦比的大合唱，他一定会思索英国人对于海上服役的热爱是怎样导致大国崛起的，从而建立起一套完备的理论。他可能会这么说，"难怪英格兰人在海上骁勇善战，他们对大海的热爱已经融于日常生活中，甚至在集市上都在歌唱大海。街头的流浪艺人也通过它唤醒人们的善心。不管地位高低、男女老少，都在歌唱大海的魅力。英格兰人不向往爱情，不向往酒神，但他们性格坚定，挚爱大海。"

倘若这位哲学家仅凭自己的耳朵搜集证据，那么无疑就会有这样的印象。但是，对于真正懂音乐的人而言，这也算得上是音乐吗？当成百上千的破锣嗓子交汇在一起，不断吟唱这首可怕的赞歌时，简直让人抓狂，无处可逃。来自萨维的流浪艺人掌握了这个旋律，他们沿着安静的街道大声演奏，即使在街道深处的暖和公寓里也能清楚的听到他们唱歌的声音。人们整整忍受这种噪声长达六个月，直到最后无处可逃，在陆地上就开始恐惧大海。

之后还有一些歌曲赢得了人们的青睐，其中最为人们所喜欢的就是一首叫作《我的帽子周围》的歌。此后流行的是一首由美国歌手带来的叫作《黑人》的歌曲。那位歌手在演唱时，身着与自己歌曲相搭配的衣服，一边唱歌，一边做出一些奇怪的手势，在每一个小节结束的时候，就会扭转一下身体，这恰好迎合了伦敦人的关注。于是在长达几个月内，这首歌折磨着每一个人的耳朵——

"转身，旋转，就是这样！
转身，旋转，跳起来吧！"

街头卖唱艺人为了达到最好的歌唱效果，在表演时会把自己的脸全抹黑。一些孤儿为了养活自己，必须在偷盗和唱歌之间做出选择，他们往往会选择唱歌，因为只要公众对此还抱有兴趣，唱歌赚的钱就比偷盗多一点。夜幕降临之后，在每条夜市大街上，都会看到这首歌曲被载歌载舞地表演，歌词也穿过那些永不停歇的喧闹的人群，到达我们耳中。当时有人做了这么一首诗，来表达自己观看到的景象。

> 心满意足地站在路旁，
>
> 夏天的灰尘在空中飞扬，
>
> 匆匆的人流来来往往，
>
> 如同小昆虫发出微弱的光芒。

人们可能发出雪莱一般的感慨：

> "成千上万的人，唱着喧闹的歌，跳着疯狂的舞，
>
> 制造出疯狂的景象。"

上述那位外地的哲学家可能已经从一首海洋之歌总结出英国人的性格。但倘若他再一次来到伦敦，可能会形成另一套理论，来解释英国人为了废除奴隶交易所而做出的无与伦比的努力。他可能会这么说："这个仁慈的民族是多么有慈悲之心啊！对于你们而言，同那些可怜的非洲兄弟的唯一差别只在于肤色，但你们却曾经买下了 2000 万个黑人。为此你们改过自新，树立起一个随时唤醒历史的纪念品，而吉米·克劳正是这个备受摧残的种族的代表，同时也是大众偶像。看看，他们是一直歌颂他，模仿他的所有特征，并且只要在闲暇时就不断重复他的名字！他们还制作出雕像，放在壁炉上，从而永远铭记非洲兄弟的苦难！啊！仁慈的英格兰！啊！文明世界的引导者！"

当伦敦人民未受暴乱、极刑、谋杀、通货膨胀之苦的时候，他们就会形成上面几个怪癖。这些稀奇古怪的念头、荒唐可笑的行为，帮助劳苦大众减轻了一点生活的重担。回顾这一切，我们尽管可以对此付之一笑，但却难免会对他们感到同情。智者会这么说："只要他们愿意，就让他们尽情享受俏皮话和歌曲带来的乐趣吧！虽然总是追求不到幸福，但至少这样可以开心一点。"在这个问题上，英国人和法国人都有着类似的行为，他们能从一首微不足道的歌里面感受到些许安慰和快乐。

第十一章

侠盗的安魂曲

杰克：我们应当再到哪儿去找这样一批达观冷静、视死如归的真汉子呢！

瓦特：可靠的男子汉！

罗宾汉：他们久经考验，百折不挠！

耐德：有谁不为朋友两肋插刀？

哈里：有谁会为私利背信弃义？

马特：让我看看那些官场上的虚伪者有谁敢这么说！

——《乞丐歌剧》中几个小偷的对话

　　或许是人们饱受贫困之苦，所以非常赞赏那些机智勇猛、劫富济贫的绿林好汉；或许是人们都怀有最冒险的好奇，因此对各国侠盗都怀有倾慕之情；又或许是两个原因加在一起，使他们身上充满了神奇的魅力。几乎每个欧洲国家都会有自己的侠盗，他们的丰功伟绩被记录在最优美的诗歌里，而他们打家劫舍的行为则会"被编成押韵的打油诗，在顽童之间口耳相传"[1]。

　　一些旅行家经常把国民行为与性格当作自己观察和研究的问题，经常注意到这种普遍的对侠盗的倾慕之情。18 世纪初，见多识广的布兰克神父在英国旅居过一段时间。在他的信件中，不乏一些关于英法两国人民的有趣逸闻，其中就提到，英国人竭尽全力地吹捧自家侠盗，表现出的荣誉感丝毫不比谈及英格兰军队时逊色。绿林好汉机智幽默、本领过硬、慷慨大方的故事在人群中口耳相传，每位侠盗都是享有极高声望的英雄。神父还补充说，几乎所有国家的居民在犯人行刑时都容易被触动，而英国人只是津津有味地看着罪犯走向绞刑架，他们对于其中能够将生死置之度外接受上帝和人间的审判、坦然面对死亡的人报以热烈的喝彩。古老的民谣是这样描述当时大名鼎鼎的强盗马克佛森的：

　　　　他的演说慷慨激昂，
　　　　轻松不羁，令人畏惧；
　　　　它犹如一股清澈的泉水，
　　　　在绞刑架下灵动地流淌。

　　在英国乃至全世界，最大名鼎鼎的侠盗无疑是罗宾汉。这个名字本身被笼

1　摘自莎士比亚的《卢克莱修受辱记》。

罩上了一层神秘的光环。他"劫富济贫"，于是赢得了不朽的赞颂，这种赞颂足以回报罗宾汉付出的救济。人们在很多传奇小说和诗歌中，都描写了罗宾汉的故事。他和战友们一起背挎长弓、身穿林肯绿色大衣，在舍伍德森林出没。如今，舍伍德森林被视为一片圣地，是专门纪念罗宾汉的场所。如果罗宾汉只是一个奉公守法的普通人，他是绝对不会受到此般赞颂的。然而在长达七个世纪中，人们一直对罗宾汉身上的美德交口称赞，而且只要还有人说英语，罗宾汉的故事就会永远相传。他对穷人慷慨大方，对女士彬彬有礼，这使得他成为全世界最为有名的侠盗。

第一节　有骑士精神的城市游侠

在后来出现的英国侠盗之中，谁没有听说过克劳德·杜瓦尔、迪克·特平、乔纳森·怀尔德和杰克·谢泼德的鼎鼎大名呢？这些拦路骑士和城市游侠出现于18世纪的英国，当时英国人对他们又喜又惧。其中，英格兰所有10岁以上的男子都知道特平的英雄事迹。他曾只用两天一夜就策马从伦敦赶到了约克郡，这让大家对他产生了无限的倾慕之情。他曾经把一位老妇人绑在火刑架上，问她把钱藏于何处，这种冷酷的行为反倒被看成是一个有趣的笑话。他在绞刑台上面对死亡的无所谓的态度则被看成是一种勇敢的行为。布兰克神父在他1737年的书信里写道，他不断听说有关特平的有趣故事：当他抢劫绅士的时候，会慷慨地给他们留下足够的路费，以供他们走完接下来的行程。他还让一位绅士发誓，永远不去告发他，而这位绅士果然认真负责地履行了自己的诺言。

有一天神父还听到了另外一个故事，跟他讲故事的叙述者对此非常兴奋。故事的主角可能是特平，也可能是其他有名的侠盗，他拦截了一位据他所知非常富有的人。这位侠盗一如既往地说："要钱还是要命！"但却只在此人身上搜出了五六个基尼。侠盗并没有为难这位富翁，而是客气地把他放走，还友好地告诫他，以后出门不要这样毫无准备，如果下次看到他时，他还是这样身无分文，就必须痛打一顿来教训他了。

　　还有一位特平的仰慕者讲了另外一个故事，当时特平在剑桥附近打劫了一位先生，拿走了这位先生的手表、鼻烟盒和所有的钱，只给他留下 2 英镑。特平临走时，告诫这位先生不可以去警察或者法庭那里告发他。这位绅士承诺后，两人就友好地道别了。后来，他们在英格兰著名的赛马中心纽马克特意外相遇，并再次攀谈起来。这位绅士认真践行自己的诺言，并未告发特平，但吹嘘自己可以用正常手段把此前被特平打劫走的钱再赚回来。于是特平提议在赛马上下注，那位绅士也接受了这一赌注。结果特平愿赌服输，当场把所有钱全部还给了那位绅士。这位绅士的慷慨举动使得特平大为感动，特平告诉对方，他非常遗憾两人之前曾经发生的不愉快，否则可以一起去喝上几杯。讲述这个故事的仰慕者深深为自己出身于这样的绿林好汉的故乡而感到自豪。

　　杰克·谢泼德的故事也流传于英国的大街小巷。他手段之残忍无人能敌，但依然获得了公众的广泛认可和钦佩。他并没有像罗宾汉那样劫富济贫，也不像特平那样彬彬有礼地打劫，而是脚戴镣铐从纽盖特越狱了。此等壮举被广泛传颂，使他成为人们心中具有独立风格的侠盗。然而，他还没到 23 岁就被处死了，人们对此非常惋惜。在他死后几个月内，谢泼德的奇遇是人们谈论的唯一主题。花店里摆满了他的肖像，以及理查德·桑黑尔以他为题制作的一幅油画。1724 年 11 月 28 日的《大不列颠日报》上还刊载了对这位画家的赞美之词：

> 是您，桑黑尔先生，
> 您的作品有着点石成金的魅力，
> 使得名不见经传的人熠熠生辉，
> 使得谢泼德不会被人遗忘在历史的坟墓，
> 艾普莱斯描绘亚历山大，
> 奥里留斯勾勒恺撒，
> 利里的作品让克伦威尔流芳百世，
> 而您，桑黑尔先生，让谢泼德与我们同在。

这段赞美难免有些模棱两可，让人不禁有这么一种感觉，艾普莱斯有资格为帝王作画，而桑黑尔只能为强盗描摹。然而公众和画家本人都没有这个想法，他们觉得这首诗对仗工整，语意明确，充满着对画家本人的赞颂。由于杰克的声望很高，人们认为可以把他的故事搬上舞台剧。于是有个叫作瑟蒙德的人创作了一部名叫《滑稽的杰克·谢泼德》的哑剧，在特鲁利街剧院上演时大获成功。这场哑剧里面的所有情景都源于真实背景，其中既包括杰克在克莱尔集市经常光顾的酒吧，也包括他从纽盖特成功越狱的地牢。

维莱特先生是 1754 年出版的《纽盖特监狱年鉴》一书的编辑，他在书中收录了一次非同寻常的布道。据说这是他的一个朋友在杰克行刑时，从一个街头传教士那里听到的。维莱特认为："人们往往关注身体和蛮力，却忽略了精神和灵魂。"他接着往下说道，"在这方面，我有一个非常有力的例证，那就是著名的杰克·谢泼德。他的所作所为克服了多少艰难险阻啊，他完成了一项多么不可想象的任务啊！但这一切不过是为了他那具死有余辜的皮囊罢了。他敏捷地撬开了锁链，巧妙地打开了脚镣，爬上烟囱，扭曲着身体，钻出了栅栏，翻越了石墙，砸碎了大门，直到爬上监狱的通道，用一枚偷来的长钉把毯子固定在墙上，他就这样勇敢地跳到了隔壁屋顶，又小心翼翼地爬下楼梯，最终成功脱逃到了大街上！"

"啊，你们都很像杰克·谢泼德！我的兄弟们，请不要误会，我并非是指肉体方面，而是说精神层面，因为我本就打算说说精神层面的事情，谢泼德仅仅为了肉体就能深思熟虑、历经煎熬，倘若我们在拯救灵魂方面因为费事儿而不愿意做，将是多么羞耻啊！"

"在此，我有义务告诫各位，请用悔恨的钥匙打开你们心灵的枷锁！打开心灵的脚镣，爬上希望的烟囱，翻越绝望的石墙，杂碎死亡的障碍，爬上神圣的通道，用教堂的长钉将信仰的毯子固定好，降落在虔诚的人家，小心翼翼地走下谦虚的楼梯，这么一来，就能彻底逃脱恶魔的魔爪。"

乔纳森·怀尔德之名因为菲尔丁而不朽，但他并不是人们喜欢的侠盗。在他的身上，几乎找不到一个侠盗所应拥有的任何美德。此人是个卑鄙小人，因为怕死而告发了自己的伙伴，这样的卑鄙行径为大众不齿。在他被押往泰博恩刑场的路上，围观的人们纷纷向他投掷不计其数的脏东西和石块，用各种可能的方式来表达他们的轻蔑。和他相比，人们对待特平和谢泼德的态度则完全不同。这两个人衣着整齐，纽扣插着花，和人们预想的一样，他们勇敢赴死。按规定，特平的尸体应送往外科医院进行解剖，但当人们发现医生们匆忙地搬运尸体之时，便包围了搬运队伍，把尸体抢了下来。他们抬着尸体在整座城市明目张胆地转了一圈，然后就把尸首下葬在一个非常深的坟墓里，他们还填满了生石灰，让遗体尽快腐烂。特平花了 42 小时就从伦敦飞驰到约克郡，他是人们心中的英雄，他的尸体不应惨遭那些外科医生粗鲁地肢解破坏。

克劳德·杜瓦尔的死却不那么英勇。克劳德是个很有绅士风度的侠盗，根据巴特勒在纪念他的诗歌中的说法，他被描述为：

悉心教导野蛮的人，

如何更加优雅地抢劫；

接受战利品时，

也要维持良好的教养；

哪怕是上绞刑架的时候，

也要和愚蠢的英国人区分开来。

事实上，他是礼貌和优雅的代名词，而且他对女士的彬彬有礼也天下闻名。他被捕后，被关在"石墙、铁链和铁门"，因为他的绅士风度和盛名，很多女士们悲伤欲绝。巴特勒在诗中的地牢一段这样描述道：

女士们从四面八方赶来，

这个亲密的囚徒献出自己的真心。

他淡然地把这些情感一一保存好。

哪怕是最骁勇的骑士，

也无法舒缓女士们的悲伤，

她们想要完成一项壮举。

少女们为了他超凡的武艺和英勇的雄心，

不愿让世界惨遭损失。

她们恨不能放弃自己的生命，

好让他能活下来。

第二节　欧洲各国的著名大盗

在法国的著名强盗中，最负盛名的无疑是艾默尔·瑞高特·泰特努埃尔。他在查理六世统治时期就非常活跃。他手下有四五百人，在利木赞大区和奥维根大区拥有两座坚固的城堡。他拥有很多封建领地，尽管领地并未产生收益，但占领的驿路却给他带来不少收入。他死后，留下了一份不同寻常的遗嘱："我将1500法郎赠与圣乔治教堂，以供修缮之用；我将2500法郎留给自家女儿，她对我的爱感人至深；剩下的钱财全部分给我的弟兄们。我希望他们能像亲兄弟一样和平共处，友善地分配这笔财富。如果他们为此起了争端，那也不是我的过错。只能让他们去找一把锋利结实的斧头，把保险箱劈开，争夺其中的金银珠宝，动作慢的人就会被魔鬼抓住。"直到现在，奥维根的人们还在惊叹着这位侠盗的英勇事迹。

然而此后的法国窃贼都是十足的混蛋，人们根本没法尊重他们。著名的卡图什和慷慨、礼貌、勇敢等品质毫不相关，而简直是法语中流氓的代名词。他于17世纪末生于巴黎，在1727年11月受车刑而死。人们对他的死亡感到欣喜，后来便以他为主角创作了一出颇受欢迎的戏剧，剧名就叫《卡图什》。该剧于1734—1736年上演，在巴黎所有剧院的演出大获成功。

当下，法国最出名的侠盗是维克多，他甚至可以和特平、谢波德等人齐名，这实在是法国的幸运。维克多成为了许多法国传奇的主人公，法国人大肆吹捧他的成就，还怀疑在欧洲其他国家，能否孕育出像维克多这样聪明机智、才能卓著并拥有绅士风度的侠盗。

事实上，在欧洲其他国家里也有着这样的大盗，德国有辛德汉斯，匈牙利有斯库布瑞，意大利和西班牙也都有一票土匪，他们的事迹都在各自国内家喻户晓。

意大利的侠盗在世界都享有盛名，因为他们其中很多人不仅信教，而且还不乏慈善之心。他们所表现出的仁爱与他们身份大相径庭，因此人们反而更加偏爱他们。当一位强盗被警察带走时，他大喊道："我做的慈善比这个地区随便哪三家女修道院加起来都多！"这个人并没有撒谎。

在意大利北部的伦巴第，有两个臭名昭著的强盗活跃在二百多年前西班牙人统治期间，人们至今没有忘记他们。据麦克法伦说，他们的故事在一本当地妇孺皆知的小册子里可以找到。孩子们阅读此书的兴致比读《圣经》还高。

出没在莱茵河上的强盗辛德汉尼斯深受沿岸人民的爱戴，时至今日依旧如此。农民之间流传着不少关于他的传奇，都是他利用恶作剧嘲弄富人或是霸道的审判官的，还有一些则反映出他的慷慨大方和勇敢无畏。简言之，人们为他感到自豪，他们宁可让爱伦布瑞特斯汀的岩石被炸飞，也想让辛德汉尼斯的丰功伟绩和这条河一样长久。

此外，德国人在说到另一位侠盗时也会无比崇敬。1824 年至 1820 年间，毛斯科·纳代尔带着其手下经常出没在莱茵河、瑞士、阿尔萨斯地区以及洛林等地。与杰克·谢泼德一样，他也从防守森严的监狱中逃脱出来，因而赢得人们的喜爱。当时他被关押在布莱梅城监狱主楼的三层，身上带着沉重的脚镣，但他仍然设法避开了看守的戒备，偷偷溜下塔楼，游过威瑟河。当他游到河中心时，被一个哨兵发现，哨兵开枪击中了他的小腿。然而他毫不气馁，手脚并用挣扎到了对岸，在警察准备好追捕工作之前，就已经逃得无影无踪。1826 年他再一次被捕，这次他在美因茨接受审判，并被判处死刑。毛斯科身材高大、相貌英俊，尽管是个坏人，德国人却非常同情他的命运。女士们尤其对他感到可惜，埋怨自己使不上力气，没办法把这个相貌英俊又富于冒险精神的英雄从刽子手的屠刀下拯救出来。

第三节　歌功颂德的戏剧

当谈及意大利的强盗时，查理·麦克法伦先生认为，天主教的悔过和赦免制度遭到滥用，使得这一类犯罪急剧上升。同时他也补充说，牧师和僧侣们造成的坏影响还远不及说书人和卖唱艺人的一半。事实上，剧作家也是罪恶之源。他们只从赚钱的角度考虑问题，一味迎合公众喜好，不断地上演那些备受追捧的侠盗们的故事。戏中所演的侠盗们个个形象鲜明、神出鬼没、寻欢作乐、不拘小节、冲动轻率，虽然充满足了人们的想象，但在社会上造成了极深的不良影响。吉斯公爵在关于 1647 年和 1648 年那不勒斯革命的回忆录中提到，舞台上的那不勒斯强盗的行为、装束和生活方式都被塑造得非常有魅力，政府认为有必要禁止对强盗进行大吹大擂，甚至有必要禁止在化装舞会上装扮成强盗的样子。那时强盗人数众多，公爵认为可以把这些人聚集起来，组成一支军队，帮助他夺取那不勒斯的王位。他这样描述这帮匪徒："他们一共约3500 人，在 20 到 45 岁之间，个个生得高大强壮，留着长长弯曲的卷发，身着黑色西班牙皮衣，戴着丝绒或者是金黄色的手套，他们的马裤镶着金色花边，其余部分则都是深红色；他们的天鹅绒腰带也镶有金色花边，腰间都配着两把手枪。皮带上还挂着一个三指宽、两英尺长的弯刀，非常华美地摆在那里。火药桶用丝带悬挂在脖子上，其中一部分人扛着火炮，另一部分人则用老式短枪。所有人都穿着长筒袜和上好的皮鞋，头顶的帽子要么用金线织成，要么用银线织成，要么用彩线织成，总之非常好看。"

在英国国内，《乞丐歌剧》也引发了人们对于侠盗的无限仰慕，此剧一经推出就得到人们的大量追捧。从以下《诗人传》引用的《愚人志》的评论中，我们可以了解此剧是多么成功："这部戏剧得到了前所未有的赞赏，它不仅在伦敦连续演出了 63 天，而且在第二季上演时，依旧非常受欢迎。该剧在英国主要大城市全部公演过，在许多地方甚至上演了三四十场，在巴斯和布里斯托等地更是足足演出了五十场左右。此外，它还在威尔士、苏格兰和爱尔兰连续成功演出了 24 天。女人们把这部剧中最迷人的歌曲抄在扇子上，或写在屏风上。除了剧作者因为这部剧而风光无限外，剧中扮演波利的演员此前还是无名小辈，却因为这部剧成为当时火遍全国的明星，甚至还有人把他说的俏皮话和言论集结成册。这部剧的影响非常之大，甚至把已经占领英国市场十年之久的意大利歌剧赶了出去。"

约翰逊博士在其作者传记中写道，后来的坎特伯雷大主教，也就是当时的海瑞恩，曾经批评说这部剧对强盗大加颂扬，最后还让他们得到无罪释放的结局，这鼓励了各种犯罪行为的滋长。他还补充说，这部剧出演之后，强盗的数量惊人增长。然而约翰逊博士却认为这种说法是无稽之谈，理由在于真正的强盗很少会来看戏，而且看到主角在舞台上被判缓刑，也不可能让观众觉得自己可以安然无恙地进行抢劫。但如果约翰逊愿意改改自己的观点，他就会发现强盗也是会来光顾剧院的，而且异常成功的、妙趣横生的演出，不可能使得那些品行不端的年轻人愿意模仿剧中人的所作所为。此外，约翰·费尔丁爵士，也就是弓街地方长官也通过办公记录断定，当上述歌剧流行的那段时间，犯罪数量明显增加。

即使在更近的时代，这样的例子也屡见不鲜。席勒曾在年少轻狂时，创作了一部名为《强盗》的精彩戏剧，结果误导了全体德国青年的品位，歪曲了他们的想象。英国有位权威的评论家海兹李特谈及这部戏剧时认为，他说在自己以往所看过的书中，从没有任何一部作品能够给他带来如此大的震撼，用他的话说："就像暴风雪，惹得我一阵头晕目眩。"直到 25 年之后，他对这部剧依然记忆犹新，"它就像一个待在他脑海中的老邻居一样"，让他久久不能恢复平静，根本无法客观地描述它到底是什么样的一部剧。

该剧中的男主人公是个拥有英雄气概和超凡本领的小偷，一部分学生非常崇拜他，想要模仿他们心中这位高贵的角色，于是纷纷辍学在家，潜入荒郊野外，打劫来往旅人的财物。他们以为自己可以像摩尔人一样劫富济贫，对月饮酒，和同伴们一起自由自在地住在森林深处的帐篷里。然而，这些年轻人的勇气被现实摧毁得一干二净，他们发现真正的抢劫和舞台上所演的截然不同。他们往往会过上三个月的牢狱生活，每天只能吃面包喝水，睡在潮湿的麦秆中。

这种生活作为路边消遣时的想象还可以，但如果真的经历现实生活就不那么惬意了。

拜伦伯爵笔下的侠盗们往往品格高尚，他也在助长青年人投身这一"事业"方面加了一把火。但英国年轻人表现得比德国年轻人要成熟一些，他们并未投身于探险之中。尽管他们非常敬佩海盗康拉德，但是他们不会自己真的去做海盗，也不会为他升起黑旗。相比起实际行动，他们更多地是通过语言表达自己的仰慕之情，期刊和音乐店铺里到处都是描绘海盗、侠盗们的美丽新娘和奇遇冒险的诗篇。

即便如此，剧作家们的影响还是非常恶劣。在这一点上，盖伊和席勒的罪过比拜伦要大得多。通过华丽的布景、精美的衣服和悦耳的音乐，他们传递了错误的价值观，损害了大众的鉴别能力，却全然不知"庸俗的诗人啊！艺术简直能够摧毁美德"。

在伦敦的贫民窟，到处可见票价低廉的一便士剧院，这些剧院的主顾就是那些游手好闲、行为放荡的年轻人。在那里，最受人关注的无疑是侠盗和杀人犯的故事，这类故事吸引到的观众最多。在那里，演员扮演的拦路盗贼、夜间小偷和绿林好汉们十分生动形象，向情绪高昂的听众们以轻松愉快的方式传授着犯罪方法；在那里，杀人犯和盗贼的生活中充斥着悲惨的事件和粗鄙的情节，它们都以轻松的形态被表现出来，毫不顾及在现实生活中此种罪行是多么恶劣。就这样，这些戏剧取自生活又高于生活，源源不断地吸引着那些效仿者。

纯粹的侠盗迷则对于这种戏剧有着截然不同的态度，他们更愿意了解著名侠盗的冒险经历，哪怕只能在书上读一读，他们也乐意去见识见识吉尔·桑特伦和大恶棍唐·阿尔福雷克的传奇人生。对这些人，我们不用担心会产生什么效仿行为，他们虽然尽情歌颂他们心中的英雄，只会想起杰米·道森、吉尔达瑞、大无畏的麦克佛森，或者是在不朽诗篇里赞美的苏格兰侠盗罗伯·罗伊。诗人用华美的语言向人们说明，这些侠盗只不过是生不逢时的哲学家。

　　优良的传统，

　　简单的规划，

　　他们承认弱肉强食，

　　他们愿意履行承诺。

　　在戏剧中，这些侠盗的行为或许会让世界变得更公平，进而实现一种更好的分配方式。但是从现实看来，无论魔术师们的手法如何高明，他们的把戏终会无疾而终。

第十二章

决斗与考验

古时有位思辨的贤者，

他曾赌咒发誓，自己能够证明，

这个世界的决斗风气将会盛行不衰。

——《赫迪布拉斯》

第一节　决斗的起源与传统神裁法

在谈及决斗的根源时，很多作家都归因于基督纪元肇始之时就盛行于欧洲野蛮国家的好斗之风，因为武力是当时最有效的解决争端的办法。事实上，从最基本和最宽泛的意义上说，决斗就是包括人在内的动物之间的打架、斗争，从而赢得或保护财产，或者报复敌人的侮辱。两条狗会因为一块肉骨头而打得不可开交，两只公鸡会为了赢得一只漂亮母鸡的欢心，而在粪堆前斗个不停；两个蠢货也会因为自身尊严被侵犯而进行决斗。从本质而言，他们都是决斗者。然而随着文明的发展，高尚的绅士认为此举有失身份，因此他们制定了相关法令，判决受伤的一方有权获得赔偿。然而很多时候，原告并不能拿出有效证据来支持指控，因此决斗之风依然盛行，在早期欧洲社会尤其如此。

决斗的当事人双方通常约定，决斗的后果自负、不能诉诸法律。据说，上帝会站在正义的一方，助长他的力量。正如孟德斯鸠所言，对于刚刚文明开化的国度来说，自然而然会存在如此的规律。整个社会都非常好战，勇气被认为是最高尚的优点，那些男子汉气概不足的男人又会被认为是不中用的懦夫，而懦弱又常常和虚伪联系在一起。因此，人们常常认为能在决斗中英勇作战的一方必然两袖清风。这时的社会就需要脑力劳动者而非体力劳动者来规制相应的冲动，否则社会就会退化到原始形态。在这种观点下，政府划定的武力解决纷争的合法范围自然小之又小。

按照公元 501 年勃艮第王贡德巴都的法律，决斗可以取代起誓作为合法的判案依据。到了查理曼大帝统治时期，整个法兰克帝国不仅遵循这个原则，而且把它发扬光大，不仅是原被告，甚至证人和法官都被迫用刀剑证明他们控诉的真实性、证据的可靠性和裁判的公正性。查理曼大帝的继任者路易为了避免决斗之风盛行的陋习，把合法决斗的范围进行了限缩，只在如下三种情况发生时允许进行决斗：

（1）发生包括谋杀、抢劫、纵火等重罪案件时；

（2）民事案件上诉时；

（3）骑士资格遭到质疑时。

此外，无论在何种情况下，妇女、病人、残疾人以及15岁以下、60岁以上的人都不能列为决斗对象。牧师和传教士则可以请人代替参加决斗。但随着时间的推移，这一法令却让所有的刑事和民事案件的审判都不得不通过决斗解决。

教会的控制领域主要是人们的精神世界，因此，他们极力反对把正义之剑交给体力最强壮的人。从一开始，他们就反对用决斗的方式解决问题，还试图利用当时的偏见，打压与上帝慈爱精神相悖的好战精神。在瓦伦提亚会议和特伦特会议中，教会都曾公开宣布，开除参与决斗者、辅助决斗者和围观者的教籍。在教会看来，决斗是一股不正之风，是魔鬼用来摧残肉体和精神的方法。因此，王公贵族也有义务对决斗加以制止，否则就会被暂停所辖区域的司法权和管辖权。我们可以从后文发现，这个法令反而助长了决斗的风气。

当时，人们迷信地认为，只要他们祈祷，上帝随时都会奇迹般地出现在他们面前，拯救无辜的人。因此，虽然教会反对决斗的做法，但却不反对人们的这条信仰。他们想方设法试图让人们相信，神灵会对个人之间和国家之间的纷争作出公正准确的判决。基于同样的原因，教会认为，获胜者不应当是力量最大的那一方，而应当是取得上帝支持的那一方。因此，人们应用和平手段解决争端。这种思想逐渐流行，教会成员如愿成为了最有影响力的阶层。但是在悬疑案件中，法律依然规定将决斗作为最终判决的手段，这导致王公贵族比起教会而言更加权威。

因此，教会痛恨流血事件，不惜以开除教籍的严厉措施来惩罚决斗者，并非因为他们一心向善，而是因为他们想保留审判案件的处罚权。在当时，教会阶层富有智慧和知识，代表着人类的精神力量，而世俗王权则代表着人们的身体力量。为了将审判权集中于教会手中，使自己掌握所有案件的最终裁决权，他们创设了五种裁判模式，并把这些裁判的权力牢牢掌握在自己手中。这五种裁判方式分别是：神明发誓法、水淹判决法（适用于下层人士）、面包奶酪判决法（适用于教士阶层）、十字架判决法和火烧判决法（适用于上层人士）。

据保罗·哈伊记载，神明发誓法的具体方法如下：被测人必须找到 12 个公正清廉的人，和他一起手持《圣经》，在殉道者的遗物或坟前发誓说他是清白的。然而，这种方法带来很大争议，在继承权纠纷案件中尤其如此，因为往往是撒的谎越大，胜算越大。这样一来，人们就更愿意通过决斗来一决高下。当时的骑士和领主都宁愿通过一场公平的战斗决定是非，也不愿采用这种充满谎言的裁判方式。

查理曼大帝要求，子女们如果在他死后出现纠纷，就一定要用十字架判决法定纷止争。这种判决法是这么操作的：被告先发誓自己无罪，也就是希望法庭采信对他有利的说法，然后就被领到教堂的圣坛前。牧师事先准备好两根完全一样的木棍，其中一根上面有一个十字架图案。接着，牧师庄严肃穆地用上等羊毛织物把木棍包好，放在殉道者的遗物或坟前，然后牧师将进行一番虔诚的祷告，恳求上帝指明被告是否有罪。之后，牧师从圣坛里拿出一根木棍，由助手庄严地解开羊毛织物。倘若被选择的木棍上刻有十字架，则证明被告无罪，否则有罪。当然，我们不能简单地说这样做出的判决就一定是错误的，也不能简单地认为这就是个概率事件。因为这类判决的正确程度有目共睹，牧师的态度也往往谨慎有加。在牧师审理案件之前，势必已对案情进行过透彻的调查分析，心里对判决结果已经有数，然后才依据他们的判断选择相应的木棍。对于围观者而言，两个木棍可能没什么区别；但对于拆包的人而言，不费吹灰之力就能看出二者之间的细微差别。

火烧判决法中的自由裁量权无疑也由牧师掌握。当时的人们普遍相信，火不会伤害无辜的人。因此在执行判决之前，牧师会提醒那些他认为清白的人，不要碰到火焰。其中有一种火烧判决法的流程如下：牧师把很多烧得通红的犁头摆成一排，其中留有一定间隔，然后蒙上被告的眼睛，命令他赤脚从一头走到另一头。倘若他途中没有碰到火热的犁头，就说明无罪，反之则有罪。当然，由于牧师往往知道判决结果如何，因此就可以自主安排结果。倘若他们想判决被告有罪，就可以把里头摆得七歪八倒、难以通过。爱玛王后是英王爱塞烈德二世的妻子、爱德华的母亲，她曾被指控和温彻斯特主教奥温暧昧不清，就用这种方法洗脱了自己的嫌疑。当时的教会必须维护这种判决方法和皇后的名声，因此牧师就把犁头摆得稀疏不已，王后很难踩上。

火烧判决法还有其他执行方式，其中一种是让被告拿着一根烧得通红的、约有两三磅重的铁条。当然我们会发现，不仅那些手掌粗糙的大汉可以安然握着铁条，细皮嫩肉的妇女也不会被铁条灼伤。这就不难推断出，他们要么是先抹了防护品，要么只是拿着一个涂着红漆、看上去炽热万分的冰凉铁棍。还有一种方法是让被告的手臂浸入盛有沸水的锅里。接着，牧师会用亚麻和法兰绒布把这手臂包起来并悉心照料三天。三天之后，如果被告的手臂完好如初、没有疤痕，就证明他是清白的。

水淹判决法适用于贫贱的下等人，这种方法非常简单，而且两种结果也没有太大区别。被告会被扔到水里，正如现代女巫一般。倘若被告沉下去被淹死，他的朋友就会欣慰地知道他是清白的；倘若被告浮上水面，这就证明他有罪。总之，无论哪种结果出现，他都已经注定要走向死亡。

在所有审判方法中，面包奶酪判决法是最容易得出无罪判决的一种方法，于是它被用于审判教会的自己人。在这种审判方法下，哪怕是罪大恶极的魔鬼也会得出清白无辜的判决。它也被叫作美食考验法，具体操作方法如下：在圣坛上摆放一块面包和一块奶酪，然后被告身着全套法衣，由罗马教廷的助手簇拥在中间，念一段祷告文，接着做几分钟热情洋溢的祷告。这种环节的关键在于，如果被告有罪，上帝就会派他的天使加百列（七大天使之一，是上帝传送好消息给人类的使者）哽住被告的喉咙，这样一来，被告就难以下咽面包和奶酪。不过根据记载，没有任何一位牧师在此时此刻被噎住。

教皇格利高里七世统治时期，人们开始讨论是否应当把《格利高里圣咏》引入开司提尔王国，用来取代塞维尔的圣伊西多创作的《缪塞拉比克圣歌》。

这场讨论声势浩大，并且引来了很多麻烦。开司提尔教会不愿接受新圣歌，因此有人提议，双方各派一名战士参加决斗，从而解决这件事。然后教会认为这种方法有辱圣灵，反倒更愿意采用火烧裁决法。于是他们燃起一堆大火，将两本分别写有《格利高里圣咏》和《缪塞拉比克圣歌》的小册子扔入熊熊烈火之中，通过看哪部小册子没有被烧毁，来判断上帝更喜欢哪首赞美诗。巴龙纽斯红衣主教自称目睹了这场奇迹，根据他的说法，《格利高里圣咏》刚被投入火中，就丝毫未损地弹了出来，还发出了巨大的响声，在场的人都确信格利高里教皇已然获胜。于是大火就被扑灭了，这时人们才惊奇地发现，躺在火堆里的《缪塞拉比克圣歌》也丝毫未损，不过是在表面蒙上了一层灰，这本小册子甚至都不烫手。最终大家认定，两首圣歌都受到上帝的喜爱，全塞维尔王国的所有教堂应该轮流使用。

第二节　神裁法被决斗所取代

倘若神裁法仅用于确定这些无关痛痒的事情，世人也不会有太多异议。但如果所有争端的最后解决方法都落入上述五种模式，就难免会遭到那些勇敢的人的反对。事实上，早在很久以前，贵族就开始嫉妒教会的权力。他们很快发现，教会掌握了所有民事和刑事案件的裁决权，这对他们非常不利。但这并非贵族们喜欢决斗的唯一理由。决斗可以展示他们身上的勇敢与技巧，在那个时代，这种方式得出的结果显然更加可信。此外可能还有一个重要原因，进一步拔高了决斗的声望，降低了五种神裁模式的影响，那就是高贵的骑士制度开始生根发芽。尽管教士们对此激烈反对，但王宫贵族们还是把决斗当成生命中的头等大事，是最为高贵的追求。此外，人们开始尊崇荣誉感，通过竞技决斗可以赢得围观群众的欢呼，这远比冰冷而正式的神裁法来得更加酣畅淋漓。

在法国，路易一世之子罗赛尔国王在其执政时期废除了火烧判决法和十字架判决法；而在英格兰，直到亨利三世王朝的早期，议会才通过了一项禁止使用火烧判决法和十字架判决法的法令。与此同时，骑士精神也发展到了巅峰阶段，而且很快摧毁了神裁法制度，并且使得公平决斗成为坚不可摧的司法判决基础。后来，随着骑士精神的没落，这种武力的对抗赛也逐渐香消玉殒，但作为骑士精神后裔的决斗却经受住了仁人智者一次又一次铲除它的努力，一直延续至今。可以说，我们从野蛮时代继承的所有糟粕之中，决斗是最为顽强而难以消除的一类恶习。它使得人们的理性和荣誉感荡然无存，智者和蠢货回归同一起跑线上，甚至让那些谴责决斗的人也不免落入决斗之中。

倘若想要了解决斗的规范和约束规则，不妨阅读孟德斯鸠的著作，其中有大量关于决斗程序的总结。诚如他在谈到这种方法的优越性和清晰性时所言，正如很多聪明的事务以愚蠢的方式操作一般，很多愚蠢的事务也可以在聪明的安排下变得井井有条。其中最有利的证明正是这种亵渎神灵、荒谬可笑的决斗裁判法，其规则反倒是严谨明确、崇尚宗教的。

在以火药和印刷术的流行为标志的新时代开始之前，一种更加富有理性的法律体系逐渐萌芽。城中的居民在忙于工商业时，更愿意服从法官和地方官员的裁判。原因在于，不同于上流阶层，居民们的生活习惯和行为方式无法让他们为一点琐碎的小事就去决一死战。相反，倒不如在市长或是地区长官那里去解决有关一袋玉米、一匹棉布或是一头奶牛引发的纠纷。连那些尚武的贵族和骑士们也逐渐意识到，过于频繁的决斗会抹煞其原有的权威和荣耀。政府也逐渐意识到这一点，便开始严格限制可以合法使用决斗来裁决的案件，防止决斗走向极端。

在路易九世当政之前，只有在冒犯君主罪、强奸罪、纵火罪、暗杀罪以及入室盗窃罪的判决中才能使用决斗的方式。但路易九世在位期间取消了所有限制，把决斗的范围扩大到民事案件，但这种做法让情况变得更加糟糕。1303年，腓力四世认为应当限制决斗范围，因此下令只有在叛国罪、强奸罪、放火罪等刑事案件以及有关继承权纠纷的民事案件中才可以使用决斗。不过，骑士不受此限，他们可以在任何纠纷中以决斗的方式维护自身荣誉。

历史上最早的决斗记载之一发生在路易二世统治期间（公元878年）。一天清晨，加斯蒂努瓦的安吉尔格里尤斯伯爵被伯爵夫人发现死在自家床上。于是，伯爵的亲戚贡特朗指控伯爵夫人是幕后黑手，因为她长久以来对伯爵不忠。贡特朗向伯爵夫人发出挑战书，要求她找一名替她作战的代表，贡特朗会把这人刺死，从而证明伯爵夫人有罪。伯爵夫人的所有亲朋好友都相信她是清白的，但由于贡特朗身强体壮，又以骁勇自负著称，因此没人敢替伯爵夫人出头。正如布朗托姆对此事的有趣点评——（这件事）"提示了罪恶和怯懦的根源"。正当可怜的伯爵夫人日渐绝望之时，一个愿意替她出战的小英雄出现了。他只有 16 岁，自小就在伯爵夫人的看护下长大，还被赐予安吉尔格里尤斯伯爵之名。他深深敬爱自己的教母，因此愿意为了她而迎战贡特朗。由于决斗者需要有惊人的力量、丰富的技巧和无敌的勇气，就连国王也奉劝这孩子放弃此番慷慨之举，但这孩子已经下定决心，不会动摇。大家都为他的白白赴死而感到伤心不已，觉得着实残忍。

决斗场准备完毕，伯爵夫人依约宣布了自己的代表人，于是决斗双方进入战场。贡特朗向对方发出猛烈攻击，却不料击在对方的盾上，于是他失去平衡，从马上滚落下来。年轻的新伯爵趁此良机用长矛刺穿贡特朗的胸膛，然后砍掉了贡特朗的头颅。布朗托姆记叙说："他把头颅献给了国王，国王非常高兴，好像有人把一座城池献给他一样。"人们欢呼伯爵夫人恢复清白之身，伯爵夫人欣喜万分，当众亲吻自己的教子，趴在他肩头大哭了一番。

1162 年，罗伯特·德·蒙特佛特在英王亨利二世面前指控艾赛克斯伯爵，说他 5 年前在科尔斯山与威尔士人发生的冲突中，让英格兰王室颜面扫地，实属卖国之举。罗伯特为了证明自己，愿意与艾赛克斯伯爵决斗。艾赛克斯伯爵接受了挑战，决斗场被选在雷登附近，很多人都前来围观。艾赛克斯伯爵起初还表现得骁勇善战，后来却逐渐失去了耐心，变得急躁不安，于是罗伯特占领先机。伯爵突然从马背上摔了下来，伤势严重，在场所有人都觉得伯爵已经摔死了。在伯爵家人的恳求下，雷登修道院把伯爵的遗体抬走准备安葬，而罗伯特则被认为大获全胜。事实上，伯爵并未过世，他只是昏了过去。在修道院士的悉心照顾下，他的身体在几周之内就痊愈如初，但精神却一蹶不振。尽管他的品性忠诚勇敢，但由于在决斗中未能取胜，所有人都觉得他是个背叛国家的

懦弱小人。他在民众面前颜面扫地，再也无法回归世俗，于是最终选择做一名
修道士，在修道院里度过余生。

第三节　决斗之风盛行

在14世纪和15世纪，决斗在欧洲各国非常盛行，其中不乏一些莫名其妙、
琐碎不堪的借口。在法国，一位勇敢的格斯克兰的军队统帅的回忆录中，记载
了一个芝麻大的小事儿引起决斗的案例。他曾与一位英格兰上校威廉·布兰布
尔发生过小小的不愉快，这使得威廉·布兰布尔上校的好朋友威廉·特鲁塞尔
非常生气，觉得自己必须和统帅决一胜负，否则不会善罢甘休。于是，特鲁塞
尔请求兰开斯特公爵允许他和统帅决斗一场。兰开斯特公爵觉得这理由不成
立，因此回绝了特鲁塞尔的请求。然而特鲁塞尔却非常想和统帅战个痛快，因
此想方设法挑起事端。如果想故意挑事儿，当然很容易找到借口。特鲁塞尔的
一个亲戚被统帅抓做俘虏，除非交出赎金，否则统帅不会放人。特鲁塞尔觉得
这是个好机会，就派遣使者去找格斯克兰，要求他立刻释放俘虏，而且说自己
很久以后才会支付赎金。格斯克兰感到来者不善，因此回复说除非自己拿到赎
金，否则绝不会放过俘虏。特鲁塞尔闻言立刻向统帅发出挑战，宣称自己因对
方的拒绝而感到颜面扫地，必须来一场一分高下的决斗，才能捍卫自己的荣誉
和尊严。他提议双方进行三个回合的比拼，分别用长矛、利剑和匕首。尽管此
时的格斯克兰疟疾缠身，卧病在床，但他依然接受了特鲁塞尔的挑战，并通知
一个名叫德·安德鲁盖姆的将军为他们安排决斗的时间地点。将军派人把一切
准备就绪，还要求战败方拿出 100 金币来款待到场观战的所有贵族和绅士。

兰开斯特公爵听闻此事非常生气，他告诉特鲁塞尔说，在对方身缠重病时
趁虚而入，逼他作战，简直是对他自己乃至整个国家的骑士精神的侮辱。特鲁
塞尔闻言非常惭愧，于是马上去信给格斯克兰说，他愿意把决斗推迟到格斯克
兰痊愈之后。格斯克兰却回复说，现在所有王公贵族都知道了决斗的时间地
点，已经没法推迟了。他不仅有足够的力气迎战，还会把特鲁塞尔打得落花流

水。倘若特鲁塞尔不能依约抵达，那他就不配称为一个骑士，也不配拥有象征荣誉的宝剑，统帅每次看到他都会把他胖揍一顿。

约定的日子终于到了，两人出现在几千名观众围观的竞技场上。格斯克兰由几位法国贵族陪伴着，其中包括贝马努瓦元帅、奥立佛·德·莫尼、贝尔特兰·德·圣·坡恩和拉贝利埃尔子爵；特鲁塞尔则按照惯例带了两名副手、两名护卫、两名短剑侍卫和两名号兵。在第一次进攻时，统帅出师不力，他手臂护罩遭到特鲁塞尔的重重一击，身体不禁向马脖子的左边歪过去。由于他发着高烧，身体非常虚弱，因此差点被摔到地上。统帅的朋友们都悲痛万分，觉得他难以挺过这一关了。未曾想，格斯克兰振作精神，全力以赴，在第二次进攻时瞄准对方的肩膀，特鲁塞尔被掀到马下。统帅乘胜追击，跳下马来，准备用长剑砍下对方的首级，此时安德尔盖姆元帅把一根金手杖扔到场地中间，宣布决斗就此打住。格斯克兰在万众欢呼中离场，只剩下被人们嘲弄的失败者。此后，又有四名英国将士和四名法国将士在场上用长矛交手一番，法国人占上风后决斗就结束了。

大约在 15 世纪初，查理六世统治期间，议会曾批准一场著名的决斗。一名叫作德·卡洛吉的绅士去巴勒斯坦朝圣期间，一位名叫莱格利的先生强奸了卡洛吉夫人。卡洛吉先生回来后，就指控莱格利犯有强奸和诽谤的罪名，因此要和他进行一场殊死决斗。莱格利否认强奸的指控，说卡洛吉夫人是自愿的。卡洛吉夫人则辩称自己是清白无辜的。由于法庭无法判断卡洛吉夫人的说法是真是假，因此一场决斗在所难免。布朗托姆记载说："决斗当天，卡洛吉夫人乘马车前来观战。但依国王所见，在决斗结果出来之前，卡洛吉夫人还是戴罪之人，因此无权坐车。国王命她站在绞刑架上，等待上帝的仁慈和决斗的结果。短短几回合交手后，德·卡洛吉把对手打倒在地，迫使他承认了自己强奸和诽谤的罪名。莱格利被押上绞刑架，在众目睽睽下丧命。卡洛吉夫人则被传令官认为是清白的，她的丈夫、国王以及所有的围观者也都赞成这种观点。"

如此类似的决斗可谓数不胜数，直到有一场触目惊心的决斗迫使法国国王亨利二世痛下决心，命令以后无论是刑事或民事案件，抑或是为了捍卫骑士的荣誉，再也不能用决斗的方式解决争端。

这场悲剧发生在 1547 年。那时，拉夏泰涅雷男爵弗朗苏瓦·德·维沃尼和雅尔那克男爵盖伊·德·沙勃特从小就是一对好朋友，两人举止文雅，随从如云，因此在弗朗西斯一世王朝非常有名。拉夏泰涅雷男爵深知自己的朋友并不富裕，就在私下里问他到底怎么搞来那么多钱的。雅尔那克男爵则回答说，他父亲刚娶了一位年轻貌美的女子为妻。比起他的父亲，这名女子显然对他更是青睐有加，他提出任何要求，她都愿意一一满足。拉夏泰涅雷转手就把这个见不得光的秘密告诉了王子，王子又告诉了国王，国王又透露给朝臣，就这样一传十十传百，雅尔那克男爵的父亲很快知道了这件事。他就把儿子叫来，问他这谣言从何而起，又问他是否真的已经恬不知耻到把私通继母的勾当当成炫耀的谈资。雅尔那克男爵愤怒地否认了这番谣言，并请求父亲和他一起进宫，当面和传播谣言的人对质，他要亲自把谣言撕得粉碎。于是父子二人就一道进宫。当时，王子、弗朗苏瓦和几位大臣都在一处议事，雅尔那克男爵冲进房间喊道，造谣他和继母私通的人，是个骗子、是个懦夫！大家纷纷看向王子和弗朗苏瓦，弗朗苏瓦只好站出来说，这是雅尔那克男爵自己说的，他会让雅尔那克男爵再次亲口承认。由于这样的事情很难有确凿的证据，因此皇家议会决定用决斗的方式来分个胜负。可是国王坚决反对用决斗来解决争端，还禁止两人继续纠结此事，否则就判处他们触怒圣上。然而，国王弗朗西斯一世在次年不幸驾崩，当年的王子亨利二世即位。他对此事让了一步，同意两人继续决斗。

决斗被定于 1547 年 7 月 10 日，在圣·日耳曼一座城堡的一座庭院里进行。双方当时立下的战书被收录在《城堡往事》之中，具体如下。

拉夏泰涅雷男爵弗朗苏瓦·德·维沃尼的决斗声明——

"尊贵的陛下：

近日听闻盖伊·德·沙勃特在贡皮涅宣称，诽谤他和继母之间私通的人是卑鄙无耻的小人。我在您的仁慈下宣誓，正是此人在说谎，他不承认自己说过的话，我亲耳听闻他说自己和继母之间存在不正当关系。"

盖伊·德·沙勃特对此战书回复如下——

"尊贵的陛下：

承蒙您的仁慈和品德，我在此必须声明，弗朗苏瓦·德·维沃尼的话是无稽之谈，他编造莫须有的罪名诋毁我的名声，此前我也在贡皮涅和陛下解释过了。在此，我恭敬地恳求陛下能赐予我们一个公平决斗的机会，我们必定分出高下。

盖伊·德·沙勃特"

决斗的准备工作如火如荼地开展，国王也说自己将亲临督战。弗朗苏瓦·德·维沃尼自觉胜券在握，因此决斗还没开始，他就在决斗场边搭起了一个富丽堂皇的帐篷，准备邀请国王和150名达官贵族在决斗结束后一起吃庆功宴。盖伊·德·沙勃特虽然没有退路，只能殊死一战，但对结果却不那么自信。

决斗当天中午，双方站上决斗台，按照决斗传统规则发誓说自己都没有施加咒语，也没有佩戴护身符，不会使用任何巫术来和对方决斗。接下来，他们各自手持宝剑，开始向对方发起进攻。弗朗苏瓦胜在自己身强力壮、精力充沛，而且充满自信；盖伊胜在敏捷灵活，而且已经做好了最坏的打算。决斗一度非常胶着，直到盖伊被对方死死压制，他用盾牌护住头部，弯腰伏在马上，试图通过自身的敏捷来弥补力量上的不足。他弯腰贴着马，开始用矛猛击弗朗苏瓦未做保护的左腿，这种战术非常奏效，于是弗朗苏瓦在观众的惊呼声和国王极度懊悔中滚落下马，在黄沙中痛苦地翻滚。他拔出匕首，想要向盖伊发出最后一搏，却已经支撑不住，倒在了副手怀中。

决斗到此结束，盖伊取得最终胜利。他扔掉盾牌，双膝跪地，双拳紧握，仰天大喊："啊我的主！洞察一切的主啊！"战败的弗朗苏瓦非常懊恼，他坚决不接受伤口包扎，还把医生敷在他身上的绷带统统解开，两天后不幸辞世。

从那开始，人们把出乎意料的致命一击称为"雅尔那克的一击"。亨利二世非常痛惜于弗朗苏瓦的离开，从此立下庄重的誓言，他在位期间不允许发生任何决斗。包括梅塞莱在内的一些学者认为国王确实下过这样的禁令，但还有一些学者则持不同观点，因为似乎没有任何朝廷文书中记载过这条圣旨。看上去，亨利二世似乎并未发布过如此禁令，而且事实也的确如此——两年后，议会批准了一场类似的决斗，但决斗规格和当事人身份都不如拉夏泰涅雷男爵对雅尔那克男爵之争。非但没有任何证据表明亨利二世试图阻止这场决斗，他甚至还鼓励了这样的行为，并派德·拉马克元帅监督这场决斗是否遵循了骑士规则。

参加决斗的双方分别是芬迪勒和达盖尔，他们都是皇室的顾问。有一天，他们在王宫吵了起来，并从言语逐渐升级到行动。议会了解到这一情况，认为只有通过决斗才能了结此事。德·拉马克元帅经过国王同意，把决斗地点选在了色当城。芬迪勒剑术不精，不愿意和技艺精湛的达盖尔交手，但议会命令他必须迎战，否则就要降低他的荣誉头衔。达盖尔在沙尔特尔伯爵的陪同下出现在决斗场，芬迪勒则选了奈维尔斯公爵作陪。芬迪勒非但剑术不精，而且还是个彻头彻尾的懦夫。

"他是死神的代言人，

把可怕的剑带入和平盛世。"

不消一个回合，芬迪勒就从马背上摔了下来，他按照对方的要求趴在地上忏悔一番，就带着屈辱从决斗场上逃走了。

有人认为，亨利二世的死亡是他违背自己关于禁止决斗誓言的报应。亨利二世为了庆祝女儿大婚，召开了一次盛大的比武大赛。他接连击败当时几位最为勇敢的骑士，却意犹未尽、不肯收手，结果碰上了年轻的德·蒙哥马利伯爵。伯爵用长矛刺伤了国王的眼睛，此后不久，国王就因眼疾爆发而驾崩了，终年 41 岁。

第四节　决斗盛世

在此后继任的几位国王当政时期，也就是弗朗西斯二世、查理九世和亨利三世时代，决斗的风气更是盛极一时。决斗在欧洲国家都很常见，法国则尤其频繁，以至于后世都将那个时期称为"决斗盛世"。巴黎议会则努力在自身职权范围内限制决斗的发生。1559 年 6 月 26 日，议会颁布法令称，所有决斗的主犯、从犯和教唆犯都被视为背叛国王、违反法律、扰乱社会秩序。

1509 年，亨利三世在圣克劳德被人暗杀，一位叫作利勒·马里奥的年轻人在国王生前深受宠爱，因此对国王的驾崩感到悲痛万分，想要随国王一起离开人世。据他的说法，他非常希望能为国王复仇而战死，因为在当时自杀不是一件体面的事情。于是他公开发表声明说，亨利三世被暗杀是国家和人民的巨大不幸，如果有人不同意这种观点，那么随时可以和他决一死战。有一个叫作马洛尔斯的年轻人，他性情刚烈，勇气十足，接受了马里奥的挑战。在决战来临那天，马洛尔斯询问自己的副手，对方是不是只带了头盔，而没有带任何其他头部和面部防护。当得到肯定的答复后，他兴高采烈地说道："这样就再好不过了！我的阁下，倘若我的长矛无法刺穿他的头颅，那你就把我看成是世界上最差劲的人吧！"说句实话，马里奥在决斗伊始就一命呜呼了。根据布朗托姆的记载，马洛尔斯作为获胜一方，本可以随意处置对方的尸体，他既可以砍下对方的头颅，也可以把尸体扔在决斗场外，把尸体的屁股暴露在外。但马洛尔斯是个文明有礼的绅士，他把尸体留给了对方家属，以便他们能够体面地把马里奥下葬。这场胜利不仅使他非常有面子，而且还帮他获得了不少巴黎太太小姐们的青睐和敬意。

亨利四世即位后，坚决抵制决斗行为，但他早年受到的教育和社会的风气影响太深，这使他从没有认真的惩罚过任何一个违背禁令决斗的人，因为在他看来，决斗可以增强国民的好战精神。一位名叫克雷吉的人其实曾经请求国王的许可，和唐·腓力普·塞维尔决斗，据说亨利四世当时这么回答道："勇敢地去战斗吧！朕若非国王，一定会和你一起上场！"既然国王对决斗的真实态度是这样，没人在乎他的禁令也就不足为奇了。德·洛美尼在 1607 年做过一个统计，自 1589 年亨利四世即位以来，共有 4000 位法国绅士在决斗中丧生。换言之，每月就有 18 位绅士，也就是每周都有四五名绅士丧命于剑下。苏利在他的回忆录中认定上面的统计是真实的，并把这种现象归咎于国王的优柔寡断，这使得朝廷、城市乃至整个国家置法令于罔闻。苏利用了很多时间和精力来思考这个问题，国王的优柔寡断让他非常痛心疾首。在当时的社会，几乎所有绅士都以决斗者或是助手的身份参加过决斗，即使有人从未参与其中，那他也会想方设法让自己摆脱这个名声，随便找个理由和别人战上一场。所以苏利多次向国王进谏，请求国王对这种法令三思，禁绝野蛮的风气，严惩决斗之人，对决斗的行为绝不赦免姑息。对于在决斗中伤人的一方，苏利建议参照杀人者定罪处罚。他还在一个专门设立的特别法庭，解决导致决斗的口角纠纷，同时确保受害人得到充分的补偿，违法者对自己的行为深刻忏悔。

亨利四世深深被这位朋友兼大臣的劝谏打动，在凡尔赛宫召开了一次专门会议，来讨论此事。所有人都到齐后，亨利四世要求他们针对决斗的起源、发展和不同形式进行报告。苏利得意地发现，没有人有这方面的知识储备，于是全都默不作声，他自己也正襟危坐。但由于他的表情充满了自信，国王便对他说："苏利爱卿，从你的脸上我可以看出你一定对这方面有深刻的见解。我请求你，事实上我命令你，把你想到的和知道的全都告诉我们。"苏利出于礼貌和矜持，推辞了几番，但经过国王的几番施压，苏利详细地介绍了决斗的发展史。他并未把这段内容收录在自己的回忆录中，因此后世也失去了一份极具造诣的史学论文。

这番报告之后，国王下令此后对决斗行为严惩不贷，并立刻把法令内容下达给全国各地，就连最偏僻的村庄也第一时间收到了通知。苏利没有详细记录新法令的具体条例，但根据马蒂亚神父的记载，法国的统帅们组成了一个审判法庭，专门审理所有与贵族或绅士名媛相关的案件。同时，倘若有人违反法令参与决斗，那么决斗者就会被处以死刑，并没收财产；而决斗的从犯会失去自身的等级、地位或官职，被逐出自己所属领主的领地。

然而，国王已经深受早期教育和时代风气的影响，尽管理智促使他要严惩决斗，但情感上他却非常赞同这种方式。因此虽然有严刑峻法，决斗的次数却毫无减少的迹象。决斗的盛行使得社会动荡不堪，苏利对此深感惋惜。新国王继任后，决斗的风气更是有增无减，直到红衣主教德·黎塞留严惩了几次贵族决斗的案件，这种风气才有所收敛。赫伯特是路易十三世当政时的英国驻法大使，他在书信中反复提及，法国自从亨利四世统治时开始，就把在决斗中杀死同胞看成是跻身上流社会的必要条件之一。米洛特神父在描绘这个事情时也提到，疯狂的决斗给社会带来了严重的创伤，人人都成了决斗狂。人们变得反复无常、自负虚荣、冲动易怒，因此大事小事都诉诸决斗。人们不得不找茬和朋友争吵，或是在被朋友挑衅后分出个高下。家族世仇开始产生，冤冤相报的观念非常盛行。据统计，在短短 20 年中，光是决斗赦免书就有 8000 多封。

其他学者也证实了这种说法，艾美洛特·德·奥赛在他的回忆录中就谈到，在路易十三世即位的前几年，决斗已变得极其常见，以至于人们打招呼的方式都变成"你知道昨天谁决斗了吗"，晚饭后则变成"你知道今天早上谁决斗了吗"。德·布特维尔是当时最臭名昭著的决斗者，他根本连借口都懒得找，但凡听到哪有勇敢的人，就直接找上门去说："有人告诉我你很勇敢，咱们必须干一架！"每天早上都有很多声名狼藉的恶棍和决斗狂在他家用早餐，然后就开始练习剑术。一位叫德·瓦朗塞的人对这帮人评价很高，他本人每天都会参加一两场决斗，要么作为决斗者，要么作为副手。有一次他甚至向自己最好的朋友德·布特维尔发起挑战，原因是后者在有一次决斗中没有找他来做副手。德·布特维尔承诺说下次一定找他，才勉强平息了这场争端。为此，他当天就出去和波茨侯爵吵了一架，然后就带着德·瓦朗塞一同去决斗。在决斗中，德·瓦朗塞杀死了波茨侯爵的副手德·加弗瓦，两人此前无冤无仇，德·瓦朗塞甚至此前都没见过受害者。

第五节　失败的尝试

黎塞留主教对这种悲哀的局面感到非常惋惜，他和前辈苏利的观点一致，认为只有严刑峻法才能扼杀这种风气。这种观点的形成完全是受人所迫。那时，黎塞留还只是卢松地方的主教，他因为和玛丽·麦迪西斯交涉而得罪了德·泰米尼斯侯爵。后头不敢得罪教会的人，于是就向黎塞留的一位兄弟提出了挑战。侯爵不久就找到了一个借口，有一天，他在黎塞留主教的兄弟面前用轻慢无礼的语气抱怨说，卢松地方的主教破坏了他的信仰，后者非常讨厌他的说话方式和态度，于是立刻接受了他的挑战。他们约定在昂古莱姆大街决斗，黎塞留主教的兄弟不幸被刺中心脏离开人世。

从那以后，在理智和情感的双重作用下，黎塞留主教非常痛恨决斗这种方式。他在法国拥有一定影响力之后，就开始全力反对决斗。他在自己的《政治遗嘱》一书中，将与决斗相关的观点整理在一个章节中，题为《制止决斗之道》。尽管有相关法律，不少贵族依然故我，因为一些鸡毛蒜皮的小事或是一些荒唐无理的借口大打出手，黎塞留主教最终决定狠狠整治一番。当时，臭名昭著的德·布特维尔和勃弗隆侯爵展开决斗。尽管决斗本身没有夺去他们的性命，但他们却死于决斗一事。由于两人都出身名门望族，黎塞留决定拿他们开刀，他们因触犯决斗禁令而被判处斩首之刑，这两个嗜血的杀人狂终于从世上消失了。

1632 年，两名贵族成员在决斗中双双丧命。于是，司法官员趁着双方亲友还没来得及把尸体搬走之前就赶到了现场。为了遵守主教的禁令，他们剥光这两具尸体的衣服，让它们低着头挂在绞刑架上。这种严厉的惩罚一度让民众的疯狂有所清醒，但却未能完全奏效，因为虚假的荣誉感已经在人们的心中生根发芽，想要根除绝非易事。虽然主教无法使得全部民众都走向正轨，但可以对那些走上歧途的人施加惩罚。然而遗憾的是，黎塞留主教虽然生性聪慧，但却没有参透决斗的本质——决斗者毫不惧怕死亡，他们担心的是羞辱和轻视。正如爱迪森在八十多年后评价的那样："死亡根本无法震慑住那些以此为荣的人，真正的决斗者蔑视死亡。但倘若规定，所有参加决斗的人都要被放在绞刑架上示众，那么参加决斗的人数会大大减少，这种荒唐的行径也会画上句号。"但黎塞留主教从未想过这种办法。

根据苏利的说法，德国在当时也盛行决斗。在弗朗索尼亚的威茨堡、斯瓦比亚的乌斯帕克和哈勒，决斗是合法的。在德国，尽管法律禁止决斗，相互挑衅的行为依旧层出不穷。在德国早期，逃避决斗是件可耻的事情，倘若有人受了轻伤便轻易投降，恐将受到大家的鄙视。这样的人不能剃胡子，不能打赤膊，不能骑马，更别提担任官职了。相反，人们却会用豪华而隆重的礼节来安葬决斗中死亡的一方。

1652年，路易十四刚刚成年，德·波弗特公爵和德·尼姆尔斯公爵之间就各自带着四名副手，爆发了一场决斗。尽管两人之间有姻亲，却一直把对方看成眼中钉，不仅不断争执，还极大扰乱了所在军队的军心。双方很长一段时间都想找个机会决斗一场，最终在一次军事战斗策略会上，他们各持己见，一场决斗在所难免。双方决定用手枪作为武器，没想到，决斗甫一开始，尼姆尔斯公爵就被一颗子弹打中，几乎当场丧命。于是其副手威拉尔斯侯爵立刻向波弗特公爵的副手赫利科特发起决斗挑战。这两人此前根本未曾谋面，却比两名决斗主角的决斗还要激烈。由于两人决定用剑决斗，因此厮杀的时间远远超出决斗主角，六位在场观战的绅士也觉得这场决斗很精彩。最终，赫利科特被一剑刺穿心脏。可以说，这场决斗的惨烈程度达到了前所未有的境界。

伏尔泰也曾说，这样的决斗极其常见。根据《轶事辞典》的编辑的说法，副手的人数没有定额，甚至可以多达十个、十二个乃至二十个，但最后这种情况并不常见。当决斗主角无力再战时，副手们就会冲上去相互厮杀。男人间友谊的最高境界就是相互邀请成为对方的副手，很多绅士对此喜闻乐见，因此不惜把一些鸡毛蒜皮的小误会上升为一场决斗，从而能参与进去。德·布西·拉布丹伯爵在他的回忆录中记载了这样一个例子。

有天晚上，从剧院中走出来后，一位名叫布鲁克的绅士礼貌地拦住了他，问他说，德·莱昂热伯爵是否曾把布鲁克说成是酒鬼。由于德·布西与此人素未谋面，就回答说自己并不知道详情，因为他和德·莱昂热伯爵很少碰面。

但布鲁克却不愿善罢甘休，接着说道："哦，可他是你的叔叔呀！他住得离这儿太远了，因此我没有办法亲自质问他。"

布西回答说："我听懂你的意思了，你是想在我身上出气。那我明确地告诉你，不管是谁谎称我叔叔说你是个酒鬼，他一定是在撒谎！"

布鲁克回敬道："是我弟弟这么说的，他还是个小孩，不可能撒谎的。"

"你弟弟绝对在撒谎，你回去狠狠抽他一顿吧！"

布鲁克回敬道："我决不允许有人诋毁我弟弟说他是骗子！"

于是他决定挑战德·布西，喊道："拔剑接招吧！"

两人立刻在大庭广众之下拔出剑来，但被围观群众劝解开了。于是两人商定好，另约时间地点，按照决斗规则一分高下。几天后，有个德·布西见所未见、闻所未闻的绅士找上门来，说不知自己是否有幸能充当他的副手。原来，这人压根不认识决斗双方当事人，但决心自己也协助一方战斗，因为他觉得德·布西是二者中比较勇敢的一方，于是想充当他的副手。德·布西礼貌而真挚地表达了感谢，但他抱歉地说自己已经选好了四名副手，担心人数再增加的话，这场决斗就要演变成一场群体斗殴了。

当这般冲突被人们看成是理所应当，社会风气的恶劣程度自然可想而知。路易十四注意到了这种不正之风的存在，下决心早日纠正过来。然而他一直把惩治决斗者的事儿拖延到 1779 年，当时他正在为审讯慢性投毒者和臆想巫术者而建立"火刑法庭"。当年，他发布了著名的路易十四法令，他在其中重申了先辈亨利四世和路易十三的严厉措施，并强调要严格贯彻这些法令，对于触犯法律的人绝不姑息。

按照这条法令，最高荣誉法庭建成，由法国的元帅们担任法官。最高荣誉法庭的法官们有义务基于法令给予每位原告以满意的答复和合适的补偿。倘若被告不遵守法庭判决，就会被罚款并关监禁；如果此人逃往国外在逃，那么他在国内的财产就会被悉数没收，直到他回国履行判决。任何提出决斗挑战的人都会招致不良后果，因此他们非但无法从荣誉法庭获得补偿，还会暂停国家公职三年，被监禁两年，缴纳年俸一半的罚款。接受决斗挑战的人也会遭到同样的惩罚。任何知情而传递决斗挑战书的人士也有罪过，首次犯罪则戴枷示众并当众受鞭刑，再次犯罪则发配到军舰上做三年苦役。实际参与决斗的人，无论是否造成伤亡，都以谋杀罪论处。社会地位高的人会被判处斩首，社会中层会被判处绞刑，且均不得以基督教葬礼仪式下葬。

路易十四在颁布法令的同时，还要求手下的贵族们承诺，他们不会以任何借口参与决斗。路易十四严查每个案件，绝不姑息，因此全国有很多人都被处死，相应地，不正之风也日渐消弭。有的地方此前一年能发生十二场决斗，现在却一场也查不到。路易十四还特别下令，镌刻了一枚纪念章，来纪念这一壮举。他对铲除决斗的目标念念不忘，在遗嘱中还特别叮嘱，要继任者坚决贯彻落实这一法案，对于违反者绝不姑息。

从前，马耳他也有一条关于决斗的奇特法令。根据这条法令的规定，决斗并未被全盘禁止，但只能在指定的大街上进行。倘若决斗者在别处解决争端，就要以谋杀罪论处。此外还有一条奇特的条款，那就是倘若有任何牧师、骑士或者女士想让决斗者握手言和，决斗者必须即刻停止纷争，否则就会被处以重罚。不过，女士和骑士们并没有滥用这种特权，因为女士们往往是决斗产生的原因，而骑士们则不愿劝和，因为他们认为这会使得决斗者的自尊心受辱。只有牧师才是伟大的和平使者。布里多尼记载，倘若骑士在决斗中丧生，人们会在决斗地点画上一个十字架。他在那条允许决斗的街道上数了数，一共有大概二十个十字架记号。

第六节　英格兰的决斗历史

在 16 世纪末 17 世纪初，英格兰的私人决斗数量达到顶峰。虽然用决斗结果作为司法依据的情况减少了很多，但在历史上依旧有几例记载，其中有两例分别发生在伊丽莎白时期和查理一世时期。亨利·斯佩尔曼描述了伊丽莎白时期的那次奇特决斗，尤其是考虑到当时这种行为是合法的，就更加难以置信了。直到 1819 年，依旧存在类似的决斗案。当时，原告在高等民事法院起诉被告，要求收回肯特郡庄园的所有权。被告提出，自己想要通过一场决斗来保留对庄园的所有权，原告应允了。由于法庭无权要求审判继续进行，便同意双方各自选出一名斗士代表自己进行决斗。伊丽莎白女王命令双方做出退让，但由于一切都是按照法律规定进行的，伊丽莎白女王最终只得同意了他们的请求。决斗地定在托尔西某地，决斗当天，此案所有的法官和律师都作为仲裁员到场。双方斗士准备完毕，根据法定程序，原被告双方应上前当场确认斗士的身份。虽然被告应声出现，并按法定程序确认了自己的斗士代表，原告却缺席了。没有他的授权，决斗无法进行，于是原告被认定为弃权，法官们据此驳回原告起诉，并禁止原告再次上诉。

尽管伊丽莎白女王本人不认同这种解决所有权争端的方式，但她的法官和法律顾问们却并不想改变这种野蛮的陈规。随着私人决斗的数量与日俱增，民怨逐渐积累。詹姆斯一世时期，英国决斗的疯狂程度完全可以和法国比肩。培根是当时的首席检察官，他想要通过自己雄辩的口才唤醒民众，改变社会风气。有人向法院起诉说，两个名叫普利斯特和赖特的人以主犯和从犯的身份参与了一场决斗。培根借此发布了一项训令，结果得到上议院贵族们的高度赞扬，他们认为这则训令"切合现实，值得铭记，应当公诸于世"，于是便把训令印刷出来，在全国推广。

培根首先分析了决斗这种恶习的本质和后果："这种行径扰乱平静，引发战争，给人民带来苦难，让国家遭受祸患，让法律受到践踏。"培根认为，最根本的原因在于："起初是对虚荣和名誉的误读和幻想，这为决斗的发生埋下种子。这颗罪恶的种子受到虚荣言论和幼稚无知的浇灌，开始发芽滋长；同时，人们丧失了对刚毅勇敢、英勇善战的真正理解。刚毅勇敢的品质帮助人们辨别争论是否有依据、有价值，是会提升人们生命价值还是浪费光阴。此外，人性的弱点和对自身的错判使得人们把生命浪费在这种无聊的事情上。人们不应该随意浪费自己的生命，而应该将之投入到高尚的服务、公众的利益、慈善的壮举和伟大的探险上。人们在决定自己如何度过此生之时，其原理和花钱并无二致，我们不应将金钱花在徒劳无益的事情上，因此也不应在无聊的事情上抛洒鲜血，否则和勇敢刚毅完全挂不上钩。"

当时最引人注目的一场纠纷发生在苏格兰贵族桑奎尔和剑术教师特纳之

间。在一起切磋剑术的过程中，特纳不小心刺中了桑奎尔的眼睛。特纳对此懊恼不堪，桑奎尔也颇具胸怀地宽恕了对手，然而事情并未就此打住。三年之后，桑奎尔爵士去巴黎游玩。他和亨利四世私交甚密，在一次谈话时，和蔼可亲的亨利四世问起了桑奎尔的眼睛是怎么回事。桑奎尔常常自诩是当时最为高超的剑客，因此面对国王的问题，只好尴尬地回答是被一名剑术教练刺伤的。亨利四世忘记了自己反对决斗的立场，不经意而想当然地问了一句那人是否还活着。说者无心，听者有意，国王的话深深刺伤了桑奎尔爵士的自尊心。

桑奎尔爵士不久后回到英格兰，心中燃烧着复仇的火焰。他起初想要亲自找特纳决斗，却又觉得此举有失贵族的尊严，于是就雇了两名刺客，在特纳位于白衣修道院附近的家中将其刺死。事成之后，他们得到了一千英镑的酬劳。几天之后桑奎尔爵士决定向法院自首。他期望法院能法外开恩，毕竟自己是个贵族，而且不过是假别人之手替自己复仇罢了，因此有理由被宽恕。人们纷纷来替桑奎尔爵士求情，然而詹姆斯国王高风亮节，对此充耳不闻。首席检察官培根起诉了桑奎尔爵士，并判决他有罪。桑奎尔爵士被判处死刑，于1612年6月29日被绞死在了威斯敏斯特教堂外的绞刑架上。

有人认为，在普通司法程序难以断案时，可以在法律允许的范围内展开公共决斗或决斗裁决。但培根反对这种观点，他认为，决斗应在任何情况下都予以禁止。培根还建议，应当采取更为持久的措施，保证决斗行为可以完全被取缔，不能纵容这种现象，更不能鼓励它。但凡被判决此项罪名成立的人都应受到法庭的严厉处罚，品德高尚者则应被逐出法庭。

在随后的时间里，又发生了一次决斗，第一任里埃爵士唐纳德·麦凯指控戴维·莱姆塞通敌叛国，参与汉密尔顿侯爵密谋篡夺苏格兰王位的行动。于是后者向前者发出挑战，要求通过一对一决斗的方式，一分高下。法庭起初想要通过正常的法律程序审理此案，但戴维·莱姆塞认为采用这种陈旧的、几乎已经遭到完全摈除的习俗，更有可能让自己逃过一劫。在当时，因通敌叛国罪名而要求上诉的人依然有权以决斗的方式解决争端。里埃爵士当即接受挑战，因这两人都被关到伦敦塔里，直到他们找到担保人，担保他们会在法庭指定的时间参加决斗。威斯敏斯特的玛丽夏尔法院负责审理此案，林赛公爵也因此被任命为英格兰治安总长。然而，在指定日期即将到来的时候，莱姆塞几乎全部承认了里埃爵士对他的指控。于是国王查理一世终止了这场诉讼。

然而在英格兰，出现了比私人决斗更难以妥协的纠纷。当时的新派人士不喜欢这种形式，于是，被压抑的贵族阶级只好带着他们的习惯和偏见在国外的庭院里进行决斗。尽管当时决斗之风已不再盛行，但克伦威尔的议会还是在1654年出台了一项禁止决斗的法令，一切牵连其中的人都会受到惩罚。查理二世复辟之后，也颁布了禁止决斗的公告，然而在他统治时期，依然发生了一场恶名远扬的决斗，这场决斗的恶劣之处不仅在于事件本身，还在于当局的宽容态度。

1668年1月，施鲁伯雷里伯爵因为自己的夫人被无赖的白金汉公爵所勾引，因此要求和他决一死战。国王查理二世坚决反对这件事，但他并非基于公众道德的考虑，而只是担心失去自己心爱的臣子罢了。他下令让阿尔伯马尔公爵软禁白金汉公爵，或者采用其他的办法，总之不让他去决斗。然而阿尔伯马尔公爵以为国王自己会采取更靠谱的方法来阻止白金汉公爵，于是就没有把国王的命令太过放在心上。决斗的地点被确定在榆树谷仓，受辱的施鲁伯雷带着亲戚约翰·塔伯特和阿兰德尔伯爵之子伯纳德·霍华德爵士参加决斗，白金汉公爵则带着他的两名门客，霍尔摩斯上尉和约翰·詹金斯出现。根据当时的决斗习俗，决斗者和副手们都要参与进决斗中来，结果约翰·詹金斯被刺中心脏，在决斗场上一命呜呼；约翰·塔伯特两臂伤势严重。白金汉公爵自己倒是逃过一劫，只受轻伤，他刺死了可怜的施鲁伯雷伯爵。在决斗的时候，施鲁伯雷伯爵夫人还女扮男装，牵着情夫的战马，在附近的森林里等待决斗结果。于是白金汉公爵胜利之后就带着情妇逃跑了。

为了避免自己心爱的臣子受罚，国王动用自己的影响力，卑鄙而轻易地免除了所有涉案人员的罪过。不久之后，查理二世正式赦免杀人犯白金汉公爵，只是告诫了他一句下不为例。在这件事中，国王、白金汉公爵和那个无耻的情妇简直一个比一个更卑鄙。

安妮女王统治时期，人们纷纷开始抱怨决斗的盛行，包括艾迪生、斯威夫特、斯蒂尔在内的很多作家都以笔为利器，讽刺鞭挞决斗这种行为。尤其是斯蒂尔，他不仅通过《闲谈者》以及《卫刊》两本刊物来揭露决斗行为的罪恶和荒谬，还竭力通过论述和嘲讽的方式，引导他的同胞们向正确的方向思考。斯蒂尔的喜剧作品《自觉的情人》提示了老人们是如何曲解了"荣誉"一词，从而使自己误入歧途的。他评价说，流氓和白痴之间的互相攻击倒是不会给社会带来什么损害。斯蒂尔在《卫刊》中高屋建瓴地写了一段总结词："基督教徒和绅士的身份从此可能变得互不相容，因为倘若你无法宽恕别人对你的伤害，就不能期待永生；但倘若不能捍卫自己，受到了侮辱，那就过不好此生。这样的纠结，使得慈悲之心和宗教教义一起被曲解了。人们也渐渐以计较为荣，完全忘记了宽恕，忘记了谅解才是最宝贵的品质。懦夫也可以战斗，也会征服，但永远不懂得宽恕。"斯蒂尔还专门出版了一个小册子，详细阐释了路易十四国王的法令，以及国王为了消除民众愚蠢行为而采取的措施。

1711 年 5 月 8 日，在一场决斗中，肯特郡的下议院议员乔姆里·迪林将同为下议院议员的理查德·桑希尔刺死。三天后，彼得·金爵士将此事纳入司法考察范围。他考虑到决斗案件与日俱增，就提出了一份禁止和处罚决斗的议案。该议案在当天就通过一审，一周内就完成了二审。与此同时，上议院议员们也把注意力放在决斗议题上来。倘若不是安妮女王及时发现并制止了两名颇有名望的议员的意图，二人之间的决斗也在所难免。然而没过多久，又有两名议员死于两场引人注目的决斗事件。其中第一场决斗发生在马尔伯拉夫公爵和波莱特伯爵之间，还没开始就结束了；第二场发生在汉密尔顿公爵和莫汉爵士之间，这场决斗非常惨烈。

第一场决斗源于议员们的一次讨论，在谈及奥蒙德公爵拒绝承担巨大风险去与敌军交战时，波莱特伯爵说，奥蒙德公爵的勇敢气魄不应得到任何人的质疑。"至少奥蒙德公爵不像有些人那样，为了贪污军饷、中饱私囊，就让将士们无谓地送死，很多同胞都白白地战死沙场。"在场很多人都觉得他这番话是在针对马尔伯拉夫公爵，后者虽然心中非常不快，但还是克制自己没有做声。会后不久，波莱特伯爵就收到了来自莫汉爵士的邀请，说是马尔伯拉夫公爵想要和他进一步"澄清前些天他在会场上说的话说引起的误会，顺便呼吸乡下的新鲜空气"。波莱特伯爵假装听不懂其中的暗示，直截了当地问道，马尔伯拉夫公爵是不是在跟他下决斗书。莫汉爵士说其中的意思已经明确了，不必多说，自己届时会陪着马尔伯拉夫公爵一同到场。波莱特伯爵回到家后，把自己要对决的事情告诉了妻子。伯爵夫人非常担心他的安全，又赶紧把这件事情告诉了达特莫斯伯爵。伯爵立刻以女王的名义告诉马尔伯拉夫公爵不得轻举妄动，还派来两个哨兵看住波莱特伯爵的家门。他做好这些防护措施后，又将此事禀报给女王。女王当即派人把公爵找来，告诉他自己非常厌恶决斗的习俗，要求他当即发誓永不追究此事。公爵不得不发誓，整件事情也就告一段落了。

第二场对决发生在 1712 年 11 月，事情的经过是这样的。

汉密尔顿公爵和莫汉爵士之间整整打了十一年的官司，自然互看不爽。11 月 13 日，他们在奥莱巴先生家撞见了，汉密尔顿公爵含沙射影地说，有一位证人既不真诚也不正直。因为这位证人是莫汉爵士一方的，爵士对此非常不满，立刻回敬说，这位证人的正直真诚的程度毫不亚于汉密尔顿公爵本人。公爵闻言没再做声，在场的人也都没意识到此番话已经大大冒犯到他。汉密尔顿公爵走出奥莱巴先生家时，甚至还向莫汉爵士打了招呼。当天晚上，麦卡特尼将军带着莫汉爵士的决斗书两次找上门，却都没看见公爵先生。麦卡特尼将军终于在一个酒馆里找到了汉密尔顿公爵，并把决斗书递交给他。公爵接受了挑战，决斗时间就确定为第三天，也就是 11 月 15 日早上 7 点。

决斗那天，双方都出现在海德公园。汉密尔顿公爵带着自己的亲戚汉密尔顿上校，莫汉爵士则由麦卡特尼将军陪同前往。他们越过一道沟渠，来到一个花圃，开始准备决斗。汉密尔顿公爵对麦卡特尼将军说："阁下，这件事是你挑起来的，你可别袖手旁观哟。"莫汉爵士本不想让两位副手也参与其中，但公爵坚持"麦卡特尼将军不能高高挂起"。一切就绪后，两位议员开始用剑激烈地交战起来。没过多久，两人都受到致命伤，倒在血泊之中。其中莫汉公爵当场一命呜呼，汉密尔顿公爵也在被抬回府上的路上咽了气。

这一惨剧轰动全国，当时的托利党失去了汉密尔顿公爵，悲痛异常，指责说这一切都是由辉格党人造成的，还说辉格党的领袖马尔伯拉夫公爵为政治决斗开启了先例。莫汉爵士之前就已经在决斗中杀死了三个人，还两次被判为谋杀罪，托利党人更觉得他是"辉格派的政治恶棍"，还说莫汉和麦卡特尼两人故意设置的这场争端，想要杀死汉密尔顿公爵，让他没法再为国家效力。他们还信誓旦旦地说，汉密尔顿公爵的致命伤口是麦卡内特刺伤的，根本不是莫汉造成的。托利党人极尽能事地宣传这种说法，此后，验尸官评委会根据报告结果指控汉密尔顿上校和麦卡特尼犯有谋杀罪名。汉密尔顿上校在几天后自首，并在达特茅斯家中接受了枢密院的审问。根据他的说法，莫汉爵士倒下后，公爵也倒在了莫汉的身上，上校为了更好地帮助公爵，就把自己和公爵的剑先丢在一边。正当他把公爵扶起来时，"他看到麦卡特尼狠狠推了公爵一把"。根据这番证词，皇家会议马上发布了一份告示，悬赏 500 英镑捉拿麦卡特尼，汉密尔顿公爵夫人之后又把悬赏增加到 800 英镑。

然而，在对汉密尔顿上校进一步审问的过程中，他在几处关键的细节上却自相矛盾，因此证言并不可靠。伦敦中央刑事法庭将他以"谋害莫汉爵士的罪名"传讯，伦敦的政治圈子都对审问结果表现出了高度的兴奋和关注。一大群托利党人堵住了所有通向法庭的大门和小路，长达数小时之久。对汉密尔顿上校的审讯整整持续了七小时之久，他依然坚称，麦卡特尼将军就是杀害汉密尔顿公爵的罪魁祸首，但对其他方面却支支吾吾地说不清楚。最后，汉密尔顿上校的过失杀人罪成立，这项判决得到了大家的一致好评："不仅是法官和在场的所有参事，就连普通百姓也不断欢呼，对判决结果非常满意。"

当狂热逐渐消散，人们进行了冷静的思索。尽管大家都承认麦卡特尼将军是个爱管闲事、专横无理的人，但汉密尔顿上校关于麦卡特尼刺死公爵的证词依然不足为信。事后，汉密尔顿上校遭到所有故交旧友的排斥，他的生活也变得了无生机。后来他便辞掉皇家禁卫军的职位，选择归隐，四年后郁郁而终。

麦卡特尼将军也几乎在同一时间自首，并在英国高等法院接受了谋杀罪名的审判，但最后只被判决过失杀人罪成立。

1713 年，女王在国会开幕式的演讲中特别提到，决斗发生的实在过于频繁，立法机关有必要采取快速有效的补救措施。于是，议员们研究出了一项卓有成效的草案，但遗憾的是，这项草案在二审时被否决掉了。

1765 年，拜伦爵士和查沃斯先生之间也发生了一场著名的决斗。这场决斗肇始于一次便餐，当时双方正在攀比谁封地上的猎物更多。在酒精和冲动的刺激下，双方立刻转战隔壁房间，借着微弱的烛光，隔着桌子，用剑打拼起来。查沃斯先生剑术不精，因此在受了一处致命伤后很快离世。拜伦爵士则因谋杀罪名而被带去上议院接受审讯，但却以一时冲动为由，只被判过失杀人罪，在缴纳罚款后就被释放了。对国家而言，拜伦爵士树立了一个很糟糕的榜样，自此之后，决斗的名声也不像此前那么高贵了。

相较而言，法国的惩治措施严厉很多。1769 年，格勒诺伯议会发现，杜齐拉斯议员曾经在一场决斗中杀死了佛兰米什军团的一名上尉。杜齐拉斯家里的佣人也在决斗中充当他的副手，于是两人因谋杀罪名而双双接受审讯。最后二者罪名都成立，杜齐拉斯被判处车裂之刑，而佣人则被发配到军舰上终身做苦役。

1778 年 11 月，在巴斯，两名外国探险家赖斯伯爵和都·贝里子爵进行了一场野蛮的交战。事情起源于一次赌博，都·贝里子爵不同意赖斯伯爵的一个观点，说了句："这不对！"赖斯伯爵马上翻脸，问他知不知道自己刚才那句话很冒犯人。都·贝里说他就是那个意思，赖斯伯爵爱怎么理解就怎么理解，于是双方决定进行一场决斗。尽管当时已经过了子夜，但他们当即招来自己的副手，所有人开始赶往克雷弗顿丘陵，在那儿和一位外科医生一起等天亮之后，就开始为决斗做准备。他们各自配了两支手枪和一把剑，决斗场地也被副手们准备完毕。都·贝里子爵首先开枪，打中了赖斯伯爵的大腿。赖斯伯爵不甘示弱，立刻向都·贝里子爵的胸膛射了一枪。两人都已经走火入魔，顾不得身上的伤，拒绝暂停战斗。他们后退几步之后开始向前猛冲，手枪相互向对方射击，然而两发子弹都落空了。于是两人立刻扔掉手枪，准备用剑继续决斗。

他们刚刚站定，正准备向对方攻击，都·贝里子爵突然摇晃一下，面色苍白，倒在地上后大喊："救救我！"赖斯伯爵刚说一句愿意救他，可怜的都·贝里子爵痛苦地呻吟了一声，随即就断气了。赖斯伯爵虽然获得胜利，但也整整好几周都没能脱离生命危险。与此同时，验尸官们仔细查验了都·贝里子爵的尸体，也只能给出一个过失杀人罪的判断，让他们感到非常丢脸。

尽管验尸官做出如此结论，赖斯伯爵康复之后依然以谋杀罪名被起诉。审判过程中，赖斯伯爵详细地说明了这场决斗的公平合理以及突发性，他还深深地为子爵的死亡表示懊悔，因为两人是多年的好友，友谊深厚。赖斯伯爵的这番话似乎深深打动了陪审团，最后这位凶猛暴躁的决斗者只被判处过失杀人罪，受到了一点名义上的处罚便被释放了。

1789 年，约克公爵和雷诺上校（也就是里奇蒙德公爵的外甥兼继承人）之间发生了一场决斗，决斗本身并不激烈，由于双方的社会阶层很高，因此也广受瞩目。约克公爵挑起了这次决斗，他曾经在一些皇家禁卫军的官员面前声称，雷诺上校在杜比尼发出的命令，是任何一个有良知的人都不应该服从的。于是，雷诺上校在一场队列阅兵中走上前去，质问约克公爵是否真的说出过这样的话。约克公爵并未回应，而是冷漠地命令他立刻归位。阅兵完毕后，约克公爵当着雷诺上校的面说，自己根本不需要所谓阶级或身份的保护，他下班后会像一个平民一样，换上普通的棕色外套，任何人都可以来他这儿发出决斗挑战。这番话正合雷诺上校之意，他巴不得有个机会和约克公爵一决高下。于是雷诺向约克发出挑战，地点被选在温布尔登公园。雷诺上校先开枪，子弹从约克公爵头边擦过，甚至烧焦了公爵头上的几绺卷发。约克公爵拒绝回击，在副手们的调停下，这场决斗告一段落。

然而不久之后，雷诺上校很快就因此事卷入另一场决斗之中。一个叫作斯威夫特的人写了一本小册子，其中提到了雷诺与约克之战。斯威夫特的一些表述使得雷诺感到深受侮辱，只有向这人狠狠开上一枪，才能解心头之恨。于是两人在澳克斯布里奇路展开决斗，但都毫发无损。

第七节　爱尔兰人的决斗

爱尔兰人向来以酷爱决斗而闻名，因此哪怕再微不足道的小事儿，都可能在爱尔兰人之间引起一场激战。约拿·贝灵顿爵士在其回忆录中记载，同英格兰合并之前，在都柏林一次充满争议的选举之中，每天发生二三十场决斗都是稀松平常的事。哪怕是在平时，决斗也天天见，除非决斗中发生死亡案件，否则史学家甚至都不屑于去记上一笔。

在当时的爱尔兰，不仅是军人，社会各阶层的人都会用宝剑和手枪来赢得自己的名声。每个政党都养着一群无赖之徒，这些人被叫作"嗑火药的人"，他们专门负责到处捣乱，向政敌开火。他们甚至吹嘘说，自己想怎么打就怎么打，在决斗之前，他们就能决定是把对手杀死，还是把对手打残，抑或是让他破相，抑或是让他在床上躺十二个月，或者只受点皮外伤。

这种邪恶之风愈演愈烈，1808 年，国王乔治三世终于找到一个机会，来向世人展示他自己对决斗的深恶痛绝，便向爱尔兰表明，决斗这种谋杀行为不可能被赦免。1807 年 6 月，驻扎在爱尔兰的第二十一军团的军官坎贝尔少校和博伊德上校之间发生了一场争执，对于"城市田园美"是否作为阅兵时使用的口令，他们有不同意见。就为这么一件小事儿，双方破口大骂，结果坎贝尔少校向博伊德上校下了决斗书。他们立刻退回到食堂，占据一个角落，两人之间的斜线距离只有七步之遥。他们既未带朋友，也未带副手，直接相互开起火来。博伊德上校的第四根肋骨和第五根肋骨之间遭受致命的创伤，医生很快赶来，发现他正坐在椅子上大口呕吐，痛苦万分。

博伊德上校马上被转到另外一个房间接受治疗，坎贝尔少校紧随其后，心烦意乱。博伊德上校支撑着活了十八个小时，在他临死之前，对坎贝尔说："这场决斗并不公平，是你逼我的，你真是个坏蛋！"坎贝尔回答说："你怎么能在这些先生面前说这场决斗不公平呢！你当时不是说自己已经准备好了吗？"博伊德上校虚弱地回答道："我并没有准备好啊！你知道我是想让你等一等，再找点帮手过来的。"当再次被问及这次决斗是否公平，奄奄一息的博伊德上校嘟囔说："是的。"但刚刚过了一分钟，他又骂道："你这个坏家伙！"坎贝尔坐立不安，急促地搓弄着双手喊道："博伊德！你是我们两个中最幸福的人！你能原谅我吗？"博伊德回答道："我原谅你，我可怜你，因为我知道你也可怜我。"

博伊德不久就断气了，坎贝尔也和家人一起逃到切尔西附近，隐姓埋名地生活了几个月。然而1808年8月，他还是被捕了，并被带到阿尔马受审。坎贝尔在狱中说，谋杀罪名一旦成立，自己就会被视为爱尔兰决斗者的典型，但他还是努力保持希望，祈祷陪审团只判他过失杀人罪。在审判中，有证据表明，决斗并非马上发生的。两人发生口角后，坎贝尔还和家人一起饮茶，此后才去找博伊德进行对决。于是陪审团递交了故意杀人罪的判决，但同时考虑到决斗是公平的，因此建议对他从宽处理。在此过程中，可怜的坎贝尔太太竭尽全力想要救他，她跪在威尔士王子面前，恳请他动用自己同国王的交情，救救她可怜的丈夫。可以说，她用尽了一个多情的妻子和勇敢的女人所能用过的所有方法，只求自己的丈夫能得到宽大处理。然而乔治三世不为所动，因为爱尔兰总督认为有必要拿此案子来警示世人。于是把按照法律正常程序审理，坎贝尔因虚假的荣誉感而被判为重罪处死。

当时在德国的大学校园，学生们也非常喜欢决斗，动不动就为了芝麻大点的事情刀剑相向，而其他国家的大学生们则往往打一架就结束了。曾经有段时间，他们非常喜欢用剑决斗，因为这样就可以把敌人的鼻子给割掉。他们甚至把削鼻当成自己的目标和光荣，就好像是将军巡视自己攻下的城池一样，反复清点他们夺来的战利品。

反复探讨现代决斗的各种细节，实在是索然无味，倘若我们认真探究决斗的起源，就会发现大部分决斗都是一些无关紧要的小事导致的。议会议员之间的决斗曾经非常盛行，不少人因此名誉受损，其中不乏沃伦·黑斯廷斯、菲利普·弗朗西斯、威尔克斯、皮特、福克斯、格拉顿、柯伦、蒂尔尼和坎宁等人。这说明，哪怕是那些高瞻远瞩的人也难免受到这种愚蠢观念的影响。这些名人一边谴责决斗的蠢行，一边自己参与其中。理性的束缚看似坚不可破，但其实却很容易断裂；世俗的习气看似软弱无力，却能轻易攻克人们的心。皇家禁卫军军官托马斯上校也死于决斗，他在遗嘱中这么描述自己的行为："首先，我想把自己的灵魂交给万能的上帝，我为了顺从这个世界的邪恶习俗，而不得不采用决斗的方式，希望能得到上帝的宽恕。"当时有多少人和这名上校一样，两种观点在心中不同挣扎呀！他们明知道自己决斗是在犯错，并痛恨这种愚蠢的行为，但一想到拒绝参加会受到愚蠢的人的蔑视，就根本无法拒绝决斗。

倘若我们把决斗事由全部列成清单，那么其中的极其无聊且丢人的事情就写也写不完。斯特恩之父曾为一只鹅与人决斗，雷利曾经因为一张酒馆账单而与人冲突，还有很多致命的决斗不过是因为牌桌上的争执，或是抢夺剧场座位。数不胜数的决斗都是受到酒精的驱使，前一天晚上发出挑战、接受挑战，第二天清晨就必须决斗，结果导致一方甚至两方都丧命于此。

当代最为臭名昭著的两次决斗，竟然分别是因为一只狗和一个妓女而产生。前一次决斗发生在蒙哥马利和麦克纳马拉之间，后一次则发生在贝斯特和卡默尔福特之间。其中，蒙哥马利和麦克纳马拉两家的狗攻击撕咬，于是两家主人也吵了起来，决定用决斗的方式解决问题。第二天两人碰面，蒙哥马利中弹身死，他的对手也伤势惨重。这件事在当时引起了很大的轰动，就连当时在决斗场上提供帮助的外科医生赫维赛德也被以谋杀案从犯的罪名逮捕，关押在纽盖特监狱。

贝斯特和卡默尔福特之间的决斗采用了当时英格兰最好的两把手枪。双方决定用掷硬币的方式来决定谁先开枪，结果贝斯特在抛硬币中赢了，就选了两把手枪中更好的那把，首先开枪，卡默尔福特应声倒地。但由于此人此前已经参加过多次决斗，亲手杀死很多人，因此没人对他的死亡表示同情。正所谓因果相报，这个残暴的家伙也算是死得其所了。

第八节　决斗的管制

接下来我们再看看各国政府是怎样试图阻止这种虚假荣耀下的不正之风

的。前面已经对英法两国政府的努力进行过系统阐述，在此不再赘述；其他国家也采取过相似的措施，达到了相同的结果。在专制国家中，一些君王意志坚定、坚决执行，因此在一段时间内，决斗的风气有所减弱。然而一旦王位易主，而新任国王对此事并没有那么坚定果断，那么决斗之风又会卷土重来。普鲁士就有过这种现象。据很多民间资料记载，弗里德里克大帝非常厌恶决斗，因此他虽然允许军队决斗，却必须满足一个条件：决斗必须在全营官兵在场的情况下进行，这样才能达到公平比赛的目的：只要有一方决斗者倒下，在场官兵必须把另一名决斗者打死。这样一来，大家都知道了弗里德里克大帝对此事的决心，此项规定有效地阻止了决斗之风的泛滥。

奥地利皇帝约瑟夫二世的手段虽不奇特，但他同弗里德里克大帝一样，对此事的禁止非常坚决。从下面这封信中，我们可以看出他对决斗的态度。

致将军

我的将军：

我命令你马上去逮捕 K 伯爵和 W 上校。K 伯爵年轻气盛，深受关于血统和荣誉的错误影响；W 上校出身军营，一向用刀枪解决问题。他接受了年轻公爵的挑战，这非常不对。

我不愿意看到自己的军队中产生任何决斗，我根本不理解那些觉得决斗是正义的人，他们的下限何在？他们那冷酷地相互厮杀的行为，更是让人恶心。

如果我看到自己的军官面对敌军，置身险境，勇敢攻防，表现出个人的勇气、刚毅和胆量，那我一定不会亏待他们，我向他们致以最为崇高的敬意。他们对死亡的态度不仅为祖国作出贡献，而且也为自己赢得荣誉。但其中有些人却只是为了一己私利就牺牲一切，去报复他人，我对这种人鄙视之极，这种人和当年古罗马格斗的奴隶有什么区别呢？

这两位军官应当受到军事法庭的审问，法官有责任调查清楚事情的来龙去脉，倘若其中有人有罪，那他就理应为自己的行为付出命运和法律上的代价。

决斗这种野蛮的风俗只适合于未开化的时代，哪怕要牺牲掉我的一半官员，我也会把这件事一查到底。尊重法律的人自会知道，何种行为才能把个人品格和远大目标结合在一起。

约瑟夫

1771 年 8 月

美国对此的规定却不尽相同。除了在偏僻的西部有几个未开化的州之外，人们从未染上决斗的习俗，因此也没有关于决斗的专门法令，只有圣经十诫中的"你不可杀人"的规定。然而随着现代文明的发展，决斗在美国也越发常见，当原始淳朴的居民变成所谓文明社会的公民时，弥漫于欧洲的关于荣誉的错误认识也会影响他们。就像欧洲大陆的前辈们一样，他们也习惯用手枪解决问题。在美国绝大多数州的法令中，对决斗的挑战方、接受方和副手的惩处，都只是不到一年的监禁和苦役，而且 20 年内不得担任公职。佛蒙特州的惩罚要严厉一些，决斗者将会完全被剥夺公民权利和公职资格，还要缴纳一定罚金。倘若在决斗中出了人命，则要按照谋杀罪处置。在罗德岛，即便是没有造成伤亡，决斗者也会被压到绞刑架上，用绳索套住脖子，示众一小时，任由群众谩骂。此外，地方官员还有自由裁量权，可以判决决斗者服刑一年。在康涅狄格州，决斗者会被剥夺公职资格和受雇资格，并被处以 100~1000 美元不等的罚金。在伊利诺伊州，法律要求州政府的官员们在入职前宣誓，自己从来也永远不会参与任何决斗行为。

在欧洲各国不同时代颁布的关于决斗的法令中，波兰国王奥古斯都 1712 年颁布的法令值得记上一笔。他规定，所有决斗者和副手都要以死刑论处，送决斗挑战书的人也要接受惩罚。1773 年，德国慕尼黑也颁布法令，即便无人在决斗中身亡，决斗者和副手也要被处以绞刑，尸体埋在绞刑架下。1738 年，那不勒斯国王颁布法令，所有参与剑决斗的人都必须处以死刑，在决斗中被杀死和之后被处死的人都只能被埋葬在荒郊野外，既不许举行任何宗教仪式，也不许立碑。法律还对有人受伤的决斗和无人受伤的决斗，采用不同处罚措施，其中包括罚款、监禁、取消官职和头衔、剥夺公职资格等，送决斗挑战书的人也可能要被处以罚款或监禁。

可以想象，各国如此严厉的法律完全可以根除这种让每一个明智之士都痛心疾首的风俗，但事实上，单靠严厉的法律并不够，只要立法者的决心稍有变化，那么单凭法律就永远无法根除这种风气。试想，一个严肃的法官坐在法庭上，面对着一个被别人骂成骗子的倒霉家伙说："如果你向他发出决斗的挑战，那你就会犯下谋杀罪！"反过来，他脱下法官官袍，在私下里却说道："如果你不敢冒着犯罪的风险向他发出决斗，那你就是个软弱卑鄙的胆小鬼，根本不配和朋友们来往！"因此应当受到谴责的不是决斗者本人，而应该是整个社会。

在引发决斗的过程中，女人的影响力非常大，经常会使得男人们落入犯罪的深渊。不幸的是，匹夫之勇在女人眼中变成了无穷魅力，成功的决斗者往往被视作英雄，而那些拒绝参加决斗的人哪怕是具有真正的勇气，却还是会被视为懦夫。1838年初，美国司法人员格雷夫斯先生在决斗中杀死了希里先生。他在众议院的讲台上深感痛惜、追悔莫及，意味深长地跟大家说："公众的思想才是世界上最重要的法律。无论是人为的还是神定的法律，只要和前者抵触，都会变得不值一提。正是美国和众议院的法律使得我不得不屈服，否则我将会被剥夺掉所有的荣誉，因此只好参与进这起悲剧。就在国家领袖面前，在众议院的当口，让我的鲜血抛洒至此吧！"

只要社会依旧认为，任何一个不对侮辱进行反击的人都应该被嘲笑和欺凌，那么不管法律多么严苛，决斗都不会消散。人们受到伤害后，必须得到补偿；倘若法庭无法伸张正义，那么他们就会自己拼命决斗，纠正同伴们对自己的看法。几乎所有人都情愿拼一百次命，也不愿意被沦为笑柄，屈辱地活着。

决斗习俗是文明社会的耻辱，为了铲除它，唯一可行的办法貌似就是建立一个道德法庭，来受理那些微妙而脆弱的冒犯。路易十四国王建立的法庭或许会成为一个很好的样例。时至今日，只要接受到合理的道歉，已经没人再愿意去打架决斗了。于是法庭的责任就变成了聆听起诉者的抱怨，公正地权衡每一种言语或事件伤害的程度，勒令冒犯者必须进行公开道歉。倘若冒犯者拒绝道歉，就被算作是拒不执行法院裁定，既冒犯了法律的尊严，也冒犯了他原本伤害的人。这样一来，可以把被告关押起来，直到他认清自己的错误，按照法院要求为自己的行为忏悔为止。

倘若在道德法庭建立之后，还有些好斗而残忍的人士对于这种温和的手段感到不满，执意采取决斗这一古老野蛮的方式。这些人根本不怕死亡，因而按谋杀罪名将其绞死收不到良好的效果，只有羞愧才能让他们恢复理性，通过流放、踏车和当众鞭刑的形式，可能足以让他们警醒。

第十三章
圣物崇拜

几件破烂的小玩意，

锈迹斑斑的铁帽，

叮当作响的铠甲，

铆钉连结的三层软垫。

一个破盘子，一个旧木箱，

来自大洪水之前的远古时代。

——彭斯（Burns）[1]

1　罗伯特·彭斯（Robert Burns，1759—1796 年），苏格兰农民诗人，复活并丰富了苏格兰民歌。

　　但凡人类心中还存有喜爱的感觉，他们对纪念物的热爱就永远不会退却。这种情感在性格善良的人身上最为常见，也很少有人冷酷无情到藐视这种感情。谁会不珍惜忠贞不二的亡妻前额上的那绺刘海，谁会不珍视长眠于九泉之下的爱子头上的一缕头发呢？这些东西都是一个家庭的纪念物，每个人都了解其中蕴含的真挚情感。看到同自己最爱的人生前一起阅读的书，谁又能不备感珍贵，倘若这书上有逝者的笔记或名字，那么这本书一定是无价之宝。

　　除了这种家族纪念品之外，还有一些纪念品，也是人们难以割舍的，一些因为背后蕴藏着伟大的故事或稀有的特质而变得神圣不已的物件，比如一本由弗洛里恩翻译、莎士比亚亲手签名的《蒙田文集》；比如鲁宾斯在创作不朽之作《来自十字架的祖先》时坐过的一把椅子，至今还保留在安特卫普大教堂；比如帮助伽利略发现重要原理的望远镜，现在也珍藏在佛罗伦萨博物馆里。当看到威廉·泰尔的箭矢、华莱士或汉普顿的宝剑，或是某位虔诚的教派创始人读过的《圣经》时，谁不会由衷地产生一股敬仰而激动的感情呢？

　　因此，正是爱本身使得事物神圣化，并且逐渐走向神坛。但是这份单纯的情感却衍生出无穷无尽的迷信和荒诞。人们在赞颂伟大，珍惜自己所拥有的一切时，却忽略了造就伟大的并非圣物本身，而是善良的情感。这些人为了得到圣徒的颚骨、圣徒的脚趾甲、国王擦过鼻涕的手帕或者吊死过犯人的绳子简直不择手段。他们一味渴望从祖先的坟墓中挖掘出陪葬品，却压根不考虑这会使他们美名远扬还是臭名昭著。无论是圣徒还是罪人，无论是哲学家还是骗子，无论是大英雄还是杀人犯，无论是教徒还是小偷，都受到人们的钦慕。这些头脑发热的人不惜踏遍整个世界，只为寻找偶像的一件纪念物。

　　在许多个世纪以前，第一批抵达圣地的朝圣者把上千件圣物带回到欧洲，他们为此花光了自己所有的积蓄。其中最受欢迎的圣物莫过于十字架上的木头。据说，真正发现十字架的是康斯坦丁大帝的母亲海伦太后。狄奥多斯国王把十字架的绝大部分都镶嵌上了大宝石，送给了米兰大主教圣·埃布鲁斯，并将其供奉在该城最大的一座教堂里。然而这件珍品却被匈奴人抢走了，他们在取下镶嵌在木头上的珍贵宝石之后，竟然把木头烧毁了。在11世纪和12世纪，几乎在每个欧洲教堂里都能看到传说是从真正的十字架上削下来的碎片。倘若把这些碎片全都聚在一起，甚至都可以建起一座教堂了。忏悔者只要能看到一点碎片，就已经是莫大的幸福；倘若能把一块碎片据为己有，他们恨不得牺牲一切。人们认为，这种木头不仅可以避邪，还能治愈顽疾。这使得朝圣者每年都蜂拥到藏有碎片的圣地，教堂因此也赚得了一笔可观的费用。

接下来一等的圣物就是救世主的眼泪。信徒们根本不追究到底是谁用什么方法保存的这点眼泪，只要有基督徒加以保证，他们就会把这滴眼泪推崇备至。圣母马利亚和圣彼得的眼泪也被小心翼翼地封存在匣子里，虔诚的信徒则把它们挂在胸前。仅次于眼泪的就是耶稣和殉道者的血滴和圣母马利亚的乳汁。此外，头发和趾甲也有很好的市场，它们卖价极高。

在11世纪和12世纪时，每年有数以千计的朝圣者来到巴勒斯坦购买假冒圣物，然后带回国去销售。这就是他们其中多数人的生财之道。事实上，两个脚趾甲都是从一些恬不知耻的牧师的臭脚丫上剪下来的，它们被剪下来还不足半年，就被当作来自某个圣徒的圣物，被卖到了钻石的价格。这么看来，圣彼得的趾甲还真是节节高升，在克莱芒议会时期，整个欧洲的趾甲能够满满装一大麻袋。尽管如此，人们却依旧虔诚地相信，所有的趾甲都来自圣彼得。时至今日，还有一部分趾甲在尚贝里的大教堂里展出。很多人甚至不远千里从德国赶来，只为一睹它们的尊容。

在巴黎的皇家港湾，有一根荆棘被人们精心照料，因为神学院的牧师肯定地说，这就是耶稣基督头上的某根荆棘。至于它是怎么扎根在这个地方，又是谁将它保存下来的，至今没人能作出合理的解释。最让它远近闻名的是，它在彼埃尔小姐的身上创造了奇迹——她只是轻轻亲吻了一下这根荆棘，多年的眼疾就不治自愈。

　　旅行者们想必都对罗马的圣阶并不陌生。据说，它是和真正的十字架一道，由从耶路撒冷朝拜回来的海伦皇后带来的。坊间流传，这些圣阶本来建造在罗马总督比拉多的住所。当年耶稣被带到这位罗马总督面前，就是从这些圣阶走过。它们在欧洲得到顶礼膜拜，任何在上面走路的行为都是对神的亵渎。朝圣者必须首先虔诚地亲吻圣阶，然后才能跪着从上面爬过。

　　欧洲人依旧疯狂迷恋着宗教圣物，在西班牙、葡萄牙、意大利、法国以及比利时的罗马天主教教堂里，类似的圣物比比皆是。哪怕乡下那些没什么供奉的教堂，也会吹嘘自家拥有查理曼大帝的股骨，可以治愈跛脚。豪勒的教堂则宣称自己拥有圣母马利亚的腿骨。西班牙教会那里也收藏着七到八块此类纪念品，据说都是真品。布鲁塞尔曾一度保存着圣高杜勒的牙齿，可能现在还在。倘若有教徒牙疼，那么只需在祷告时看看这件圣物，牙疼即可痊愈。还有一部分圣骨埋藏在欧洲大陆各地，据说，久而久之，埋藏有剩骨的地方就会冒出水，不久更是会形成一股清泉，这清泉水包治百病。

　　奇怪的是，从古到今，人们对于名人、哪怕是罪大恶极的人的物件，都有一股莫名其妙的占有欲。理查德一世当政时，伦敦的平民领袖威廉·郎伯德在史密斯弗尔德被处以绞刑，当时人们想方设法要得到他的一绺头发，甚至一块衣角。更是有妇女从艾塞克斯、肯特、索夫克、索塞克斯等地赶来，只为获得一抔绞刑架下的泥土。据说，威廉·郎伯德的毛发可以用来避邪，衣角可以用来治病。

　　在更加晚一点的年代，人们对那不勒斯渔夫马萨尼罗的遗物情有独钟。他曾在一场起义之后，被支持者推上权力的顶峰，他手中所掌握的实权甚至比真正的国王还要大。但此后他又被暴民像疯狗一样打死在马路边。他那无头的尸体被拖拽着在泥沼里沤了几个小时，然后就被扔到了护城河的臭水沟里。第二天不知怎地，人们又开始景仰倾慕他。人们点着火把，找到他的遗骸，为他穿上王袍，在教堂举办了庄严肃穆的下葬仪式。当时，上万名全副武装的士兵和哀悼者来参加了这场葬礼。渔夫生前所穿的衣服被人们撕成碎片，当作圣物珍藏起来；他那简陋的小屋的门也被一帮妇女拆下来砍成碎片，做成雕像、小匣子或者其他纪念品；他屋里那寥寥可数的几件家具，也比奢华的皇宫里的装饰物更加值钱；就连他踩过的土地也被奉为圣土，人们把这些土装在小玻璃瓶里，卖出天价。

在处决布瑞威尔夫人时，巴黎人民也展现出不同寻常的疯狂。在马萨尼罗案中，由于他是清白的，自然会受到大众的喜爱。然而布瑞威尔夫人的行径是如此的卑鄙下作，根本无法激发人们心中的善良情感，她不仅通过投毒的方式，将好几个人置于死地，还在格瑞威广场上被判处火刑，骨灰也抛撒在风中。然而在行刑当天，围观群众都被这位夫人雍容华贵、美丽大方的容颜所惊艳，大家不仅痛骂政府对她量刑畸重，还进一步把这种同情升级为崇拜，还没等太阳下山，她就忽然被奉为圣人。无论是她的骨灰，还是当时火刑中助燃的木头，都遭到民众的哄抢。据说，她的骨灰可以用来避邪。

在英格兰，不少人特别钟情于侠盗、杀人犯或是其他重罪犯人的遗物。绞死这些罪犯的绳索往往被收藏家高价购买，而绞死过多德博士、佛特劳埃先生和修泰勒的三根绳索更是被卖出天价。1828 年，考德谋杀玛利亚·马顿案引起了全国上下的广泛关注，威尔士、苏格兰甚至爱尔兰的人们都纷纷前来，参观埋葬被害人尸骨的小房子。人们在临走时都想带点纪念品，因此无论是房门上的木屑、屋顶上的瓦片，还是受害者的衣物，都被迅速瓜分完毕。受害者的一缕头发竟然可以卖到 2 基尼，而且买家还觉得自己占到了大便宜。

1837 年，格林那斯在坎伯威尔巷杀害了汉纳·布朗。此后，人群一直聚集在坎伯威尔巷不愿散去，最后政府不得不派出一对身强力壮的警察，来现场维持秩序。大家都迫不及待地想要从这个凶杀犯人的家里捞点纪念品回去，这最后导致警察不得不动用武力，连当时房子的门窗和桌椅都被围观群众搬走了。

更早的时候，人们对于绞刑犯人的手有一种特殊的迷信。大家认为，只要用这种手在身上擦一下，淋巴结肿块即告痊愈。为此，纽盖特的刽子手发了一大笔横财。据说倘若拥有这只妙手，更是能包治百病。在查理二世时期，人们不惜花上十几基尼，才能把这样一个恶心的东西带回家，竟然还一点儿也不觉得贵。

1838 年春，就在疯狂的汤姆（或叫考特内）被枪毙时，大家又为了得到特殊的纪念品，晚上便开始行动。考特内的长胡子和头发等被外科医生剪下来，落入到信徒手中，信徒把这些毛发视作珍宝。这些毛发售价极高，购买者不只有他的信徒，就连住在坎特伯雷的富翁和他的邻居们也纷纷花重金购买。他被击毙时倒向的那棵树被人疯狂地剥下了树皮；有他签名的纸要花一个金币才能买到；甚至他生前的坐骑都变得鼎鼎大名。成群结队的贵族人士从几百里外赶来，只是为了看一眼他生前斗殴的地点，或者摸一摸那匹马的马背。要不是他的坟墓被严加看管，尸体早就会被狂热者挖出来，骨头也会被当作纪念品带走。

在现代欧洲，最令人称赞的纪念物莫过于莎士比亚的桑树、拿破仑的柳树和他在滑铁卢写派遣信时用的那张珍贵的书桌。相较而言，莎士比亚的桑木鼻烟壶颇为稀有，但市场上显然有很多冒牌产品，还有各种打着莎士比亚旗号的异域木材。同样的事情也发生在拿破仑的书桌身上。书桌的真品早就已经被毁，同时遭到毁坏的还有二十多件赝品。事实上，很多人不过是保留着一块木头，一些的人则把木块做成胸针或其他事物，更多的人则选择把它做成鼻烟壶。在法国，人们把这些木头做成糖果盒，拿破仑的狂热崇拜者对此简直爱不释手。

时至今日，滑铁卢战场上的子弹、阵亡士兵外套上的纽扣依然在欧洲备受欢迎。正如用新书桌代替了被毁坏的旧书桌一样，人们又开始炮制当时的子弹。很多人还以为自己得到了一颗为当时的世界和平作出卓越贡献的子弹，但事实上，这不过是二十多年后人们在战场遗址上挖出的废弃物。圣物崇拜者们，面对滑铁卢村里泛滥成灾的导游，在把钱交给他们之前，一定要三思呀！

在路易·菲力普政权将拿破仑的遗体迁走之前，但凡来到圣赫勒拿岛的游客都会从拿破仑坟墓前的柳树上折下一根柳枝。它们被种植在欧洲各地，逐渐生根发芽。圣物的信徒们已经无法分辨究竟哪一棵才是最原始的枝桠，但他们却依然非常虔诚。

圣物崇拜和其他任何事物一样，既有其利，也有其弊。那些来自真正的伟人或伟大事件的纪念品，永远会因其深刻的内涵和脱俗的风格而不断吸引着人们。估计很少有人能够拒绝考雷"坐在用弗兰西斯·德雷克爵士环球航行时乘坐的船的残骸制作成的椅子"之上写出的诗句。

而我自己，现在也偏爱安静，
正如同任何一把椅子一样。
但我仍希望能踏上一段旅程，
去看看太阳神战车上的古老车轮，
看看法厄同如何让它停顿。

译后记

一年前在和编辑讨论要不要翻译这本书的时候，我就在想，这本书就算能顺利译完出版，很可能也只是一本小众的作品。

也许有些的确对金融感兴趣的人愿意读这本书，愿意通过历史上的资产泡沫，研究金融市场上的跟风、从众、群体心理，把这本书作为行为金融学的学习材料。但一般人，除了猎奇心之外，大致是不愿意读这种长篇大论地讲个人很聪明、群体是傻子的书的。

原因很简单，我国在传统上一直是一个讲究集体精神的国家。

近代就不用说了，而即使是在古代，我国在儒家思想的影响下，个人的利益也总是要服从家族利益的。

在老一辈人的心里，脱离群体简直是不可想象的事，他们经常教育自己的孩子们要合群、要随大流、跟着大多数人走，千万不要做出头鸟。

怕落单、总是想加入群体的心理，从进化心理学的角度讲，是写在我们的基因里的。在刀耕火种的时代，落单就意味着死亡。在你来耕田、我来织布的小农经济时代，落单就意味着受欺负，意味着少无所依、老无所养。

写到这，读者大概也能理解，我之前为何说这本书可能注定是本小众的书了。

无论小众与否，这本书确实还是值得一读的。本书中，麦基没怎么说教，他只是用详尽的史实（和脑补）给我们展现了群体心理的一些特征和可能导致的灾难后果。

在这本书中，我们看到了群体的非理性、爱跟风，看到了相较于"我独醒"，"众人皆醉"出现的次数要多得多。

我们还看到了，历史上一次又一次的，轻信而愚钝的人们对权威顶礼膜拜，无论这权威是王权、教会还是各种预言家、炼金术士；而少数清醒而有智慧的人，要么想明哲保身、要么不想白费力气，往往默不作声，任由形势发展。时过境迁，社会氛围也会让精英分子备感压力，甚至会逼迫他们加入群体之中，成为其中一员，开启一段新的狂热。

于是，在历史的漫漫长河中，不少江湖术士登上了大雅之堂，信徒云集，名利兼收：从专门"审判"女巫的刺巫人，到出售慢性毒药的大毒枭，再到贩卖假圣物的小商贩，群体的不理性喂饱了不少滥竽充数的骗子。

而狂热之后，留下的是无穷无尽的伤痛：许多无辜的人被指控成是魔鬼的代言人，遭到戕害，以悲惨的方式了结此生；不少国家消耗了举国之力，社会动荡，人心惶惶不安。最讽刺的是，处于狂热之中的人满心以为自己站的是道德高地、抗的是正义大旗，最终却搞得自己家破人亡，或是成了杀害同胞的刽子手。

在短暂的震惊和哀叹之后，我们也很难不去思考：到底是什么力量，在几千年的时光里，驱使着上至王公贵族下至贩夫走卒的芸芸众生，一次又一次地陷入各种各样的幻想、疯狂之中。

出于好奇心和强烈的求知欲，我们做了一点点的群体心理学的研究。我们发现，聚之为群，作为一种刻在我们基因里的组织方式，天生就有一些特质。也正是这些特质，在冥冥之中驱动着人们刀耕火种、造出万里长城，也驱动着人们自相残杀、炼金铸银、烧死男男女女。

而在群体的这些特质中，最核心的是群体的匿名性（Anonymity）：当个体加入群体时，他的个性会消失，并融入到整个集体之中，获得匿名性。这种匿名性带给一个群体许多特质，其中最为重要的两点就是，群体中的个体所获得的安全感和因此产生的从众倾向。

1. 在个体加入群体后，他会获得一种前所未有的安全感，这种安全感也是个体想要加入群体的重要动力。

无论是什么样的社会，个体总是会受各种各样的规则的约束。在远古时代，这种规则更多的是自然规则：一个人是打不过猛犸象、攒不够过冬食物的。而在现代社会，自然规则对个体的影响要小得多了，但个体仍然要被道德、法律等社会规则约束。

可是，当个体加入群体（尤其是巨大的群体）之后，他会发现，各种社会规则对他的约束（似乎）神奇地减弱甚至消失了，典型的例子有"法不责众"等。这种约束的消失带给个体巨大的、坚实的安全感，并且群体越大，这种安全感就会越强。

遵守社会规则向来是消耗能量的、是很累的。自然地，当社会规则带给人的约束消失之后，人的动物本性会迅速浮现出来，并主导人们的言行举止。群体中的个人也因此会表现出三大特征：情绪化、责任感的消失和理性思考的消失。

2. 为了成为群体的一员，和群体处好关系，个体往往会产生强烈的从众倾向。

群体，顾名思义，是一群个体的聚合。而形成群体的个体，往往会在某一方面有共同点，这些共同点也是他们聚之为群的原因。可是，在加入一个群体之后，不仅仅是这一个方面，个体会有在方方面面跟随群体的压力而转变。

这种强烈的从众倾向，和之前提到的安全感带来的群体情绪化、责任感消失、理性思考的消失，叠加起来之后在群体的演变过程中形成了两大关键的机制：沉默的螺旋、循环感染。

沉默的螺旋是群体演化过程中的第一个关键机制：作为群体中的个人，为了防止自己被孤立，往往会尽量避免与群体中的其他个人起冲突。因此，在发表意见时，如果人们认为自己的意见在群体中占优势地位，便很有可能积极大胆地发表自己的意见，而如果人们发现自己的意见处于劣势地位，可能就不怎么愿意说话了。

问题是，谁也不知道自己的观点能否在人群中占优。一个事实是，偏激的人更倾向于大声表达自己的观点。而因为沉默螺旋机制的存在，这些较为偏激的观点，往往能找到同伴，找到支持者，得到越来越多的支持和鼓励，声势越来越高涨，影响力越来越强。而客观理性的人则越来越不敢说话，声音被忽略或者淹没，变得越来越弱。

群体的循环感染机制是群体演化过程中的第二个关键机制：群体成员无时无刻不在自发、自觉地学习、模仿周围人的行为。当群体中的某一个成员有非理性的过激行为时，如果出于某种原因又有其他成员（比如事先找好的托儿）愿意模仿这种过激行为，这个过激行为就会像着了魔似的被赋予了合理性，从而进一步吸引更多的群体成员模仿。在这种循环感染之中，个体逐渐丧失了独立的人格、理性的思考。而群体会形成统一的情绪和思维，这种统一的情绪则会进一步控制群体中的成员，最终导致一呼百应、群体狂热。

总之，在群体形成、发展、壮大的过程中，匿名性给个体带来了安全感，这种安全感则让人们脱离了规则束缚、个性迅速消失、表现出了更多的动物本性。整个群体也因此变得情绪化、无责任感、非理性。而为了保持这种安全感，个体必须维持自己的匿名性，因而个体往往会呈现出强烈的从众倾向。这种从众倾向加上群体的三大特征（情绪化、责任消失、理性消失），带来了群体演变过程中的两大关键机制、沉默的螺旋、循环感染。最终使一个个群体失掉理性、走向狂热。

写到这，不知读者有何想法，我的确是感触颇多。

我之前读过几本改变了自己世界观的书，读这些书的时候，作者一直在静静地讲事实，在书里没有下任何结论，我当时也没有仔细思考这些事实会带给自己什么影响。但在读过这些书之后，我做重大选择时的视角有了变化，所作出的决策也因此而改变。

这些书大致可以分为三类。第一类书让我明白了"每个人都有缺点，那没什么，正是这些缺陷让我们成为完整的人"。《自私的基因》《自控力》是这类书的典型代表。

第二类是让我有了新的思维方式的书。这类书包括亚当·斯密的《国富论》以及米哈里的《心流》等。这些书提出了一个个合理的框架来解释人们过去的行为，顺便也教会了人们思考未来的方法论。而这些方法论则像大雾中的灯塔一样，给予了人们前行的信心。

第三类是让我冷汗直流的书。简单的有詹姆斯·麦斯（James Mass）的《Powerful Sleep》，告诉我为什么睡不好、为什么老是失眠、为什么白天没精神；复杂的有乔治·奥威尔的《1984》《动物庄园》，告诉我极权统治的现实情境。

在翻译查尔斯·麦基的这本书的过程中，我先后完整体会到了以上三种（认识到人人都有缺陷、学到了新的思维方式、冷汗直流）心态。

首先，我们是没有资格嘲笑书中疯抢的密西西比公司股票、卖掉房子买一株"永远的奥古斯丁"、把一生献给炼金术、听到洪水谣言就举家搬迁的古人的。在从众这一点上，我们谁也不比谁强。处于群体之中的我们，经常因为受到群体影响而做出非理性的选择，人人都有缺陷，不必伤心也不必过度自责。

当然，有时候从众也确实是最佳的选择。比如网购时看销量、大众点评上看评分选餐馆等，毕竟前人的选择包含了方方面面的信息。在一个充分竞争的市场上，有更多人买的产品意味着受到了更多的检验，也有更大的概率是更好的选择。但是，这种信息的传递是有限的，前人的选择也肯定有群体非理性的因素在里面。如果你做了足够多的研究，看了足够多的资料，想了足够多的前因后果，就不要害怕做出自己独特的选择。

其次，我们也应当认识到，有时候加入一个"学习小组""互助组"，找一个男、女朋友，并不能从根本上解决我们的问题。大部分时候，加入一个群体，收获的很可能只是"心安理得"的安全感，改变的只是我们的目标和责任感，让我们更多地屈服于自己的动物本能——整夜 Party、通宵打游戏、一起刷美剧。

而那些不愿意待在群体里、喜欢独来独往的人更不必自责，也不必觉得自己心理有问题，觉得自己没有"团队精神""集体精神"。有时候离开一个群体，失去的只是随大流的安全感，获得的则可能是独立、理性思考的能力。

而让我冷汗直流的一点是群体效应带来的个性消失。这种个性消失使得群体非常容易受煽动，也为极权统治打造了绝佳的土壤。

写到这，整本书就算是完成了，在最后，我想引用一下2016年12月10日鲍勃·迪伦（Bob Dylan）在诺贝尔奖颁奖典礼上的感言：

"作为一个歌手，我曾经为5万人演唱，也曾为50个人演唱。大部分人可能都觉得，为5万人演唱要难得多，可事实却并非如此。5万人作为一个观众群体，他们是一个整体，有共同的特征，情绪也会互相传染。因此，演唱者只需有高超的技巧，就可以打动这5万人。

但50个人是一个个的人，每个人都有不同的个性、不同的自我，这些个人也因而能够独立地思考，能够更清楚地认知事物。为了打动这50个人，我必须用诚心去感受、用真心去表达，竭尽全力。"

如果真的如我之前所说，这本书成了一本小众读物，三位寂寂无名的译者也希望能用自己的诚信和真心，给这"50名读者"带来一点启发或者是一点消遣。

而无论是启发还是消遣，其实都是有益的。

曹留 邵旖旎 陈卓异
于北京